Joel Bakan

Das Ende der Konzerne

Die selbstzerstörerische Kraft
der Unternehmen

EUROPA
VERLAG

Joel Bakan

Das Ende der Konzerne

Die selbstzerstörerische Kraft der Unternehmen

Europa Verlag
Hamburg · Leipzig · Wien

Für Marlee

Die Deutsche Bibliothek – CIP Einheitsaufnahme
Ein Titeldatensatz für diese Publikation ist bei der
Deutschen Bibliothek erhältlich.

Die Originalausgabe
»The Corporation. The Pathological Pursuit of Profit and Power«
erschien 2004 bei Free Press, New York

Erstausgabe

Umschlaggestaltung: Frauke Weise, Hamburg
Satz: Paxmann/Teutsch Buchprojekte, München
Druck und Bindung: C.H. Beck, Nördlingen
ISBN 3-203-75543-2

Informationen über unser Programm erhalten Sie beim Europa Verlag,
Neuer Wall 10, 20354 Hamburg oder unter www.europaverlag.de

INHALT

EINFÜHRUNG

Als die Bilder von skandalumwitterten Spitzenmanagern in Handschellen um die Welt gingen, beeilten sich Wirtschaftsgurus, Politiker und Unternehmensführer zu versichern, die Wall-Street-Misere sei auf habgierige, korrupte Einzelpersonen zurückzuführen und nicht etwa auf ein Versagen des gesamten Systems.

„Sprechen wir über ein paar faule Äpfel im Korb oder Schwachstellen im System?“, fragte unlängst Topmoderator Sam Donaldson den ehemaligen Chef der New York Stock Exchange, Richard Grasso, in der ABC-Sendung *This Week.*

„Es gab augenfällige Entgleisungen“, gestand Grasso, „und wir müssen die schwarzen Schafe und schlechten Gewohnheiten mit Stumpf und Stiel ausrotten; aber es spielt keine Rolle, ob es sich um einen Einzelfall handelt oder um fünfzehn, verglichen mit mehr als zehntausend börsennotierten Unternehmen – schon ein einziger Fall wie WorldCom oder Enron ist einer zuviel“.

Ungeachtet solcher Beteuerungen befürchten heute viele Bürger und auch führende Köpfe in der Wirtschaft, daß die Fehler im Unternehmenssystem wesentlich tiefer liegen könnten, als die leichten Beben in der Wall Street erkennen lassen. Diese fundamentalen Probleme und Schwachstellen sind Thema dieses Buches.

Wenn im folgenden von Konzernen oder Unternehmen die Rede ist, sind die großen Kapitalgesellschaften gemeint. Sie stellen eine *Institution* dar – mit einzigartigen Strukturen und einem spezifischen Programm, das alles Handeln der Mitarbeiter bestimmt. Diese Institution ist außerdem ein *Rechtssubjekt,* dessen Existenz und Handlungsfähigkeit vom Gesetz abhängt. Ihr gesetzlich festgelegtes Mandat besteht darin, unerbittlich und ausnahmslos die eigenen Interessen zu verfolgen, ohne Rücksicht auf die oft schädlichen Auswirkungen für andere. Deshalb ist der Konzern eine pathologische Institution, gefährlich, da im Besitz einer ungeheuren Macht, die er über Menschen und Gesellschaft ausübt.

Das wirft einige Fragen auf, die in den nachfolgenden Kapiteln angesprochen werden: Wie konnten Konzerne das werden, was sie heute sind (1. Kapitel)? Welche Eigenschaften sind pathologisch und welche Folgen ergeben sich daraus (2. und 3. Kapitel)? Wieviel Macht haben sie über die Gesellschaft (4. und 5. Kapitel)? Wie könnte man sie an die Kandare nehmen, um Schaden zu verhindern oder zu begrenzen (6. Kapitel)? Diese zentralen Fragen stehen im Mittelpunkt des Buches. Durch die Erläuterung der Strukturen, die allen Konzernen zu eigen sind, und deren Auswirkungen auf die Gesellschaft hoffe ich, ein wichtiges fehlendes Bindeglied zum Verständnis und zur Lösung der dringlichsten Probleme unserer Zeit beizusteuern.

Peter Drucker, einer der weltweit führenden Managementtheoretiker, nahm in seinem 1946 erschienenen bahnbrechenden Werk *Concept of the Corporation* als einer der ersten die Kapitalgesellschaft als Institution unter die Lupe. Drucker stellte fest, daß alle Kapitalgesellschaften über die gleiche institutionelle Struktur und Zielsetzung verfügen. Für die meisten von uns verschleiert der Unternehmensalltag mit seinen vielfältigen Puzzlesteinen das Gesamtbild, das sich dahinter verbirgt. Wie Hank McKinnel, CEO (Chief Executive Officer = Vorstandsvorsitzender, Geschäftsführer) des weltweit vertretenen Pharmakonzerns Pfizer, sagte, haben wir „Schwierigkeiten, uns Kapitalgesellschaften als eine Institution vorzustellen".

Wir betrachten sie vornehmlich unter dem Aspekt, wie sie sich voneinander unterscheiden – international oder lokal operierend, High-Tech- oder Schornstein-Industrie, progressiv oder traditionsverhaftet, flexibel oder schwerfällig, mit erstklassigen oder risikobehafteten Aktien, mit Markennamen oder

No-name-Produkten, gut oder schlecht. Dabei entgeht uns, daß alle großen Konzerne, zumindest die börsennotierten, über die gleiche institutionelle Struktur verfügen, so daß es Sinn macht, von *dem Konzern* zu sprechen. Wie Harvard-Business-School-Nestor Joe Badaracco auf die einfache Frage, was eine Kapitalgesellschaft überhaupt sei, antwortete: „Seltsam, daß jemand, der so lange wie ich an einer Kaderschmiede für Führungskräfte lehrt, noch nie so gezielt gefragt wurde, was man darunter versteht."[1]

Dieses Buch hat sich die Aufgabe gestellt, der Frage nachzugehen, was eine Kapitalgesellschaft, als Institution, wirklich ist. Institutionen bestehen natürlich aus Menschen. Die folgenden Kapitel basieren daher auf Gesprächen mit Powerplayern aus der Welt der Unternehmen, Wirtschaftsgurus, die diese Welt unter die Lupe nehmen, und Kritikern, die Gefahren aufzeigen und Lösungen vorschlagen.[2] Dabei habe ich mich bemüht, das Buch Lesern mit und ohne Fachwissen gleichermaßen zugänglich zu machen, ohne die Ergebnisse einer gewissenhaften Recherche sowie meine Kenntnisse und Einsichten als Jurist auszuklammern.

Mit „Kapitalgesellschaft" sind die anglo-amerikanischen börsennotierten Großkonzerne gemeint, denen die kleinen Aktiengesellschaften, die kleinen und großen Organisationen ohne Erwerbscharakter oder Firmen in Privatbesitz gegenüberstehen. Die anglo-amerikanischen Konzerne stehen deshalb im Mittelpunkt, weil die größten und mächtigsten in den USA beheimatet sind und die ökonomische Globalisierung ihren Einfluß über die nationalen Grenzen hinaus erweitert. Hinzu kommt, daß die grundlegenden Elemente der anglo-amerikanischen Konzerne in zunehmendem Maß auch für entsprechende Unternehmen in anderen Ländern typisch sind, vor allem in Europa und in Japan.[3] Deshalb sind die in diesem Buch enthaltenen Analysen und Schlußfolgerungen auch für den Rest der Welt bedeutsam.

1. AUFSTIEG AN DIE MACHT

Im Lauf der letzten hundertfünfzig Jahre haben die Kapitalgesellschaften einen kometenhaften Aufstieg erlebt und sich zur weltweit dominierenden Wirtschaftsinstitution verwandelt. Heute geben die großen Konzerne den Ton in unserem Leben an. Sie bestimmen, was wir essen, welche Sendungen wir im Fernsehen anschauen, wie wir uns kleiden, wo wir arbeiten und wie wir unsere Freizeit verbringen. Wir sind von ihnen eingekesselt, können ihrer Kultur, ihrer Bildersprache und Ideologie nicht entrinnen. Und wie die Kirche und die Monarchie in früheren Epochen präsentieren auch sie sich als unfehlbar und allmächtig, verherrlichen sich in imposanten Gebäuden und ausgeklügelten Selbstdarstellungen.

Auch die Entscheidungen von Regierungsgremien, die eigentlich mit ihrer Aufsicht betraut sind, werden zunehmend von ihnen beeinflußt, und sie kontrollieren inzwischen Bereiche der Gesellschaft, die früher zum öffentlichen Sektor gehörten. Dieser spektakuläre Aufstieg zur Macht zählt zu den bemerkenswertesten Ereignissen der Zeitgeschichte, nicht zuletzt wegen der unheilvollen Anfänge dieser Institution.

Schon lange vor dem skandalösen Zusammenbruch von Enron war die Institution Aktiengesellschaft, eine gerade flügge werdende Unternehmensform, in Korruptions- und Betrugsaffären verwickelt. Während des siebzehnten und Anfang des achtzehnten Jahrhunderts klapperten Wertpapiermakler, die sogenannten „Jobber", die berüchtigten Kaffeehäuser der Londoner Exchange Alley ab, ein Labyrinth schmaler Gassen zwischen Lombard Street, Cornhill und Birchin Lane, auf der Suche nach leichtgläubigen Anlegern, denen sie Anteile an

Schwindelunternehmen verkaufen konnten. Solche Firmen, die ihren Aufschwung Spekulationen zu verdanken hatten, gediehen kurzfristig, bevor sie wie ein Kartenhaus einstürzten. Zwischen 1690 und 1695 gab es dreiundneunzig dieser öffentlich gehandelten „Kapitalgesellschaften"; 1698 war ihre Anzahl auf zwanzig geschrumpft. 1696 berichteten die englischen Handelskommissare, diese Unternehmensform sei „völlig entartet" durch den Verkauf von Anteilen „an unwissende Menschen, die durch das trügerisch aufgewertete und geschickt verbreitete Ansehen, was den gedeihlichen Zustand der Wertpapiere anbelangt, angezogen wurden".[1] Die Kommissare waren bestürzt, aber vermutlich nicht überrascht.

Unternehmensführer und Politiker betrachteten die Kapitalgesellschaften mit Argwohn, seit sie Ende des sechzehnten Jahrhunderts erstmals auftauchten. Im Gegensatz zu den damals üblichen Personengesellschaften – bei der verhältnismäßig kleine Gruppen von Männern, durch persönliche Loyalität und gegenseitiges Vertrauen miteinander verbunden, ihre Ressourcen zusammenlegten, um Firmen zu gründen, die sie sowohl leiteten als auch besaßen – waren bei einer Kapitalgesellschaft Firmenbesitz und Firmenleitung voneinander getrennt. Das Management war für die Geschäftsführung zuständig, während eine andere Gruppe, die Aktionäre, Eigentümer war. Viele meinten, daß bei einer solchen, für die damalige Zeit einzigartigen Konstruktion Korruption und Skandale geradezu programmiert waren. Adam Smith warnte in *Der Wohlstand der Nationen*, man dürfe Führungskräften nicht „das Geld anderer Leute" anvertrauen, weil „Nachlässigkeit und Verschwendung" unabwendbar seien, wenn Unternehmen sich zu Kapitalgesellschaften zusammenschließen würden.

Im Jahr 1776, als er diese Worte schrieb, waren Kapitalgesellschaften in England seit mehr als fünfzig Jahren verboten. 1720 hatte das Englische Parlament, genervt vom Spekulationsfieber, das wie eine Epidemie in der Exchange Alley grassierte, diese Unternehmensform kurzerhand mit Acht und Bann belegt (allerdings mit ein paar Ausnahmen). Anlaß für das Verbot war der berüchtigte Zusammenbruch der South Sea Company.

Im Jahre 1710 gegründet, um Handel mit den spanischen Kolonien in Südamerika zu treiben, den Sklavenhandel eingeschlossen, war die South Sea Company von Anfang an ein Schwindelunternehmen. Das Direktorium, zu dem auch einige führende Leute des politischen Establishments gehörten, wußte wenig über Südamerika, besaß nur entfernt Verbindungen zu dem Kontinent (allem Anschein nach hatte jemand eine Cousine, die in Buenos Aires lebte) und konnte sich gewiß ausrechnen, daß dem König von Spanien nicht im Traum einfallen würde, dem Unternehmen die Exklusivrechte für den Handel mit seinen südamerikanischen Kolonien zu erteilen. Wie einer der Direktoren einräumte – „Es müßte den Spaniern schon an gesundem Menschenverstand mangeln ... wenn sie ihren eigenen Handel aufgeben, die einzig wertvolle Beteiligung, über die sie weltweit noch verfügen, und, kurz gesagt, ihren eigenen Ruin vorantreiben" -, würden die Spanier diesen Trumpf niemals aus der Hand geben. Dennoch versprachen die Direktoren der South Sea Company den Anlegern „sagenhafte Gewinne" und Gold und Silber in Hülle und Fülle, im Austausch gegen die üblichen britischen Exportgüter wie Cheshire-Käse, Siegellack und Pickles.[2]

Die Anleger rissen ihnen die Wertpapiere aus der Hand, deren Kurse dramatisch stiegen, um das Sechsfache in einem Jahr, aber bald darauf abstürzten, als die Anteilseigner, die gemerkt hatten, daß die South Sea Company wertlos war, in Panik gerieten und verkauften. 1720, als die Pest Europa heimsuchte und die Bevölkerung in Angst und Schrecken versetzte, einem Historiker zufolge „von der abergläubischen Furcht geschürt, diese Geißel sei von Gott gesandt, als Strafe für die Raffgier des Menschen, platzte die Seifenblase der South Sea Company. Vermögen gingen verloren, Leben waren ruiniert, John Blunt, einer der Direktoren des Unternehmens, wurde von einem aufgebrachten Anleger erschossen, der Mob stürmte Westminster und der König kehrte eilends von seinem Landsitz nach London zurück, um der Krise Herr zu werden.

Die Direktoren der South Sea Company wurden vor das Parlament zitiert, wo sie wegen „ruchlosen Betrugs und Vertrauensbruchs“ zu Geldbußen verurteilt wurden und einige sogar im Kerker landeten. Obwohl ein Parlamentsmitglied verlangte, sie gemeinsam mit Schlangen und ihrem Gelde in Säcke einzunähen und zu ersäufen, blieben den meisten harte Strafen erspart. Was die Kapitalgesellschaft selbst betraf, so erließ das Parlament 1720 den Bubble Act, der die Gründung von Unternehmen, die sich „erdreisten, eine Körperschaft zu sein“ und „übertragbare Wertpapiere ohne Rechtsbefugnis“ aufzulegen, als Verstoß gegen das Gesetz ahndete.

Heute wäre es trotz der Unternehmensskandale, die der South-Sea-Spekulationsblase ähneln und gleichermaßen schändlich sind, undenkbar, daß eine Regierung Kapitalgesellschaften per Gesetz verbietet. Selbst maßvolle Reformen – beispielsweise ein Gesetz, das fordert, Aktienbezugsrechte für Mitarbeiter als Kosten in den Bilanzen der Konzerne auszuweisen, wodurch sich vielleicht die irreführenden, rosigen Jahresabschlüsse vermeiden ließen, Triebfeder von Skandalen in jüngster Zeit[3] – sind kaum von der US-Bundesregierung zu erwarten, die es versäumte, ihren beherzten Worten ebenso beherzte Taten folgen zu lassen. Obwohl der Sarbanes-Oxley Act, im Jahre 2002 verabschiedet, um einige der augenfälligsten Probleme bezüglich Aufsicht und Rechnungslegung der Unternehmen in Angriff zu nehmen, zumindest auf dem Papier die lang ersehnten Heilmittel bietet[8], war die allgemeine Reaktion der US-Bundesregierung auf die Skandale zögerlich und zaghaft.

Was bei einem Vergleich mit den unverzüglichen und drakonischen Maßnahmen des Englischen Parlaments aus dem Jahre 1720 ins Auge fällt, ist die Tatsache, daß die Kapitalgesellschaften im Laufe der letzten dreihundert Jahre soviel an Macht gewonnen haben, daß sie die Fähigkeit der Regierung, sie unter Kontrolle zu halten, beeinträchtigen können. Eine Institution,

die 1720 noch in den Kinderschuhen steckte und mit einem Federstrich des Gesetzgebers verboten werden konnte, dominiert heute Gesellschaft und Regierung.
Wie gelang es ihr nur, so viel Macht und Einfluß zu erlangen?

Das Geniale an der Kapitalgesellschaft als Unternehmensform und die Gründe für ihren bemerkenswerten Aufstieg im Verlauf der letzten drei Jahrhunderte war und ist ihre Fähigkeit, das Kapital, und somit die wirtschaftliche Macht, einer unbegrenzten Anzahl von Menschen zu bündeln. Im sechzehnten Jahrhundert entstanden die ersten körperschaftlich organisierten Personengesellschaften; zu dem Zeitpunkt war bereits abzusehen, daß die kleine Anzahl von Teilhabern, die gemeinsam eine Firma gründen und führen konnten, nicht in der Lage war, die – wenn auch noch seltenen – Großunternehmen zu finanzieren, die mit der beginnenden Industrialisierung aus der Taufe gehoben wurden. 1564 wurde die Company of the Mines Royal als körperschaftlich organisierte Personengesellschaft gegründet, finanziert mittels 24 Aktien, die für je 1200 Pfund verkauft wurden; 1565 erhöhte die Company of Mineral and Battery Works ihr Kapital durch eine Einzahlungsaufforderung auf 36 Aktien, die sie kurz vorher aufgelegt hatte. Die New River Company formierte sich 1606 als Kapitalgesellschaft, um Frischwasser nach London zu transportieren. 1688 gab es bereits fünfzehn körperschaftlich organisierte Kapitalgesellschaften in England, obwohl keine mehr als ein paar hundert Mitglieder zählte. Kapitalgesellschaften begannen dann in der letzten Dekade des siebzehnten Jahrhunderts wie Pilze aus dem Boden zu schießen, und die Gesamtinvestitionen in Kapitalgesellschaften verdoppelten sich, als diese Organisationsform ein beliebtes Mittel zur Finanzierung von Unternehmungen in den Kolonien wurde. Die Personengesellschaft blieb dennoch die vorherrschende Organisationsstruktur für Unternehmen, obwohl die Kapitalgesellschaft stetig Boden wettmachte und den Konkurrenten am Ende überholte.

Im Jahr 1712 erfand Thomas Newcomen eine mit Dampf betriebene Maschine, mit der sich das Wasser aus Kohlebergwerken pumpen ließ, und leistete damit unbeabsichtigt Geburtshilfe für die Industrielle Revolution. Während des nächsten Jahrhunderts trieb die Dampfkraft die Großindustrie in England und den USA voran, erweiterte den Aktionsradius von Bergbau- und Textilunternehmen (und zugeordneten Sparten wie Bleichen, Bedrucken, Färben und Glätten von Kattun und anderen Stoffen), Mühlen, Brauereien und Brennereien. Die Kapitalgesellschaften vermehrten sich rapide, da die in größerem Stil operierenden Unternehmungen erheblich mehr Kapital erforderten, als Personengesellschaften aufbringen konnten. In Amerika stieg die Anzahl der Kapitalgesellschaften nach der Revolution zwischen 1781 und 1790 um das Zehnfache, von 33 auf 328.

Auch in England nahm die Anzahl der Kapitalgesellschaften dramatisch zu, als der Bubble Act 1825 außer Kraft gesetzt und diese Unternehmensform wieder zugelassen wurde; im Handumdrehen waren obskure Handelspraktiken und Spekulationsfieber wieder gang und gäbe. Wie der schottische Dichter Sir Walter Scott damals beobachtete, galt die Kapitalgesellschaft plötzlich als „der letzte Schrei". was sie zu einem ergiebigen Thema für satirische Betrachtungen machte. Scott wies trokken darauf hin, daß ein Anleger als Anteilseigner einer Kapitalgesellschaft Geld verdienen könne, indem er es ausgebe (er verglich die Kapitalgesellschaft mit einer Maschine, die ihren eigenen Abfall als Treibstoff verwendet):

> „Ein solcher Mensch [ein Anleger] kauft sein Brot in seiner eigenen Bäckereigesellschaft, seine Milch und seinen Käse in seiner eigenen Molkereigesellschaft ... trinkt eine zusätzliche Flasche Wein auf das Wohl der Weinimportgesellschaft, der er als Mitglied angehört. Jede Kaufentscheidung, die andernfalls als reine Überspanntheit gelten würde, wird von einem solchen Menschen als Akt der Vernunft ausgegeben. Selbst wenn der Preis des

konsumierten Artikels überspannt und die Qualität mittelmäßig ist, wird besagter Mensch, der in gewisser Hinsicht sein eigener Kunde ist, lediglich zu seinem eigenen Vorteil betrogen. Und sollte sich die Kapitalgesellschaft der Bestattungsunternehmer mit der Ärzteschaft zusammenschließen ... unter dem Firmennamen Sensemann und Medikus, könnte der Anteilseigner es fertigbringen, seinen Erben einen erklecklichen Anteil an seinem eigenen Totenbett und den Beisetzungskosten zukommen zu lassen."[5]

Als diese Satire entstand, schickte sich die Kapitalgesellschaft bereits an, ihren Aufstieg zur Macht über Wirtschaft und Gesellschaft zu beginnen. Und das gelang ihr mit Hilfe einer neuen Maschine: der Dampflokomotive.[6]

Die amerikanischen Eisenbahnbarone des neunzehnten Jahrhunderts, von einigen verherrlicht, von anderen verteufelt, waren die eigentlichen Schöpfer der großen Kapitalgesellschaften modernen Zuschnitts, die eine neue Ära einläuteten. Da Eisenbahnen Mammutunternehmen waren und gewaltige Kapitalinvestitionen erforderten – um Schienen zu verlegen, Wagenparks bereitzustellen und die Systeme zu betreiben und instandzuhalten –, griff die Branche alsbald auf diese Unternehmensform zurück, um ihre Aktivitäten zu finanzieren. In den USA boomte der Eisenbahnbau während der 1850er Jahre und erlebte nach dem Sezessionskrieg eine neue Blütezeit: Zwischen 1865 und 1885 wurde das Schienennetz um mehr als hunderttausend Meilen erweitert. Im gleichen Maß wie die Branche wuchs auch die Anzahl der Kapitalgesellschaften.

In England verlief die Entwicklung ähnlich: Dort erhöhte sich das Kapital, das zwischen 1825 und 1849 von den Eisenbahnen vor allem mittels Kapitalgesellschaften aufgebracht wurde, um mehr als das Tausendfache, von 200 000 Pfund auf 230 Millionen Pfund.

Eine der wichtigsten Randerscheinungen bei der Einführung und Erweiterung des Eisenbahnsystems war die Rolle, die dieses neue Transportmittel, wie M.C. Reed in *Railways and the Growth oft the Capital Market* anmerkte, bei der „Unterstützung der Entwicklung eines überregionalen Marktes für die Wertpapiere von Unternehmen spielte". Der Schienenverkehr in den USA und England verschlang mehr Kapital, als der relativ kleine Kreis wohlhabender Männer bereitstellen konnte, die Anfang des neunzehnten Jahrhunderts in Kapitalgesellschaften investierten. Mitte des neunzehnten Jahrhunderts, als Eisenbahnaktien die Märkte in beiden Ländern überschwemmten, begannen auch die Angehörigen der Mittelschicht, ihr Geld in Aktien von Kapitalgesellschaften anzulegen. Wie der *Economist* damals berichtete, „ist nun jeder im Aktiengeschäft ... notleidende Kanzleischreiber, bettelarme Krämerlehrlinge, ausgemusterte Angehörige der Streitkräfte und Bankrotteure – alle haben sich den Reihen derer zugesellt, die große Kapitalbeteiligungen ihr eigen nennen".

Eine Hürde blieb indessen für die Teilhabe der breiten Öffentlichkeit an den Aktienmärkten: Unabhängig von der Höhe seiner Investition haftete jeder Anteilseigner *persönlich* und in unbegrenzter Höhe für die Schulden des Unternehmens. Immobilienbesitz, Ersparnisse und andere Vermögenswerte waren dem Vollstreckungszugriff der Gläubiger unterworfen, wenn ein Unternehmen scheiterte, was bedeutete, daß die Anteilseigner allein durch den Besitz der Aktien Gefahr liefen, finanziell ruiniert zu werden. Aktienbestände waren also keine wirklich reizvolle Option für die breite Öffentlichkeit, bis dieses Risiko ausgeklammert war, was jedoch bald geschehen sollte.

Mitte des neunzehnten Jahrhunderts setzten sich Unternehmensführer und Politiker auf breiter Ebene für eine Änderung des Gesetzes ein, um die Haftung der Aktionäre auf die Höhe ihrer Einlagen zu beschränken. Wenn jemand Anteile im Wert von 100 Dollar erwarb, argumentierten sie, sollte er über diesen Betrag hinaus nicht haftbar gemacht werden können, ungeachtet dessen, was mit dem Unternehmen geschah. Die Befürworter der „beschränkten Haftung", wie das Konzept genannt wurde, sahen darin eine unerläßliche Voraussetzung, um Investoren aus der Mittelschicht für den Aktienmarkt zu gewinnen. „Die beschränkte Haftung würde auch denjenigen, die über bescheidene Mittel verfügen, die Möglichkeit bieten, wie ihre besser situierten Nachbarn Anteile an Investitionsprojekten zu erwerben", berichtete das Select Committee on Partnerships (England) 1851, was wiederum bedeutete, daß „ihre Selbstachtung gestärkt, ihr Denkvermögen angespornt und ihnen ein zusätzlicher Beweggrund gegeben würde, Gesetz und Ordnung zu bewahren und das Eigentumsrecht zu respektieren."[7]

Die Beendigung von Klassenkämpfen durch die Beteiligung von Arbeitern am kapitalistischen System – ein Ziel, auf das der Ausschuß mit seiner letzten Bemerkung anspielte – wurde als politische Rechtfertigung für das Konzept der beschränkten Haftung angeboten, zusammen mit der wirtschaftlichen Überlegung, den Kreis der potentiellen Anleger zu erweitern. In einem Artikel, der 1853 im *Edinburgh Journal* veröffentlicht wurde, hieß es:

> „Der Lohnarbeiter versteht den Standpunkt des Kapitalisten nicht. Die Lösung besteht darin, ihn durch praktische Erfahrung in Kenntnis zu setzen ... Sobald Lohnarbeiter als Besitzer eines Gemeinschaftskapitals ermächtigt sind, kollektiv zu handeln, werden sich ihre Ansichten über die Beziehung zwischen Kapital und dem Produktionsfaktor Arbeit grundlegend ändern. Sie werden erkennen, welche Ängste und Mühen es kostet, selbst einen kleinen Konzern in annehmbarer Ordnung zusammenzuhalten ... die Mittel- und Arbeiterklasse würde große materielle und gesellschaftliche Vorteile aus der praktischen Umsetzung des Prinzips einer körperschaftlich organisierten Personengesellschaft herleiten."

Die begrenzte Haftung hatte indes auch ihre Widersacher. Auf beiden Seiten des Atlantiks wetterten die Kritiker vor allem aus moralischen Gründen dagegen. Da dieses Konzept den Investoren ermöglichte, ungeschoren davonzukommen, wenn ihre

Unternehmen scheiterten, wurde ihrer Ansicht nach die moralische Verantwortung des Einzelnen untergraben, ein Wert, der die Welt des Handels seit Jahrhunderten geprägt hatte. Sollte die beschränkte Haftung eingeführt werden, könnten sich die Anleger unbekümmert über das Schicksal ihrer Unternehmen hinwegsetzen, wie der fiktive Firmengründer Mr. Goldbury in einem Lied aus *Utopia Ltd.*, einer bissigen Satire von Gilbert and Sullivan, erklärte:

> „Obgleich du ein Rothschild sein magst, auf deine Weise,
> Hast du als Unternehmen ungeheure Sorgen.
> Doch die Liquidatoren sagen:
> Was soll`s – du mußt nicht zahlen.
> Und so beginnst du ein weiteres Unternehmen – morgen!"

Viele befürchteten, daß die beschränkte Haftung „das erste und natürlichste Prinzip der Wirtschaftsgesetzgebung" aufweichen könnte, wie ein Parlamentarier sagte, der sich gegen die Einführung in England aussprach. Dieses Prinzip besagte, „... daß jeder Mensch verpflichtet war, die Schulden zu zahlen, die er gemacht hatte, solange er dazu in der Lage war". Andernfalls „können sich Menschen auf einen Handel einlassen, der beschränkte Verlustmöglichkeiten, aber unbegrenzte Gewinnchancen bietet" und somit „ein System der verwerflichen, unbedachten Spekulation fördert".

Trotz solcher Einwände wurde die Haftungsbeschränkung 1856 in der englischen und während der zweiten Hälfte des neunzehnten Jahrhunderts in der amerikanischen Gesetzgebung verankert (wenn auch zu unterschiedlichen Zeitpunkten in den einzelnen US-Bundesstaaten). Da nun die größten Risiken bei einer Aktieninvestition ausgeräumt waren, zumindest was die Höhe der Summe anging, die Anleger per Gesetz einbüßen konnten, war der Weg frei für eine Beteiligung der breiten Öffentlichkeit an den Aktienmärkten und breiter gestreute Anlagen.

Dennoch waren Kapitalgesellschaften in den USA bis zum Ende des neunzehnten Jahrhunderts relativ selten. Abgesehen von der Eisenbahnindustrie befanden sich die führenden Unternehmen zumeist in Familienbesitz, und sofern überhaupt Aktien existierten, wurden diese direkt gehandelt, auf persönlicher Basis, und nicht an Börsen. Anfang des zwanzigsten Jahrhunderts hatten sich die großen, öffentlich gehandelten Kapitalgesellschaften jedoch zu einer festen Einrichtung in der Unternehmenslandschaft entwickelt.

Binnen zwei Jahrzehnten, angefangen in den 1890er Jahren, wurde die Kapitalgesellschaft einem revolutionären Wandel unterzogen. Es begann, als New Jersey und Delaware („der erste Staat, der als Heimat der großen Kapitalgesellschaften bekannt wurde", wie der derzeitige Staatssekretär für Kapitalgesellschaften betonte) das lukrative Neugründungsgeschäft an Land zu ziehen versuchten, indem sie unpopuläre Restriktionen im Körperschaftsrecht über Bord warfen:

- Außer Kraft gesetzt wurden die gesetzlichen Bestimmungen, nach denen Unternehmen bei der Gründung einen eng definierten Zweck ausweisen mußten, sich nur für begrenzte Zeitdauer niederlassen und nur an bestimmten Standorten tätig werden durften.
- Die Kontrollen bei Unternehmenszusammenschlüssen und Übernahmen wurden merklich gelockert.
- Die Bestimmung, daß ein Unternehmen keine Anteile an einem anderen Unternehmen besitzen durfte, wurde aufgehoben.

Andere US-Bundesstaaten, die im Kampf um die Kapitalgesellschaften nicht das Nachsehen haben wollten, folgten alsbald mit ähnlich überarbeiteten Gesetzen. Die Veränderungen lösten eine Gründungslawine aus, weil die Unternehmen in hellen Scharen die neuen Freiheiten und Machtbefugnisse anstrebten, die ihnen die Form der Kapitalgesellschaft gewährte. Doch kaum waren die wichtigsten Einschränkungen bei Fusionen und Akquisitionen entfallen, wurde auch schon eine große Anzahl kleiner und mittlerer Unternehmen von einer kleinen Anzahl großer Unternehmen geschluckt – 1800 wurden zwischen 1898 und 1904 zu 157 konsolidiert.

In weniger als einem Jahrzehnt hatte sich das Bild der US-Wirtschaft gewandelt: Während früher Firmen in privater Hand im freien Wettbewerb gegeneinander antraten, waren nun einige wenige riesige Konzerne tonangebend, die sich im Besitz von Anteilseignern befanden. Die Ära des Konzernkapitalismus hatte begonnen.

„Jede Schwelle auf dem Bahndamm ist das Grab eines Kleinaktionärs", sagte Newton Booth, ein bekannter Monopol-Gegner und Eisenbahnexperte 1873, als er Gouverneur von Kalifornien war. Booths Botschaft war unmißverständlich: In großen Kapitalgesellschaften besaßen die Anteilseigner, wenn überhaupt, nur wenig Macht und Kontrolle. Anfang des zwanzigsten Jahrhunderts befanden sich die Kapitalgesellschaften in der Regel im Besitz von mehreren tausend, manchmal mehreren hunderttausend geographisch weit verstreuten, anonymen Aktionären. Sie waren als Einzelpersonen unfähig, Führungsentscheidungen zu beeinflussen, nicht nur, weil ihre Macht verwässert war, sondern auch, weil sie zu verstreut lebten, um kollektiv handeln zu können. Der daraus resultierende Macht- und Kontrollverlust erwies sich als Vorteil für das Management. 1913 berichtete ein Kongreßausschuß unter dem Vorsitz von Arsène Pujo, der in Sachen „Treuhandvermögen" ermittelte:

> „Keiner der geladenen Zeugen war in der Lage, auch nur ein Beispiel aus der Geschichte unseres Landes zu nennen, in dem es den Anteilseignern gelungen wäre, die Führungsmannschaft einer großen Aktiengesellschaft abzulösen, noch scheint es ihnen bisher möglich gewesen zu sein, sie einer eingehenden Prüfung zu unterziehen, um festzustellen, ob sie ihrer Aufgabe gut oder nach bestem Wissen und Gewissen nachgekommen ist ... In al-

> len großen Aktiengesellschaften mit zahlreichen und weit verstreuten Anteilseignern ... verewigt sich die Führungsmannschaft buchstäblich selbst und kann durch die Macht der Begünstigung, die Gleichgültigkeit der Anteilseigner und andere Einflußfaktoren die Aktienmehrheit kontrollieren."

Die Anteilseigner waren praktisch aus den Aktiengesellschaften verschwunden, die ihnen gehörten.

Das Gesetz mußte also in Ermangelung von Besitzern aus Fleisch und Blut jemand anderen finden, der die Rechte und Pflichten übernahm, die Firmen für ihre Aktivitäten brauchen. Diese „Person" war die Kapitalgesellschaft selbst, wie sich herausstellte. Bereits 1793 skizzierte ein Wirtschaftsgelehrter die Logik der juristischen Person, als er die Kapitalgesellschaft folgendermaßen definierte:

> „Eine Ansammlung von vielen Einzelpersonen, in einer Körperschaft unter einer bestimmten Benennung vereint, die sich im Rahmen einer künstlichen Form fortwährend erneuert und kraft gesetzlicher Bestimmungen befugt ist, in mehrerer Hinsicht als Einzelperson zu handeln, vor allem, Vermögensgegenstände zu erwerben und zu veräußern, Verbindlichkeiten einzugehen, zu klagen und verklagt zu werden und ganz allgemein Privilegien und Sonderrechte zu genießen."

Bei Personengesellschaften, so ein anderer Wirtschaftsweiser im Jahre 1825, „richtet sich das Auge des Gesetzes auf Einzelpersonen", während es bei Kapitalgesellschaften „nur das Wesen aus der Gründungsurkunde sieht, die Körperschaft, und die Einzelpersonen nicht kennt".

Gegen Ende des neunzehnten Jahrhunderts hatten die Gerichte mit Hilfe einer bizarren Gesetzesalchemie die Kapitalgesellschaft in eine „Person" verwandelt, mit eigener Identität, getrennt von ihren Eigentümern, Menschen aus Fleisch und Blut, und dem Management; sie war berechtigt, wie eine echte Person Geschäfte in eigenem Namen zu tätigen, Vermögenswerte zu erwerben, Mitarbeiter einzustellen, Steuern zu entrichten und vor Gericht zu gehen, um ihre Rechte geltend zu machen und ihre Geschäfte zu verteidigen. Die Kapitalgesellschaft als juristische Person hatte zumindest in der Gesetzgebung den Platz der menschlichen Besitzer eingenommen. Nunmehr als Einheit betrachtet, „nicht imaginär oder fiktiv, sondern real, nicht künstlich sondern natürlich", wie sie 1911 von einem Rechtsprofessor beschrieben wurde, war sie als freies, unabhängiges Geschöpf neu konzipiert worden.[8]

Jetzt war Schluß mit der jahrhundertelangen Gängelei, der „Bewilligungstheorie", die Kapitalgesellschaften als Instrumente der Regierungspolitik betrachtete, deren Gründung und Funktionsfähigkeit von Regierungsgremien abhängig war. Mit der Bewilligungstheorie verschwand auch jede Handhabe, Restriktionen gegen Kapitalgesellschaften zu verhängen. Dahinter stand die Überlegung, daß sie als natürliche Einheiten, analog zu menschlichen Wesen, frei geboren sein sollten. Diese Sichtweise war die Basis sowohl der Initiativen in New Jersey und Delaware als auch einer Entscheidung des Obersten Gerichtshofs aus dem Jahre 1886: Als „juristische Personen" waren Aktiengesellschaften durch das Fourteenth Amendment geschützt, das allen Bürgern eine „angemessene Prozeßordnung" und „den gleichen Schutz des Gesetzes" versprach – Rechte, die ursprünglich zum Schutz der befreiten Sklaven in die Verfassung aufgenommen worden waren.[9]

Mit der Größe und Macht der Aktiengesellschaft wuchs auch die Notwendigkeit, die Ängste der Menschen vor diesem Wirtschaftskoloß zu beschwichtigen. Sie erlebte ihre erste ausgewachsene Legitimitätskrise, als viele Amerikaner im Zuge der Fusionswelle zu Beginn des zwanzigsten Jahrhunderts merkten, daß diese Mammutunternehmen eine Bedrohung für ihre sozialen Einrichtungen und Regierungen darstellten. Nun wurden sie weithin als seelenlose Ungeheuer gebrandmarkt – uninteressiert am Schicksal der Menschen, unpersönlich und unmoralisch. Plötzlich waren sie zur Zielscheibe der öffentlichen Unzufriedenheit und des organisierten Widerstands geworden (vor allem bei einer wachsenden Arbeiterbewegung), und der Ruf nach mehr staatlicher Regulierung wurde lauter; sogar ihre Demontage wurde gefordert. Unternehmensführer und PR-Experten erkannten bald, daß die neuen Machtbefugnisse und Privilegien der Institution neue Strategien in der Öffentlichkeitsarbeit erforderten.

Im Jahre 1908 startete AT&T, eine der größten amerikanischen Aktiengesellschaften der damaligen Zeit und Mutter von Bell Systems, die in den USA eine Monopolstellung auf dem Telefonmarkt innehatte, eine bahnbrechende Werbekampagne: Sie zielte darauf ab, das Image aufzupolieren und Sympathie und Akzeptanz zu gewinnen. Ähnlich wie das Gesetz die Kapitalgesellschaft in eine „Person" verwandelt hatte, um das Verschwinden der Menschen aus Fleisch und Blut zu kompensieren, stattete die AT&T-Kampagne das Unternehmen nun mit menschlichen Werten aus, um das Mißtrauen der Öffentlichkeit gegenüber einer seelenlosen, unmenschlichen Maschinerie zu zerstreuen.

Wie ein besorgter Bereichsleiter von AT&T erklärte, sei allein die Größe des Konzerns dazu angetan, „menschliches Verständnis, menschliches Mitgefühl, menschliche Kontakte und natürliche menschliche Beziehungen" zu unterdrücken. Diese Größe hatte „die breite Öffentlichkeit überzeugt, eine Kapitalgesellschaft sei ein Ding". Ein anderer AT&T-Sprecher hielt es für notwendig, „die Leute zu veranlassen, das Unternehmen zu verstehen und zu lieben. Nicht nur bewußt abhängig von ihm zu sein – es nicht als bloße Notwendigkeit zu betrachten, es nicht als selbstverständlich hinzunehmen, sondern zu lieben, es ins Herz zu schließen."

Von 1908 bis Ende der 1930er Jahre präsentierte sich AT&T immer wieder als guter „Freund und Nachbar" und versuchte in seinen Werbekampagnen, sich durch Porträts von echten

Unternehmensangehörigen ein menschliches Gesicht zu geben. Mitarbeiter, vor allem aus der Telefonvermittlung und dem technischen Stab, tauchten regelmäßig in den Annoncen des Konzerns auf, genauso wie die Aktionäre. In einer Zeitschriftenanzeige mit dem Titel „Unsere Aktionäre“ ist eine Frau abgebildet, vermutlich Witwe, die ihre AT&T-Aktienzertifikate in Augenschein nimmt, beäugt von ihren beiden kleinen Kindern; in einer anderen pries sich AT&T als „eine neue Demokratie in den Eigentumsverhältnissen der öffentlichen Versorgungsunternehmen“ an, die „sich unmittelbar im Besitz des Volkes befindet – nicht von einer einzelnen Person, sondern von allen kontrolliert“.

Andere namhafte Konzerne folgten dem Beispiel von AT&T. General Motors schaltete Anzeigen, die laut zuständiger Werbeagentur das Ziel hatten, eine Personalisierung der Institution zu erreichen, indem sie als *Familie* bezeichnet wurde. „Das Wort ‚Kapitalgesellschaft‘ ist kalt, unpersönlich und anfällig für Mißverständnisse und Mißtrauen“, sagte Alfred Swayne, der damals bei GM für die Firmenwerbung zuständige Manager. „‚Familie‘ wirkt dagegen persönlich, menschlich, freundlich. Das ist unsere Vorstellung von GM – ein großer, sympathischer Haushalt.“

Gegen Ende des Zweiten Weltkriegs waren einige der führenden amerikanischen Konzerne, darunter General Electric, Eastman Kodak, National Cash Register, Standard Oil, U.S. Rubber und die Goodyear Tire & Rubber Company damit beschäftigt, sich ein Image als wohlwollende Institution mit sozialem Gewissen zusammenzubasteln. Der Begriff „Neuer Kapitalismus“, der diese Entwicklung beschrieb, präsentierte das Bild der Kapitalgesellschaft mit Weichzeichner und dem Versprechen, sich als guter Bürger zu erweisen und für bessere Löhne und Arbeitsbedingungen zu sorgen.

Während die Bürger von der Regierung verlangten, die Macht der Unternehmen zu zügeln, wuchs auch die kämpferische Haltung der Beschäftigten, als die Veteranen des Ersten

Weltkriegs, die ihr Leben auf dem Schlachtfeld riskiert hatten, bei ihrer Rückkehr in den Arbeitsprozeß eine bessere Behandlung forderten. Als Reaktion auf diese Gärungsprozesse bemühten sich die Befürworter des Neuen Kapitalismus zu zeigen, daß die Konzerne auch ohne den Druck von Staat und Gewerkschaften rechtschaffen sein konnten.

Paul W. Litchfield, ein führender Kopf dieser Bewegung, der in der Mitte des zwanzigsten Jahrhunderts zweiunddreißig Jahre lang den Vorsitz bei Goodyear Tire führte, war überzeugt, der Kapitalismus sei nur dann überlebensfähig, wenn Trennung und Konflikte zwischen Arbeitern und Kapitalisten durch Gleichstellung und Kooperation abgelöst würden. Obwohl von einigen seiner Managementkollegen als Sozialist und Marxist abgestempelt, schmiedete Litchfield unverdrossen Programme, um Gesundheit, Wohl und Bildung seiner Arbeiter und ihrer Familien zu fördern und ihnen ein größeres Mitspracherecht in Unternehmensangelegenheiten einzuräumen. Eine seiner stolzesten Errungenschaften war das Mitarbeiter-Parlament, gestaltet nach dem Vorbild von Senat und Repräsentantenhaus; in seine Zuständigkeit fielen Themen, die das Arbeitsverhältnis betrafen, das Arbeitsentgelt eingeschlossen. Litchfield verteidigte seine liberale Politik als unerläßlich für Goodyears Erfolg. „Goodyear legt großen Wert auf menschliche Qualitäten", sagte er. „Und diesen menschlichen Qualitäten verdankt Goodyear in gleichem Maße wie seinen Geschäftsmethoden den kometenhaften Aufstieg in die vorderen Ränge der amerikanischen Industrie."

Das Konzept der Corporate Social Resposibility (CSR) erlebte in den 1930er Jahren eine neue Blütezeit, als die Kapitalgesellschaften unter der feindseligen öffentlichen Meinung litten. Viele Leute glaubten damals, daß die Weltwirtschaftkrise durch Habgier und Mißmanagement der Großunternehmen verursacht worden sei. Sie teilten die Ansicht von Richter Louis Brandeis, der 1933 in einem Urteil des Obersten Gerichtshofs befand, Aktiengesellschaften seien „Frankenstein-Monster", zu jeder Schandtat fähig.

Als Reaktion darauf beeilten sich die Unternehmensführer, die soziale Verantwortlichkeit der Unternehmen zu betonen. Sie hielten es für die beste Strategie, den Glauben der Öffentlichkeit an die großen Konzerne wiederherzustellen und ihr zunehmendes Interesse an einem rigorosen Durchgreifen der Regierung umzukehren. Gerard Swope, damals Vorstand von General Electric, sprach ein in Managementkreisen weitverbreitetes Gefühl an, als er 1934 sagte, daß die „organisierte Industrie die Führung übernehmen und ihre Verantwortlichkeit gegenüber ihren Arbeitnehmern, Öffentlichkeit und Aktionären anerkennen sollte, statt darauf zu warten, daß die demokratische Gesellschaft durch ihre Regierung handelt".[10]

Adolf Berle und Gardiner Means vertraten in ihrem Klassiker *The Modern Corporation and Private Property* eine ähnliche Sichtweise. Die Aktiengesellschaft war in ihren Augen „möglicherweise (wenn nicht tatsächlich) die vorherrschende Institution der modernen Welt"; ihre Manager hätten sich in „Industriefürsten" verwandelt, ihre Unternehmen glichen Lehen aus der Zeit des Feudalismus. Angesichts ihrer Macht über die Gesellschaft seien die Kapitalgesellschaften und ihre Führungsmannschaften nunmehr verpflichtet, nicht nur den Aktionären, sondern den Interessen der Gesellschaft generell zu dienen, in gleichem Maß wie Regierungen. „Die Kontrolle über die Großkonzerne sollte in eine völlig neutrale Technokratie umgewandelt werden", schrieben sie. „Es gilt, das breite Spektrum der Forderungen von verschiedenen Gruppierungen in der Gesellschaft auszubalancieren und jeder auf der Basis von gesellschaftlicher Politik statt privater Habgier einen Teil des Einkommensstromes zuzuweisen." Die Kapitalgesellschaften würden diesen neuen Ansatz wahrscheinlich akzeptieren müssen, „wenn das Unternehmenssystem überleben soll", warnten Berle und Means.

Professor Edwin Dodd, ein weiterer herausragender Managementtheoretiker seiner Zeit, war skeptisch, was die Bereitschaft der Konzerne betraf, soziale Verantwortung zu übernehmen, aber er mutmaßte, daß sie den Verlust ihrer Legitimität und somit ihrer Macht riskierten, wenn sie sich nicht wenigstens den Anschein gaben. „Die moderne Großindustrie hat den Managern unserer federführenden Aktiengesellschaften enorme Macht an die Hand gegeben", schrieb Dodd 1932 in der *Harvard Law Review*. „Der Wunsch, diese Macht zu bewahren, ermutigt sie zur Verinnerlichung und Verbreitung der Ansicht, sie wären Hüter aller Interessen, auf die ihr Unternehmen einwirkt, und nicht nur Diener seiner abwesenden Besitzer."[11]

Trotz der Behauptungen der Unternehmensleitungen, sie wären durchaus in der Lage, für die notwendigen Lenkungsmaßnahmen zu sorgen, schnürte Präsident Franklin D. Roosevelt 1934 ein Reformpaket, den New Deal, der die ökonomische Gesundheit des Landes wiederherstellen sollte, unter anderem durch Beschneiden der Machtbefugnisse und Freiheiten der großen Konzerne. Als erster systematischer Versuch, Unternehmen zu regulieren und die Grundlagen einer modernen staatlichen Wirtschaftslenkung festzuschreiben, wurde der New Deal seinerzeit von vielen Unternehmensführern verteufelt, und ein paar von ihnen planten sogar einen Staatsstreich gegen Roosevelts Regierung. Obwohl der Putschversuch scheiterte (siehe 4. Kapitel), spiegelte er das Ausmaß der Feindseligkeit wider, die viele Unternehmensführer Roosevelt entgegenbrachten. Der Geist des New Deal blieb gleichwohl erhalten, wie auch viele seiner ordnungspolitischen Richtlinien. In den fünfzig Jahren nach seiner Einführung, während des Zweiten Weltkriegs, in der Nachkriegsära und in den 1960er und 1970er Jahren, wurde die zunehmende Macht der Konzerne zumindest teilweise aufgefangen durch eine stetige Erweiterung der staatlichen Regulierung, durch Gewerkschaften und soziale Programme. Doch dann wurde der Trend zu einer stärkeren Kontrolle der Konzerne umgedreht, so wie hundert Jahre zuvor, als sich Dampfmaschine und Eisenbahn mit neuen Gesetzen und Ideologien verbündet hatten, um den Koloß Aktiengesellschaft zu schaffen: Dieses Mal war es die ökonomische Globalisierung, die den Unternehmen ein nie dagewesenes Ausmaß an Macht und Einfluß verlieh.

Im Jahr 1973 wurde die Wirtschaft durch die Ölpreissteigerungen der OPEC (Organisation der Erdöl exportierenden Länder) erschüttert, die im Stil von Kartellen die weltweiten Ölvorräte kontrollierte. Hohe Arbeitslosigkeit, galoppierende Inflation und eine tiefe Rezession folgten. Die herrschenden wirtschaftspolitischen Handlungsmuster, die gemäß ihrer New-Deal-Abstammung eine stärkere Regulierung und andere Methoden staatlicher Intervention befürworteten, gerieten wegen ihrer Unfähigkeit, die Krise in den Griff zu bekommen, ins Kreuzfeuer der Kritik.

Die Regierungen des Westens begannen sich für den Neoliberalismus zu erwärmen, der wie sein Vorgänger, die Laissez-faire-Politik, die ökonomische Freiheit von Individuen und Unternehmen pries und der Regierung eine begrenzte Rolle in der Wirtschaft zuwies. Als Margaret Thatcher 1979 britische Premierministerin wurde und Ronald Reagan 1980 ins Weiße Haus einzog, wurde offenkundig, daß die Ära der vom New Deal inspirierten Ideen und politischen Leitlinien zu Ende war. In den nächsten beiden Jahrzehnten verfolgten die Regierungen die neoliberalistische Politik, geprägt von Deregulierungsmaßnahmen, Privatisierung, Ausgabenkürzungen und Eindämmung der Inflation, mit zunehmender Härte. Anfang der 1990er Jahre war der Neoliberalismus zum wirtschaftlichen Credo geworden.

Inzwischen hatten technologische Innovationen im Transportwesen und Kommunikationssektor die Mobilität und Beweglichkeit der Unternehmen nachhaltig verbessert. Schnelle, große Düsenflugzeuge und neue Techniken in der Containerschiffahrt (die eine reibungslose Einbindung des Wasserverkehrs in das Schienen- und Straßenverkehrsnetz ermöglichten) senkten die Kosten und erhöhten Geschwindigkeit und Effizienz des Verkehrswesens. Der Kommunikationssektor konnte durch Neuerungen bei den Fernsprechnetzen, bei der Telex- und Faxtechnologie und durch die Schaffung des Internet mit ähnlichen Leistungssteigerungen aufwarten.

Die großen Konzerne, nicht länger am Gängelband ihrer heimatlichen Rechtsordnung, konnten nun den gesamten Erdball nach Standorten durchforsten, die ihnen ermöglichten, Güter und Dienstleistungen zu erheblich niedrigeren Kosten zu erzeugen. Es stand ihnen frei, ihre Produktion in Länder zu verlagern, wo Arbeitskräfte billig und die Umweltschutzbestimmungen lasch waren, um ihre Erzeugnisse in den wohlhabenden Ländern zu verkaufen, wo die Menschen über ausreichende Einkommen verfügten und bereit waren, angemessene Preise zu zahlen. Die Zölle waren seit 1948 mit der Ratifizierung des Allgemeinen Zoll- und Handelsabkommen GATT nach und nach gesenkt worden, so daß die Konzerne ihre neugewonnene Mobilität nutzen konnten, ohne Geldbußen fürchten zu müssen.

So von den Fesseln des Standorts befreit, konnten sie den wirtschaftspolitischen Kurs ihrer Regierungen diktieren. Wie Clive Allen, Vizepräsident des führenden kanadischen Hightech-Konzerns Nortel Networks, erklärte, „schulden die Unternehmen Kanada keine Bündnistreue ... Daß wir [Nortel Networks] in diesem Land das Licht der Welt erblickt haben, verpflichtet uns nicht, dort ein für allemal Wurzeln zu schlagen. Das Interesse an einem weiteren Aufenthalt hängt davon ab, wie attraktiv der Standort für uns in Zukunft ist."

Um attraktiv zu bleiben und die alten Investoren zu halten oder neue zu gewinnen, lieferte sich die Regierungen nun einen harten Konkurrenzkampf um das unternehmensfreundlichste Klima. Die daraus resultierende „Schlammschlacht" bewirkte, daß Regulierungsmaßnahmen – vor allem Bestimmungen, die Arbeitnehmer und Umwelt schützen sollten – zurückgeschraubt, Steuern gesenkt und soziale Programme eingefroren wurden, oft ohne Rücksicht auf die Konsequenzen.[12]

Mit der Entstehung der Welthandelsorganisation WTO im Jahre 1993 wurde der Deregulierungsaspekt der ökonomischen Globalisierung vertieft. Mit dem Mandat ausgestattet, bestehende GATT-Standards durchzusetzen und neue zu entwickeln, um ordnungspolitische Barrieren im internationalen Handel zu beseitigen, entpuppte sich die WTO als Hemmschuh für die wirtschaftliche Souveränität der Staaten. Als 1999 Zehntausende in Seattle auf die Straße gingen, um gegen die WTO-Funktionäre und Delegierten der Mitgliedsstaaten zu protestieren, hatte sich die Organisation zu einer mächtigen, geheimniskrämerischen und von den Konzernen beeinflußten Instanz entwickelt, die den Auftrag der Regierungen, Bürger und Umwelt vor Schäden durch die Unternehmen zu bewahren, mit Argusaugen beobachtete.[13]

Als Enron zusammenbrach und die Rolle der Beratungsfirma Arthur Anderson in dem Debakel ruchbar wurde, forderten die Menschen mehr Kontrolle über die Branche der Wirtschaftsprüfer. Doch nur wenige ahnten zum damaligen Zeitpunkt, daß die US-Regierung durch ihre Mitgliedschaft in der WTO bereits einen Teil ihrer Problemlösungsbefugnisse abgetreten hatte. Motiviert von der Überzeugung, daß „Regulierungsmaßnahmen eine unnötige und oft ungewollte Handelsbarriere im Dienstleistungssektor“[14] darstellen, und als Reaktion auf massives Lobbying von verschiedenen Branchen und Unternehmen, hatte die WTO Ende der 1990er Jahre eine Reihe von „Richtlinien“ skizziert: Man wollte sichergehen, daß die Mitgliedsstaaten das Rechnungswesen nicht auf eine Weise knebelten, die „den Handel mehr einschränkt ... als nötig ist, um ein legitimes Ziel zu erreichen“.[15] 1998 verständigten sich die Mitgliedsstaaten, darunter auch die USA, darauf, sich an diese neuen Richtlinien zu halten, die offiziell erst 2005 voll greifen; Normen, die ihnen von einer außenstehenden, undemokratischen Organisation aufoktroyiert worden waren.

Als diese Richtlinien erstmals beraten wurden, erkundigten sich die amerikanischen Delegierten bei den WTO-Funktionären, ob ihnen ein Gesetz, das Wirtschaftsprüfungsfirmen untersagte, als Berater und als Rechnungsprüfer zugleich für ein und dasselbe Unternehmen zu arbeiten, gegen den Strich gehen würde – ein Gesetz, das vielleicht dazu beigetragen hätte, weitere Enron/Andersen-Debakel zu verhindern, und als Teil des Sarbanes-Oxley-Act im Jahr 2002 verabschiedet wurde. Die endgültige Antwort muß warten, bis die Bestimmungen offiziell greifen und die WTO eine Entscheidung trifft: Sie wird wahrscheinlich in Form eines Gerichtsurteils ergehen, wenn ein Mitgliedsstaat Beschwerde gegen den Sarbanes-Oxley-Act einlegt. Bis dahin zeigt allein die Tatsache, daß die Frage überhaupt gestellt wurde, welche Auswirkungen die Richtlinien auf die Befugnisse der Regierungen haben könnten, die Wirtschaftsprüfungsbranche an die Kandare zu nehmen und somit die „demokratische, souveräne Herrschaft des Volkes auszuüben".

Dieser Wirtschaftsbereich ist nicht der einzige, in dem die WTO befugt ist, den Handlungsspielraum der Regierungen einzuschränken. Bei vielen Gelegenheiten hat die Organisation Staaten unter Androhung von Geldbußen aufgefordert, Gesetze zu ändern oder abzuschaffen, die Umwelt, Verbraucher oder andere öffentliche Interessen schützen sollten.[16] In einem Fall wurde beispielsweise ein US-Gesetz, das die Einfuhr von Krabben aus Ländern verbot, die sich weigerten, ihre Fangausrüstung mit einen Schutz für Seeschildkröten auszustatten, als Verstoß gegen die WTO-Standards erachtet;[17] eine EU-Maßnahme, die Produktion und Import von Rindfleisch verbot, wenn die Tiere mit synthetischen Hormonen behandelt worden waren, löste eine ähnliche Reaktion aus.

Das volle Ausmaß des WTO-Einflusses läßt sich indes nicht allein anhand ihrer Entscheidungen ermessen. Wie andere Rechtsnormen auch, wirken die WTO-Richtlinien am stärksten mittels inoffizieller Kanäle. Regierungen werden angeregt, ihr eigenes Verhalten kritisch zu überprüfen, um sicherzugehen, daß es den Richtlinien entspricht. Genau das tat der US-Bundesstaat Maryland und ließ ein Gesetz in der Versenkung verschwinden, das den Kauf der Erzeugnisse von Firmen untersagt hätte, die in Nigeria tätig waren (als dort ein Terrorregime herrschte), nachdem das Auswärtige Amt gewarnt hatte, ein solches Gesetz könnte möglicherweise die USA ins Visier der WTO rücken.

Regierungen können die Standards der Welthandelsorganisation außerdem als Druckmittel benutzen, um andere Regierungen zu veranlassen, ihren wirtschaftspolitischen Kurs zu ändern, und damit drohen, andernfalls Beschwerde bei der WTO einzulegen – was die USA und Kanada taten, um von der Europäischen Union vorgeschlagene Regulierungsmaßnahmen auszumanövrieren: Dadurch wären Pelze von Tieren, die in Tellereisen gefangen worden waren, und in Tierversuchen getestete kosmetische Erzeugnisse mit einem Importverbot belegt worden.[18]

Daß die Richtlinien und Entscheidungen der WTO tendenziell die Interessen der Konzerne begünstigen, ist kaum verwunderlich angesichts der privilegierten Stellung und des beträchtlichen Einflusses, den bestimmte Wirtschaftsgruppierungen innerhalb der Organisation genießen. Die Handels- und Wirtschaftsminister der Mitgliedsstaaten sind normalerweise „eng mit den Handels- und Finanzinteressen derjenigen verbunden, die in den führenden Industrienationen das Sagen haben", und daher ein leichtes Ziel für den Einfluß der Konzerne, meint Ökonom und Nobelpreisträger Joseph Stiglitz. Unternehmen und Industrieverbände haben außerdem eine enge Beziehung zu den Bürokraten und Führungskadern der Organisation. „Wir wollen weder die heimliche Busenfreundin der WTO sein, noch sollten wir [unsere Delegation] die Welthandelsorganisation durch den Dienstboteneingang betreten", beschrieb ein Mitglied der International Chamber of Commerce, einer Lobbygruppe bei der WTO, das besondere Verhältnis zwischen seiner Organisation – und Wirtschaftsgruppierungen allgemein, wie man schließen kann – und der WTO.[19]

In ihrem relativ kurzen Leben hat sich die WTO als nicht zu unterschätzender Hemmschuh für die Fähigkeit der Nationen erwiesen, ihre Bürger vor den Verfehlungen der Konzerne zu schützen. Die ökonomische Globalisierung, zu deren Elementen die WTO zählt, hat die Möglichkeiten der Unternehmen, staatliche Entscheidungsinstanzen zu umgehen, beträchtlich erweitert. „Die großen Konzerne besitzen genug Macht, um eine Bedrohung für die Regierungen darzustellen", sagt William Niskanen, Chairman des Cato Institute. „Das gilt vor allem für die multinationalen Konzerne, deren Abhängigkeit von den Positionen bestimmter Regierungen viel geringer ist, ganz zu schweigen von ihrer Loyalität." Wie Ira Jackson, der ehemalige Leiter des Center for Business and Government an der Kennedy School of Government in Harvard, erklärte, haben die Konzerne und ihre Führungskader „die Politik und die Politiker ... als die neuen Hohepriester und herrschenden Oligarchen unseres Systems ersetzt". Und laut Samir Gibara, Ex-Unternehmenschef von Goodyear Tire, sind die Regierungen „im Vergleich zu früher machtlos geworden [im Verhältnis zu den Konzernen]"[20].

Nun *regieren* die Konzerne die Gesellschaft, vielleicht mehr als die Regierungen selbst; doch ironischerweise ist eben diese Macht, die sie durch die ökonomische Globalisierung errungen haben, ihre Achillesferse. Wie jede herrschende Institution lösen sie in der Öffentlichkeit zunehmend Mißtrauen, Angst und die Forderung nach Verantwortlichkeit aus. Die Führungskräfte von heute wissen genau wie ihre Vorgänger, daß ein hartes Stück Arbeit geleistet werden muß, um das Vertrauen der Öffentlichkeit zurückzugewinnen und zu halten. Und sie bemühen sich wie ihre Vorgänger, das angeschlagene Image des Konzerns aufzupolieren, indem sie ihm weiche Konturen verleihen, ihn als menschlich, wohlwollend und sozial verantwortungsbewußt präsentieren. „Es ist absolut unerläßlich, daß ein Unternehmen heute menschliche und persönliche Züge aufweisen kann", sagt PR-Zar Chris Komisarjevski, CEO von Burson-Marsteller. „Die smarten Unternehmen haben begriffen, daß die Leute Vergleiche auf der menschlichen Ebene ziehen ... denn so denken die Leute nun einmal ... Wenn man mit Mikrophon und Kamera eine Straße entlang gehen und Leute anhalten würde ..., werden sie Unternehmen mit ungemein menschlichen Begriffen beschreiben."

Heute benutzt man das „Branding", um den Unternehmen mit Hilfe eines ausgeklügelten Markenprofils eine einzigartige und attraktive Persönlichkeit zu verpassen. Branding geht über Strategien hinaus, die Konzerne lediglich mit Menschen in Zusammenhang zu bringen – zum Beispiel die Kampagne von AT&T mit den Porträts von Mitarbeitern und Aktionären oder der Einsatz von Prominenten, die man gerne vor den Werbekarren spannt (z.B. die Nike-Anzeigen mit Michael Jordan), und die Maskottchen (Ronald McDonald, das Michelin-Männchen und Mickey Mouse).

Die Markenidentitäten der Konzerne sind „Personifizierungen, die zeigen, wer sie sind und woher sie kommen", sagt Clair Timon, Chairman von Landor Associates, der größten und ältesten Consulting-Firma für Branding und Strategisches Design. Das Familien-Image von Disney, die Erfinder-Strategie von Hewlett-Packard und die Sonnenschein-Nahrungsmittel von Dole sind Beispiele für „Branding-Zugpferde", wie Timon sie bezeichnet. „Unternehmen haben, wie Marken ... eine Seele", meint Timon, was ihnen ermöglicht, „intellektuelle und emotionale Bindungen" zu Gruppen zu schaffen, von denen sie abhängig sind, zum Beispiel Verbraucher, Mitarbeiter, Aktionäre und Kontrolleure.[21]

Timon verweist auf Landors Branding-Zugpferd für British Petroleum – „progressiv, leistungsstark, grün, innovativ" – als Indiz dafür, in welchem Ausmaß Verantwortlichkeit gegenüber Umwelt und Gesellschaft heute zum Schlüsselthema in der Branding-Politik der Unternehmen geworden ist. Er sagt jedoch, daß selbst Firmen, die sich nicht ausdrücklich ein solches Markenprofil zulegen, das Konzept der CSR (Corporate Social Responsibility) auf ihre Fahnen schreiben müssen.

„Unternehmen müssen soziale Verantwortung übernehmen, ob es ihnen paßt oder nicht", sagt Timon. Und das ist zum Teil eine Folge ihres neuen Status als herrschende Institutionen. Sie müssen jetzt beweisen, daß sie die Freiheit von staatlicher Bevormundung verdienen und an der Führung der Gesellschaft teilhaben. „Konzerne müssen vertrauenswürdiger werden", findet Sam Gibara, Nachfolger des CSR-Pioniers P.W. Litchfield. „Es wurden Befugnisse von der Regierung ... auf den Konzern übertragen, und der Konzern muß diese Verantwortung übernehmen ... und sich wie ein Weltbürger verhalten; er muß die Gemeinde respektieren, in die er eingebunden ist, muß aus eigenem Antrieb die Selbstdisziplin aufbringen, die Regierungen früher von ihm gefordert haben."

Mitte der 1990er Jahre erschütterten die ersten Massendemonstrationen gegen die Macht und den Machtmißbrauch der Konzerne die nordamerikanischen und europäischen Großstädte. Die Teilnehmer, Teil einer breit angelegten Bewegung zur Förderung einer „Zivilgesellschaft", zu der auch Nichtregierungsorganisationen, Verbände und Gewerkschaften gehörten, verwiesen auf den Schaden, den die Mammutunternehmen Arbeitnehmern, Verbrauchern, Kommunen und der Umwelt zufügen. Ihre Sorgen unterschieden sich von den Protesten, die nach dem Enron-Debakel laut wurden und sich vor allem an der Verletzlichkeit der Aktionäre gegenüber korrupten Managern festmachten. Doch beiden Gruppen war eines gemein: In ihren Augen waren die Konzerne ein hochexplosiver gesellschaftlicher Faktor geworden, eine gefährliche Mischung aus Macht und Verantwortungslosigkeit. Die derzeitige Antwort auf solche Befürchtungen liefert das Konzept der CSR. Mehr als eine Marketingstrategie, die es zweifellos ist, präsentiert CSR den Konzern als verantwortungsbewußt und rechenschaftspflichtig gegenüber der Gesellschaft und verleiht somit seiner neuen Rolle als Herrscher über die Gesellschaft Legitimität.

2. BUSINESS AS USUAL

Wirtschaftsführer weisen heute darauf hin, daß die Interessen ihrer Unternehmen über Gewinn und Verlust hinausreichen und ihr Verantwortungsgefühl sich nicht auf die Aktionäre beschränkt, sondern sich auf die Gesellschaft als Ganzes erstreckt. Das Konzept der CSR (Corporate Social Responsibility) ist zu ihrem neuen Credo geworden, ein selbstbewußtes Korrektiv für frühere Unternehmensvisionen, die von Habgier geprägt waren. Trotz dieser veränderten Sicht hat sich der Konzern selbst nicht gewandelt. Er bleibt, was er schon Mitte des neunzehnten Jahrhunderts war, zum Zeitpunkt seiner Geburtsstunde als moderne Wirtschaftsinstitution: eine vom Gesetz definierte „Rechtsperson", dazu berufen, die eigenen Interessen zu befördern und sich dabei über moralische Bedenken hinwegzusetzen. Bei einem Menschen würde man solche „Persönlichkeitsmerkmale" abstoßend, ja sogar psychopathisch finden, doch seltsamerweise akzeptieren wir sie bei der mächtigsten Institution der Gesellschaft.

Die heutigen Probleme der Wall Street, angefangen mit Enrons spektakulärem Zusammenbruch, lassen sich zum Teil auch auf die institutionellen Charakterschwächen der Unternehmen zurückführen, aber der Energieriese Enron ist beileibe kein Einzelfall. Alle börsennotierten Unternehmen weisen diese Grundzüge auf, selbst hochangesehene und sozial eingestellte wie Pfizer Inc.

Im Jahr 1849 gründeten Charles Pfizer und sein Cousin Charles Erhart eine kleine Chemiefirma in Williamsburg, damals ein ländlicher Teil von Brooklyn, der von Manhattan aus nur mit dem Boot zugänglich war. Während der letzten hundertfünfzig Jahre konnte Pfizer Inc. ein gedeihliches Wachstum verzeichnen und sich als größter Pharmakonzern der Welt einen Namen machen. Williamsburg, heute durch Brücken und Tunnel mit Manhattan verbunden, mauserte sich ebenfalls und erlebte nicht zuletzt dank Pfizer eine neue Blütezeit.

An einem Nachmittag im Sommer nahm Tom Kline, einer der Vizepräsidenten des Konzerns, eine Dokumentarfilm-Crew auf einen Rundgang durch die Viertel der Innenstadt mit, die das alte Werk im Zentrum von Williamsburg umgeben. Kline, ein großer weißhaariger Mann mittleren Alters in makellosen Sporthosen und farblich passendem kurzärmeligem Hemd, wirkte in dieser heruntergekommenen Gegend mit überwiegend schwacher Einkommensstruktur fehl am Platz, aber er fühlte sich hier sichtbar heimisch. (Während der Besichtigungstour grüßte er Fremde auf der Straße wie alte Bekannte, versprach einer Frau, daß „wir gemeinsam mit Ihnen, Pfizer und anderen Kooperationspartnern die Lebensqualität in diesem Viertel verbessern werden", und schien mit einem anderen Passanten schon nach einer kurzen Unterhaltung auf vertrautem Fuß zu stehen.)

Der Rundgang begann an der U-Bahnstation Flushing Avenue, deren Eingangstreppe sich genau vis-à-vis dem Eingang zum Pfizer-Werk befindet. Kline erzählte, wie er eines Abends Anfang der 1980er Jahre, als er noch Betriebsleiter in der Fabrik war, auf dem Bahnsteig beinahe ausgeraubt worden wäre, als er nach Feierabend auf den Zug wartete. Er hatte sein Heil in der Flucht gesucht und sich am anderen Ende der Gleise in Sicherheit gebracht, hatte sich versteckt, zu Tode erschrocken, aber auch aufgerüttelt, etwas gegen die Spirale von Gewalt und Drogen zu unternehmen, die zur Verelendung des Stadtviertels beitrugen. In dieser Notlage hatte er beschlossen, alles in seiner Macht Stehende zu tun, um die geplante Schließung des Pfizer-Werks zu verhindern und „Veränderungen anzustreben, die auf eine Verbesserung der Lebensqualität in diesem Viertel abzielen".[1]

Heute ist das Werk noch immer geöffnet und die U-Bahnstation sicherer, dank Kline und Pfizer. Kline zeigte der Filmcrew eine gelbe Notrufsäule an der Mauer eines Warteraums auf dem Bahnsteig. Von Pfizer finanziert und gewartet, ist sie mit einem ausgeklügelten Sicherheitssystem verbunden, das bedrohten U-Bahnbenutzern ermöglicht, die Sicherheitskräfte im nahegelegenen Werk zur Hilfe zu rufen. Einen Block von der U-Bahnstation entfernt, in Pfizers ehemaliger Unternehmenszentrale, befindet sich heute eine Schule, ein von Kline entwickeltes und zum Teil vom Konzern finanziertes Konzept. Obwohl die Schule offiziell zum Public-School-System von New York City gehört, erklärte die Rektorin Sonia Gerrardo, die Kinder hätten eine „wirklich tragfähige Beziehung zum Unternehmen" durch die Mentoren und ehrenamtlichen Helfer von Pfizer. Im selben Stadtviertel baute die Firma außerdem für Angehörige mittlerer Einkommensschichten Wohnungen, die sie gemeinsam mit der Stadt verwaltet.

Kline glaubt, daß Unternehmen „Verantwortung übernehmen müssen, wenn wir die Lebensumstände in den amerikanischen Großstädten verbessern wollen", und seine Aktivitäten zeigen, daß es sich um mehr als ein Lippenbekenntnis handelt. Wie Hank McKinnel, Chairman und CEO von Pfizer, sagte, ist Kline „die treibende Kraft hinter der Regeneration eines ziemlich verwahrlosten Stadtviertels".

McKinnel wünscht sich von Pfizer indes mehr als die Sanierung von Innenstädten. „Pfizer kann mehr Gutes für mehr Menschen bewirken als jedes andere Unternehmen auf der Welt", erklärt er. Jedes Jahr verteilt Pfizer weltweit Geld- und Sachspenden im Wert von einigen hundert Millionen Dollar und ist somit „eine der großzügigsten Firmen Amerikas". — McKinnel ist besonders stolz auf den Beitrag des Konzerns zur Bekämpfung des Trachoms, einer Augeninfektion, an der jedes Jahr acht bis zehn Millionen Menschen erblinden. Pfizer produziert das Medikament Zithromax, das der Erkrankung mit nur einer Dosis im Jahr vorbeugt, und stellt es den afrikanischen Ländern unentgeltlich zur Verfügung. Laut McKinnel ist die Infektionsrate in Afrika um die Hälfte gesunken, und die Krankheit könnte bis zum Jahr 2020 völlig ausgerottet sein. „Wir von Pfizer hören nie auf, nach innovativen Lösungen für die Probleme der Gesellschaft zu suchen", gibt der Konzern auf seiner Website bekannt. „Egal, ob es um die kostenlose Abgabe von Arzneimitteln an Bedürftige, die Mitarbeit unserer Belegschaft an lokalen Schulen oder den Wiederaufbau unseres alten Stadtviertels geht ... wir fühlen uns dem Ziel und Zweck unseres Unternehmens verpflichtet: Menschen in aller Herren Länder zu helfen, ein gesundes, produktives Leben zu führen."[2]

Die US-Kapitalgesellschaften hatten schon immer eine philanthropische Ader. Sie unterstützten Wohltätigkeitsorganisationen mit Spenden, sponserten den Baseball-Nachwuchs, machten Mittel für den Bau von Theatern locker. Traditionsgemäß wurde diese Großzügigkeit nicht an die große Glocke gehängt, sondern war eine Begleiterscheinung des vorrangigen Ziels, Geld zu verdienen. Doch nun beginnen große Konzerne wie Pfizer, die guten Taten als Kern ihrer Unternehmensplanung ins Rampenlicht zu rücken. Das Verantwortungsgefühl gegenüber der Gesellschaft allgemein, nicht nur gegenüber den Aktionären, ist heute ein unerläßlicher Bestandteil der Identität eines Unternehmens, der zeigt, was es sein, tun und lassen sollte. Von Konzernen erwartet man mittlerweile oft, daß sie sich nicht nur durch Güter, sondern auch durch Güte auszeichnen, daß sie nicht nur den Mehrwert, sondern moralische Werte im Auge behalten, und daß sie dazu beitragen, unsere Welt lebenswerter zu machen.

Während der 1980er Jahre wurden Testosteron-gesteuerte Rambos wie Al Dunlap von Sunbeam, genannt „Kettensägen-Al", der mit einem Maschinengewehr für die Titelseite einer Zeitschrift posierte, um seine knallharte Führungsmentalität deutlich zu machen, als Helden und furchtlose Ritter der

Bilanzen gefeiert. Inzwischen muten sie wie Barbaren an, ungeschlacht und uncool, genauso lächerlich wie ihr Markenzeichen, die roten Hosenträger. Heute pflegen Firmenchefs sanfte Eigenschaften, zum Beispiel Einfühlsamkeit, und scheinen ernsthaft daran interessiert, wie sich die Aktivitäten ihres Unternehmens nicht nur auf die Aktionäre, sondern auch auf die Interessen von Gesellschaft und Umwelt auswirken; sie erklären, ihre gesellschafts- und umweltrelevanten Bilanzen müßten genauso stimmen wie ihr finanzielles Endergebnis. Samir Gibara von Goodyear Tire meinte: „Heutzutage ist eine Kapitalgesellschaft viel breiter gefächert ... Sie hat nicht nur die Aktionäre zu berücksichtigen, sondern einen wesentlich größeren Kundenkreis, und muß versuchen, allen diesen Bedürfnissen gerecht zu werden."

Ihre Verpflichtungen bestehen nicht mehr nur darin, Geld für die Investoren zu verdienen, sondern sie könnten und sollten laut William Ford Jr., Chairman der Ford Motor Company und Enkel des CSR-Pioniers Henry Ford, „ein wichtiger Faktor bei der Lösung von umwelt- und gesellschaftsrelevanten Problemen im einundzwanzigsten Jahrhundert sein".

Ira Jackson, früher Dozent an der Harvard Business School, ist der Überzeugung, daß solche Einstellungen eine völlig neue Phase des Kapitalismus einläuten, den „Kapitalismus mit einem Gewissen". Es gibt Indizien, die seine Ansicht belegen. Die großen Konzerne brüsten sich heute auf ihren Websites und in ihren Jahresberichten mit ihren sozialen und Umweltinitiativen. Die Wirtschaftspresse bringt immer wieder Berichte über Corporate Social Responsibility und beurteilt die Unternehmen nach ihrer Kompetenz auf diesem Gebiet. Die Wirtschaftsakademien bieten Kurse zum Thema soziale Verantwortlichkeit an, und Universitäten richten einschlägige Forschungszentren ein (an der University of Nottingham spendete der Tabakriese ABT sieben Millionen US-Dollar für die Errichtung des International Centre for Corporate Social Responsibility). CSR steht auf jeder Tagesordnung, wenn sich Wirtschaftsführer treffen

– ob beim Weltwirtschaftsforum in Davos oder bei den WTO-Ministertreffen, Industriekonferenzen und internationalen Handels- und Investitionsgipfeln –, und die Unternehmen liefern sich heiße Schlachten um den Aufstieg in die moralische Oberliga.

Der fromme Eifer auf dem Gebiet der sozialen Verantwortlichkeit droht dem Sex in der Werbung den Rang abzulaufen, ob im Fernsehen oder in Hochglanzmagazinen und Tageszeitungen. Ein typisches Beispiel ist ein Werbespot von Shell. Er zeigt die – nach eigenen Angaben „romantische" – Umweltschützerin Frances Abbots-Guardiola bei einem Hubschrauberflug über idyllische Berge und Seen und im Gespräch mit Ureinwohnern in ihren Hütten mit Grasdach. Skeptisch beobachtet sie einen Lkw-Konvoi, der Müll durch die unberührte Landschaft karrt. „Diese Frau versucht, einen gefährdeten Lebensraum vor der Zerstörung durch Öl und Gas zu bewahren", erklärt eine salbungsvolle Stimme mit schottischem Akzent (vermutlich eine Greenpeace-Aktivistin, die Front gegen alle großen Unternehmen macht, denkt man automatisch). „Dennoch steht sie nicht auf Kriegsfuß mit der Ölgesellschaft. Sie *repräsentiert* die Ölgesellschaft" – eine Geologin auf der Gehaltsliste von Shell, wie wir erfahren.

Die Botschaft ist klar, genau wie bei unzähligen ähnlich gepolten Werbekampagnen: Konzerne sind um das Wohl von Umwelt und Kommunen bemüht, interessieren sich nicht nur für das seelenlose Streben nach Gewinn; sie sind nicht Ursache, sondern Teil der Lösung jener Übel, an denen unsere Welt krankt, sind Verbündete und nicht Feinde der Regierungs- und Nichtregierungsorganisationen.

Jackson erklärte, vor ein paar Jahren hätte man sich noch „zum Gespött gemacht und einpacken können", wäre unter Umständen sogar von einer bewaffneten Sicherheitseskorte zur Tür hinausbegleitet worden, wenn man einem Firmenchef gesagt hätte, sein Unternehmen täte gut daran, die Menschenrechtserklärung der UN zu beherzigen. Die Zeiten haben sich geändert: In New York trafen sich unlängst hundert CEOs der weltweit größten Konzerne mit Führungskräften aus Nichtregierungsorganisationen (NGOs), zum Beispiel Greenpeace und Amnesty International, und den Botschaftern etlicher Staaten zur Unterzeichnung einer Resolution, die sie zur Einhaltung der grundlegenden Prinzipien der Menschenrechts-Charta verpflichtet. Das ist nur ein Beispiel für die neue, am Gewissen ausgerichtete Unternehmensordnung, sagt Jackson. Wie viele andere Wirtschaftsexperten zollt er Unternehmensvorständen Beifall, die CSR-Werte begrüßen, und prophezeit, daß die Verweigerer scheitern werden.

Sogar Präsident Bush erhebt nun die soziale Verantwortung zu einem grundlegenden Unternehmenswert, wenn nicht gar zur patriotischen Pflicht. „Amerika sieht einer Ära der Verantwortung entgegen, einer Kultur, die ihr Gefühl für persönliche Verantwortung zurückgewinnt", hieß es in seiner Rede vor einer Gruppe von Topmanagern zum Thema Enron-Affäre. „Und diese neue Kultur muß ein wiedererwachtes Gefühl der Verantwortlichkeit auf Unternehmensebene einschließen ... Geschäftsbeziehungen werden wie alle menschlichen Beziehungen auf einem Fundament der Integrität und des Vertrauens errichtet."

Doch nicht jeder betrachtet die soziale Verantwortlichkeit der Unternehmen als Tugend. Milton Friedman, Nobelpreisträger und einer der namhaftesten Ökonomen der Welt, ist der Überzeugung, dieser neue Hang zum Moralismus im Wirtschaftsleben sei in Wahrheit unmoralisch.

Als Friedman mir ein Interview gewährte, warnte mich sein Sekretär, daß er aufstehen und den Raum verlassen würde, wenn ihn meine Fragen langweilten. Deshalb war ich ziemlich angespannt, als ich in der Eingangshalle seines Wohnhauses auf ihn wartete. So muß sich Dorothy gefühlt haben, kurz bevor Toto den Vorhang öffnete und den Zauberer von Oz (als Popanz) entlarvte, dachte ich. Friedman ist ein intellektueller Riese, verehrt und gefürchtet, glorifiziert und verteufelt, überlebensgroß. Ich war erleichtert, als er beim Betreten des Raumes lächelte, ein charmanter kleiner Mann, der wie der Zauberer kaum eineinhalb Meter maß.

Friedman nahm die Lobby in Augenschein, die sich in ein chaotisches, improvisiertes Fernsehstudio verwandelt hatte (das Interview war für eine TV-Dokumentation, die von der Regierung finanziert wurde). Lampen und Kameras füllten den Raum, Kabelgewirr bedeckte den Boden. Zwei Mitglieder der Mannschaft standen mit Wattebällchen bereit, um den Glanz von der Nase des großen Mannes zu pudern. Griesgrämig sagte Friedman: „Neulich war ABC mit zwei Männern und einer Kamera da. Und hier sehen wir die Regierung, aufgebläht und verschwenderisch, wie es schlimmer nicht geht."

Friedman ist der Meinung, daß Konzerne gut für die Gesellschaft sind (und daß zuviel Staat schlecht ist). Er schreckt allerdings vor dem Gedanken zurück, daß sie Gutes für die Gesellschaft *tun* sollten. „Ein Unternehmen ist Eigentum der Aktionäre", sagte er. „Seine Interessen sind die Interessen seiner Aktionäre. Und nun soll es darüber hinaus das Geld der Aktionäre für Zwecke ausgeben, die es als sozial verantwortlich erachtet, aber nicht mit seinen Endergebnissen verbinden kann? Meine Antwort lautet nein."

Es gibt laut Friedman nur eine „soziale Verantwortlichkeit" für das Management: so viel Geld wie möglich für die Anteilseigner zu verdienen. Das ist in seinen Augen ein moralischer Imperativ. Führungskräfte, die gesellschafts- und umweltpolitischen Zielen den Vorrang vor dem Profit geben – die sich um moralisches Handeln bemühen –, verhalten sich in Wirklichkeit unmoralisch.

Es gibt jedoch eine Situation, in der die soziale Verantwortlichkeit der Unternehmen akzeptiert werden kann, räumt Friedman ein – wenn sie eine „Fassade" ist, die der Imagepflege dient. Ein Topmanager, der gesellschafts- und umweltrelevante Werte als Mittel zur Maximierung des Aktionärsvermögens betrachtet – nicht als eigenständige Zielsetzung –, tut nichts Verwerfliches. Das ist so, als „würde man ein hübsches Mädchen vor den Werbekarren spannen, um ein Automobil zu verkaufen", sagte er. „Es geht nicht darum, Schönheit zu verkaufen. Sondern darum, Autos zu verkaufen." Gute Absichten sind, wie gutaussehende Mädchen, verkaufsfördernd. Es stimmt, gesteht Friedman, daß diese rein strategische Sicht der sozialen Verantwortlichkeit die hochgesteckten Ideale auf „heuchlerische Schaufensterdekorationen" reduziert. Aber Heuchelei ist eine Tugend, wenn sie dem Endergebnis dient. Moralische Tugend ist dagegen unmoralisch, wenn sie diesem Zweck nicht entspricht.

Obwohl Friedmans Ansichten von vielen Wirtschaftsexperten abgelehnt werden, die einen Zynismus solcher Art für altbacken, boshaft und wirklichkeitsfremd halten, findet sein Mißtrauen gegenüber der CSR Unterstützung bei Gleichgesinnten, deren Meinung ins Gewicht fällt. William Niskanen, ehemals Ford-Ökonom und nun Chairman des Cato Institute, sagte, er würde niemals in eine Firma investieren, die sich als Vorreiter der CSR profiliert. „Ford Motor Company stellt meines Erachtens immer noch hervorragende Personenwagen und Lkws her. Aber „die CSR-Aktivitäten des neuen Mr. Ford untergraben womöglich den Wert, den das Unternehmen für die Besitzer hat".

Peter Drucker, Guru aller Wirtschaftsgurus, der Friedman für den „vermutlich größten lebenden Wirtschaftswissenschaftler" hält, pflichtet ihm bei, daß die CSR eine gefährliche Verzerrung von Unternehmensgrundsätzen sei. „Wenn ein Topmanager soziale Verantwortung übernehmen möchte, sollte man ihn entlassen. Schleunigst." Debora Spar, Dozentin an der Harvard Business School, vertritt den Standpunkt, daß Kapitalgesellschaften „nicht als moralische Institution gegründet wurden ... Sie haben nur eine Mission, und die besteht darin, den Shareholder-Value zu erhöhen." Und Noam Chomsky, Friedmans intellektuelle und ideologische Nemesis, teilt seine Ansicht, daß sich Kapitalgesellschaften „ausschließlich um das Wohl ihrer Aktionäre kümmern sollten ... und nicht um die Gesellschaft, die Belegschaft oder was auch immer“.

Unternehmen werden per Gesetz gegründet und per Gesetz mit einem Zweck ausgestattet. Das Gesetz gibt vor, was den Mitgliedern des Aufsichtsrats und des Managements erlaubt oder verboten und was unabdingbar ist. Und zumindest in den USA und anderen Industrienationen gleicht die Kapitalgesellschaft, wie vom Gesetz bestimmt, am ehesten Milton Friedmans Idealmodell einer Institution: Es nötigt Führungskräfte, Prioritäten hinsichtlich ihrer Unternehmen und Aktionäre zu setzen, und verbietet ihnen, soziale Verantwortung zu übernehmen – die über ein Lippenbekenntnis hinausgeht.

Im Jahr 1916 lernte Henry Ford diese Lektion und half unfreiwillig, die mangelnde Toleranz des Gesetzes gegenüber der sozialen Verantwortung der Unternehmen festzuschreiben.

Ford war der Meinung, daß sein Autokonzern mehr als eine „unerschöpfliche Gewinnquelle“ sein könnte. Er zahlte seinen Arbeitern erheblich mehr als den damals gängigen Lohnsatz und belohnte seine Kunden mit jährlichen Preissenkungen bei seinen T-Modellen (der ursprüngliche Preis von mehr als 900 Dollar wurde bis 1916 auf 440 Dollar reduziert). „Nach meinem Dafürhalten müssen wir nicht solche riesigen Gewinne mit unseren Automobilen machen“, soll er gesagt haben. „Ein vernünftiger Gewinn ist annehmbar, aber man sollte es nicht übertreiben.“[3]

John und Horace Dodge hatten Ford im Jahr 1906 mit einer Einlage in Höhe von 10 500 Dollar bei der Gründung seines Unternehmens Starthilfe geleistet. Sie waren wichtige Aktionäre, und John Dodge wurde in den *Board of Directors* berufen. Die Brüder hatten sich außerdem verpflichtet, in ihrer Maschinenfabrik in Chicago Ersatzteile exklusiv für Ford herzustellen, und offizielle Angebote der alteingesessenen Firma Oldsmobile abgelehnt. 1916 peilten die Gebrüder Dodge indes ehrgeizigere

Ziele an. John Dodge verließ den Ford-*Board* und plante mit seinem Bruder den Aufbau einer eigenen Automobilfirma. Sie hofften, das risikoreiche Unternehmen mit den vierteljährlichen Dividenden aus ihren Ford-Aktien finanzieren zu können, wurden aber von Fords Entscheidung, die Dividende zu streichen und das Geld den Kunden in Form von Preissenkungen für die T-Modelle zukommen zu lassen, ausmanövriert.

Die Gebrüder Dodge brachten Ford vor den Kadi. Gewinne gehören den Aktionären, argumentierten sie, und Ford habe kein Recht, das ihnen zustehende Geld an Kunden zu verschenken, gute Absichten hin oder her. Der Richter schloß sich dieser Auffassung an. Er verfügte die Wiedereinführung der Dividende und erteilte Ford einen scharfen Verweis – der während der öffentlichen Verhandlung geäußert hatte, „ein Geschäft sei eine Dienstleistung, keine Goldgrube", und Unternehmen sollten „nicht nur darauf bedacht sein, Geld zu verdienen" –, weil dieser allem Anschein nach vergessen hatte, daß Unternehmensstruktur und Führung in erster Linie darauf ausgerichtet sein sollten, Gewinne für die Aktionäre und nicht Vorteile für andere zu erzielen.

Der Fall *Dodge vs. Ford* ist noch heute ein Paradebeispiel für den Rechtsgrundsatz, daß Führungs- und Aufsichtskräfte gesetzlich verpflichtet sind, die Interessen der Aktionäre über alles andere zu stellen, und keine Befugnis besitzen, andere Belange zu berücksichtigen; für sie gilt das Prinzip, ausschließlich „das beste Interesse des Unternehmens" zu wahren. Dieses Prinzip bot eine gesetzeskonforme Lösung für einen Fehler in dieser Unternehmensform, der schon Adam Smith 140 Jahre vor dem Urteil im Fall *Dodge vs. Ford* Kopfzerbrechen bereitet hatte. In seinem 1776 veröffentlichten Klassiker *Der Wohlstand der Nationen* schrieb er, es beunruhige ihn, daß die Eigentümer einer Kapitalgesellschaft, die Anteilseigner, nicht mit der Leitung ihrer Firmen betraut seien, sondern diese Aufgabe professionellen Führungskräften überantworteten. Bei Letzteren könne man nicht die gleiche Umsicht bei der Verwaltung „des

Geldes anderer Leute" voraussetzen, schrieb er, und es sei zu erwarten, daß Achtlosigkeit und Verschwendung seitens der Leitung solcher Unternehmen mehr oder weniger verbreitet seien.

Das Prinzip vom „besten Interesse des Unternehmens", inzwischen in den meisten Ländern elementarer Bestandteil der Unternehmensgesetzgebung, greift Smiths Bedenken auf, da es die betrieblichen Entscheidungsträger zwingt, stets im besten Interesse des Unternehmens und seiner Besitzer zu handeln. Das Gesetz verbietet jedes andere Motiv, egal, ob es gilt, Mitarbeiter zu unterstützen, die Umwelt zu verbessern oder an Kosteneinsparungen für den Verbraucher mitzuwirken. Solche Aktivitäten können sie laut Gesetz aus der eigenen Tasche finanzieren, als Privatperson. Als Repräsentanten des Unternehmens und Verwalter des Geldes, das ihnen von anderen anvertraut wurde, fehlt ihnen dagegen die Rechtsbefugnis, solche Ziele per se zu verfolgen – es sei denn, sie sind Mittel zum Zweck und dienen den Interessen des Unternehmens, was im allgemeinen bedeutet, den Wohlstand der Aktionäre zu mehren.[4]

Die CSR ist folglich gesetzwidrig – zumindest dann, wenn die soziale Verantwortlichkeit aufrichtig gemeint ist.

Der Jurist Robert Hinkley, Fachanwalt für Unternehmensfragen, kündigte seine Stellung bei der internationalen Anwaltssozietät Skadden, Arps, als er nach dreiundzwanzig Jahren Berufspraxis feststellte, daß „das Gesetz in seiner gegenwärtigen Form Führungskräften und Unternehmen untersagt, sozial verantwortlich zu handeln". Er meinte:

> „Der weltweit in Hunderten von Unternehmensgesetzen enthaltene Unternehmensentwurf ist nahezu identisch ... Die Menschen, die Kapitalgesellschaften führen, haben eine Rechtspflicht gegenüber den Anteilseignern, und diese Pflicht besteht darin, Geld für sie zu verdienen. Kommen sie dieser Pflicht nicht nach, können Leitungs- und Kontrollorgane des Unternehmens von den Anteils-

> eignern verklagt werden. Das Gesetz schreibt den Kapitalgesellschaften die Verfolgung ihrer Eigeninteressen zwingend vor (und setzt unternehmerisches Eigeninteresse mit dem Eigeninteresse der Anteilseigner gleich.) Die Verantwortlichkeit gegenüber dem öffentlichen Interesse wird mit keiner Silbe erwähnt ... Die Unternehmensgesetzgebung stellt somit ethisches und soziales Engagement als unwichtig oder als Stolperstein zum grundlegenden Mandat des Unternehmens dar."[5]

Heißt das, die großen Konzerne, die heute soziale Verantwortung praktizieren – Pfizer, Ford, Goodyear, BP, um nur einige zu nennen –, sind nun Gesetzesbrecher? Nicht unbedingt. Erinnern wir uns an Milton Friedmans Überzeugung, daß die soziale Verantwortung geduldet werden kann, wenn sie dem Eigeninteresse des Unternehmens dient. In diesem Punkt pflichtet das Gesetz ihm bei.

Hutton vs. West Cork Rail Company, ein Fall aus dem neunzehnten Jahrhundert, führte diesen Grundsatz in England ein. Ein Unternehmen namens Bandon hatte die Eisenbahngesellschaft West Cork Railway aufgekauft. Als West Cork seinen demnächst überflüssigen Direktoren einen Bonus von mehreren Tausend Pfund zahlen wollte, gingen die Bandon-Aktionäre vor Gericht. Das Geld gehöre jetzt ihnen, argumentierten sie, und dürfe nicht zum Nutzen anderer verwendet werden, sprich: für den Bonus der West-Cork-Direktoren. Lord Bowen, einer der Richter, stimmte dem Argument zu, erklärte aber auch mit Nachdruck, daß unternehmerische Großzügigkeit in bestimmten Fällen gesetzlich zulässig sei. „Angenommen, eine Eisenbahngesellschaft oder deren Leitung würde alle Gepäckträger einer Bahnstation aufs Land schicken, damit sie dort auf Kosten des Unternehmens Tee trinken. Warum auch nicht?" Schließlich, so Lord Bowen, könne das Unternehmen erheblichen Nutzen aus dieser Großzügigkeit ziehen, denn „wenn es seine Mitarbeiter stets mit drakonischer Härte behandelt und ihnen keinen Deut mehr zugesteht als zwingend notwendig, würde es bald ohne dastehen". Daher kam Lord Bowen zu dem Schluß:

> „Das Gesetz verbietet weder Kuchen noch Bier, aber es darf nur dann Kuchen und Bier geben, wenn es für das Wohl des Unternehmens erforderlich ist ... Die Wohltätigkeit hat als solche nichts in den *Boards of Directors* zu suchen. Es gibt jedoch eine wohltätige Handlung, die im eigenen Interesse liegt, und in diesem Ausmaß und Gewand (ich gebe zu, kein besonders menschenfreundliches Gewand) darf sie in der Unternehmensleitung berücksichtigt werden, aber zu keinem anderen Zweck."[6]

Das Gesetz hat sich bis heute nicht geändert: Wohltätige Aktivitäten müssen im Interesse derer liegen, die sie praktizieren – der Kapitalgesellschaft und ihrer Aktionäre. „Obwohl wir den Direktoren des Unternehmens zugestehen, die Interessen anderer in Betracht zu ziehen", erklärt die American Bar Association, „zwingt das Gesetz sie, dabei eine vernünftige Verbindung zu den langfristigen Interessen der Anteilseigner zu finden"[7]. Diese Regel ist inzwischen fest in die Unternehmenskultur eingebunden, so daß Aktionäre selten die Gerichte bemühen müssen, um ihr Recht geltend zu machen, wie 1916 im Fall der Gebrüder Dodge. Wie Chris Komisarjevski von Burston-Marstaller es formulierte: „Die Erwartungen der Anleger, ob institutionell oder privat, sind stets die treibende Kraft hinter unserem Bemühen, Gewinne zu erzielen, eine Rendite zu erzielen und den Anlegern etwas zurückzugeben. Deshalb kommt es selten vor, daß Philanthropie oder Wohltätigkeit die unternehmerische Leistung in finanzieller Hinsicht aushöhlt."[8]

Die Regel, daß Kapitalgesellschaften nur existieren, um die Rentabilität für die Anleger zu maximieren, ist oberstes Gebot, „weltweit als eine Art göttliche, unabänderliche Wahrheit akzeptiert", um die Wirtschaftsjournalistin Marjorie Kelly zu zitieren. Und heute halten sich sogar die progressivsten Führer der CSR-Bewegung daran.

Am 22. April 1999, am „Tag der Erde", wurde Sir John Browne, Vorstand von BP, dem zweitgrößten Ölkonzern der Welt und dem größten Öl- und Gasversorger in den USA, im UN-Gebäude in New York City eine Auszeichnung verliehen. In nur vier Jahren Amtszeit war es Browne gelungen, wieder an die ruhmreiche Vergangenheit des Unternehmens anzuknüpfen. Die Königin von England hatte ihn für seine Verdienste zum Ritter geschlagen, Firmenchefs hatten ihn zum Helden des Tages gekürt und Wall Street hatte seinen Erfolg mit Rekordpreisen für BP-Aktien honoriert. Aber Browne wurden diese Ehren nicht etwa zuteil, weil er dem Konzern zu einem spektakulären Umschwung verholfen hatte. Der Primus einer Branche, die von den Umweltschützern verteufelt wurde, hatte sich durch seine Führungsrolle im Umweltschutz hervorgetan – eine „verblüffende" Führungsrolle, laut Denis Hayes, dessen Umweltschutz-Koalition Earth Day Network die Auszeichnung gemeinsam mit der UNO verlieh.

1998 gestand Browne öffentlich ein, daß Treibhausgas-Emissionen eine globale Erwärmung verursachen können, ein ketzerisches Geständnis für einen Topmanager der Ölindustrie. Dann machte er sich für das Kyoto-Protokoll zur Reduzierung der Treibhausgas-Emissionen stark, stieg aus der Global Climate Coalition aus, die von der Ölbranche dominiert wurde und mehrere zehn Millionen Dollar ausgegeben hatte, um mittels massivem Lobbying Front gegen das Protokoll zu machen, und versprach, daß seine Gesellschaft die Zielvereinbarungen von Kyoto nicht nur umsetzen, sondern sogar noch übertreffen werde. 1999 hatte Browne nach eigenen Angaben „die Glaubensgemeinschaft der Ölindustrie verlassen" (bezugnehmend auf die Anklage eines Branchenkollegen), um sich in den ersten „grünen" Öltitanen der Welt zu verwandeln.

Browne, ein Mann von zarter Statur und untadeligem Erscheinungsbild, ist alles andere als ein Öl-Macho. Er besucht regelmäßig Opern- und Ballettaufführungen, sammelt präkolumbische Kunst und schloß als einer der Jahrgangsbesten sein Physikstudium in Cambridge ab. Er spricht mit leiser, aber gebieterischer Stimme und ist für seine wortgewaltigen, inspirierenden Reden bekannt, ein Talent, von dem er anläßlich der Entgegennahme seiner Auszeichnung vor den Vereinten Nationen eine Kostprobe gab. Er verwies auf den historischen Augenblick, den bevorstehenden Beginn eines neuen Jahrhunderts:

> „Das neue Jahrhundert wird mit einem Anflug von Pessimismus betrachtet, und natürlich werden viele Ängste durch die ungelösten Herausforderungen geschürt, denen sich die Umwelt gegenübersieht ... Ich kenne die Ansicht, die Wirtschaft sei die Ursache vieler Umweltprobleme, aber ich hoffe, daß wir über diese Sichtweise hinauswachsen ... Wir müssen den Leuten helfen, das herbe Tauschangebot zu überwinden, das besagt, daß wir Wirtschaftswachstum nur in Verbindung mit Umweltverschmutzung haben können ... oder eine saubere Umwelt ohne Wirtschaftswachstum. Das ist ein unannehmbares Tauschgeschäft."[9]

Als Browne 1999 seine Rede hielt, wurde er von vielen Branchenkennern als Exzentriker, als Außenseiter abgestempelt. Ein Jahr später war er „Mr. Öl und Gas in der Welt von heute“, laut Meinung des Ölexperten Jim Gray aus Calgary, der im Jahr 2000 den Vorsitz über die World Petroleum Conference führte und Browne als Top-Referenten einlud. In dieser kurzen Zeitspanne war Brownes grüne Agenda zur Tagesordnung in der ganzen Branche geworden, von Shell Oil und anderen Big Players akzeptiert. „Ethische Themen sind inzwischen Schlüsselthemen in Zusammenhang mit der gesellschaftlichen Verantwortung“, sagte Jim Gray. „Sir John Browne hat gesagt, wenn ihr in diesem Bereich nicht mitzieht, seid ihr Dinosaurier, von gestern. Wir leben aber morgen.“

„Kann es im Geschäftsleben um mehr als Gewinne gehen?“, heißt es in einer von Browne inspirierten BP-Anzeige.

„Wir sagen ja." Sir John Brownes Überzeugungen deuten, in Verbindung mit dem grünen Markenimage, darauf hin, daß die Umweltschutzwerte des Konzerns mehr sind als ein Lippenbekenntnis. Sie sind zumindest den Gewinnen gleichwertig, sind in einer „mehrdimensionalen Bilanz" (ein Lieblingsausdruck von Browne) auf derselben Stufe positioniert und nicht der finanziellen Performance untergeordnet. Brownes Vision enthält die stillschweigende Hoffnung, daß sich Unternehmen und deren Führungsriegen aufrichtig für mehr als den schnöden Mammon interessieren. Doch genau das ist vom Gesetz untersagt, zumindest, wenn solche Interessen die Ertragskraft schmälern könnten.

Die Frage lautet also, ob es im Unternehmen um *weniger* als den Profit gehen darf. Darf BP nicht nur über das Ölgeschäft hinauswachsen, wie es in einer geschickt formulierten Werbekampagne heißt, sondern auch über das Gewinnstreben? Darf es seine eigenen Interessen und diejenigen seiner Aktionäre opfern, um umwelt- und gesellschaftsrelevante Ziele zu verfolgen?

Es überrascht wohl kaum, daß Milton Friedman „nein" sagte, als ich von ihm wissen wollte, wie weit John Browne mit seinen grünen Überzeugungen gehen dürfe. „Wenn er meint, er müßte diese Umweltinteressen durchsetzen, kann er das mit seinem eigenen Geld machen", befand er. „Sollte die Verfolgung dieser Umweltinteressen eine für seine Aktionäre effektive Führung des Unternehmens beeinträchtigen, finde ich sein Verhalten unmoralisch. Er ist ein Angestellter der Aktionäre, ungeachtet seines hohen Rangs. Als solcher hat er ihnen gegenüber eine starke moralische Verantwortung."

Norma Kassi hofft, daß Friedman unrecht hat. Sie wünscht sich, Browne möge die richtige Entscheidung für die Umwelt treffen, auch wenn diese für sein Unternehmen nicht die beste ist. Und die Frage, was Browne tun könnte oder sollte, ist für sie eine Frage des Überlebens und alles andere als rein akademisch.

Norma Kassi aus Old Crow, einem sechzig Meilen nördlich des Polarkreises liegenden Dorf am Yukon, flog unlängst nach London, um der jährlichen Generalversammlung von BP beizuwohnen. Sie unternahm die Reise aus einem einzigen Grund: Sie wollte das Unternehmen daran hindern, „in die Arktis zu kommen und uns zu vernichten". Kassi gehört dem Stamm der Gwichin-Indianer an, deren siebzehn Dörfer, vor mehreren tausend Jahren errichtet, die kanadische Grenze säumen. Sie ist der Überzeugung, daß Bohrungen in der Küstenebene des Arctic Slope die Herden von Porcupine-Karibus und damit auch die zwanzigtausend Jahre alte Lebensweise ihres Volkes auslöschen werden.

Direkt unter der Oberfläche der Küstenebene werden riesige Öl- und Gasvorkommen vermutet, was bedeutet, daß märchenhafte Gewinne auf die Firmen warten, die dort Explorations- und Bohrgenehmigungen erhalten. BP ist ein Anwärter auf dieses Privileg, sobald die US-Regierung das Moratorium für Bohrungen in diesem Gebiet beendet.[10] Das Unternehmen ist bereits ein Big Player in der Region, mit beeindruckender Präsenz in der nahegelegenen Prudhoe Bay, wo eine der größten Bohrstationen errichtet wurde (Astronauten haben berichtet, daß man die Anlage nachts, wenn sie hell erleuchtet ist, sogar aus dem Weltall sieht). Die Küstenebene dient aber auch als Kinderstube für die Porcupine-Karibus. Jedes Frühjahr ziehen die Herden vierhundert Meilen weit über Berge, Flüsse und Tundra – vorbei an den Dörfern der Gwichin, die aus strategischen Gründen an dieser Route errichtet wurden – damit die trächtigen Tiere ihre Kälber hier zur Welt bringen können. Die Gwichin sind auf die Karibuherden angewiesen, um zu überleben, wie schon seit Jahrtausenden. Es geht dabei nicht nur um Nahrung und Kleidung, sondern auch um kulturelle und spirituelle Traditionen, die an die alljährliche Wanderung der Herden anknüpfen.

Kassi erinnert sich, wie ihre Familie im Frühjahr den Hundeschlitten belud und in die Tundra fuhr, um auf die Karibus zu warten. Sie wohnten in einem Zelt auf dem Packeis, mit einem Fußboden aus Fichtenzweigen und einem Holzofen, und ihre Mutter hielt durch eine Öffnung in der Zelttür nach den Herden Ausschau. „Manchmal ging sie nach draußen und fragte die Raben: ‚Wo sind die Karibus?'", erinnert sich Kassi. „Ich beobachtete sie, beobachtete ihr Gesicht. Und ich wußte, wann sich die Karibus näherten."

Kassis Großvater und die anderen Jäger hatten es auf die älteren Bullen am Ende der Herde abgesehen und ließen die trächtigen Kühe vorne ungeschoren. Wenn die Jäger ins Lager zurückkehrten, manchmal drei oder vier Tage später, feierten die Gwichin ein Fest und sahen ehrfürchtig zu, wie die Herde auf dem Weg zur Küstenebene weiterzog. „Das ist für uns eine heilige Zeit, eine stille Zeit", sagte Kassi. „Man muß den Karibus danken. Und besonders danken wir den Kühen. Wir beten für sie, vor allem die Frauen, und sind in der Lage, eine Verbindung zu ihnen herstellen, können als Frauen und Mütter genau wie sie empfinden."

Die Gwichin sagen, daß die Bohrungen in der Küstenebene die Herden vernichten werden und damit auch ihre uralte Lebensweise.

BP hat diese Sorgen bagatellisiert. „Probebohrungen und Produktion haben nur minimale Auswirkungen auf die Umwelt und stören gesunde Wildbestände nicht", erklärte John Gore, einer der Top-Repräsentanten des Unternehmens. Wenn man der Website des Konzerns Glauben schenken darf, birgt die Erschließung der Region keinerlei Gefahr für die Herden, sondern vielmehr die Chance auf ein gedeihliches Wachstum: „Die Anzahl der Karibus, die einen Teil des Jahres in der Prudhoe Bay verbringen, ist seit Beginn der Erschließung Mitte der siebziger Jahre um mehr als das Sechsfache gestiegen."

Viele Wissenschaftler stimmen jedoch mit den Gwichin darin überein, daß die Erschließung der Küstenebene höchstwahrscheinlich zu drastischen und nicht mehr umkehrbaren Folgen für den Stamm und die Karibuherden führen würde.

Die Tiere müßten in die angrenzenden Berge ausweichen, wo die neugeborenen Kälber Raubtieren und Futtermangel ausgesetzt wären. Die Herde würde somit erheblich dezimiert. Deshalb haben sich zahlreiche Wissenschaftler, einige Politiker, die kanadische Regierung und die Gwichin-Indianer mit den Umweltschützern verbündet, um auf die Einhaltung des Präventionsprinzips zu pochen – ein internationaler Grundsatz, der Aktivitäten verbietet, die Menschen oder Umwelt unwiderruflich schaden könnten, selbst wenn keine eindeutigen Beweise dafür vorliegen, daß dieser Schaden tatsächlich eintreten wird – und die Exploration und Probebohrungen in der Küstenebene zu unterbinden.[11]

Sir John Browne ist heute einer der weltweit tonangebenden Befürworter des Präventionsprinzips. Als andere führende Köpfe der Ölbranche das Kyoto-Protokoll, mit der Begründung ablehnten, es fehlten hieb- und stichfeste Beweise dafür, daß Treibhausgas-Emissionen die globale Erwärmung verursachen, berief sich Browne auf diese Regel, um seinen Standpunkt zu untermauern. Er erklärte, trotz des Mangels an Beweisen sei es „gefährlich, die wachsenden Indizien und Sorgen (hinsichtlich der globalen Erwärmung und der Treibhausgase) zu ignorieren ... Es ist dringend geboten, umgehend die nötigen Vorsichtsmaßnahmen zu ergreifen." Genau das tat er, als er das Protokoll unterzeichnete und sein Unternehmen verpflichtete, die darin enthaltenen Vereinbarungen zu respektieren.[12] Dennoch scheint Browne nicht gewillt zu sein, Vorsichtsmaßnahmen in der Küstenebene anzuordnen. Er hat Forderungen ignoriert, auf Probebohrungen zu verzichten, trotz schwerwiegender Hinweise darauf, daß den Karibus und Gwichin-Indianern eine Katastrophe bevorsteht, sollten die Bohrungen fortgesetzt werden.[13]

John Browne mag ein Außenseiter und einer der entschiedensten Befürworter der gesellschaftlichen Verantwortlichkeit des heutigen Big Business sein. Aber er ist weder ein Radikaler noch ein Gesetzesbrecher. Er begreift den Unternehmenskanon so, daß gesellschafts- und umweltrelevante Werte keine Ziele an sich sein können, sondern lediglich strategische Mittel und Wege zur Verbesserung des Unternehmensergebnisses. „Hier geht es nicht um die unverhoffte Entdeckung moralischer Tugenden oder Schuldgefühle wegen zurückliegender Fehler", sagt er über seine grüne Agenda, „sondern um das langfristige Eigeninteresse – fortschrittlich, wie ich hoffe, aber dennoch Eigeninteresse".

Die soziale Verantwortlichkeit von BP ist in seinen Augen „eine gute Geschäftsstrategie, getragen von einer praxisnahen kaufmännischen Realität und einer unerbittlichen kaufmännischen Logik". Die guten Taten des Unternehmens dienen „unserem unmittelbaren Geschäftsinteresse und sind kein Akt der Wohltätigkeit, sondern entspringen vielmehr einer Gesinnung, die man als progressives Eigeninteresse bezeichnen könnte, kühl und realistisch". Und weiter heißt es: „Die wahre Nagelprobe für jedes Unternehmen ist die Leistung. Sie ist das allerhöchste Gebot."[14]

Soziale Verantwortung kann, wie sich daraus folgern läßt, nicht wahrgenommen werden, wenn sie das Unternehmensergebnis beeinträchtigt. Deshalb *muß* BP in der Küstenebene nach Öl bohren, wenn dies nach Berücksichtigung aller Faktoren dem auf lange Frist vorteilhaftesten Kurs der Ölgesellschaft – sprich dem gewinnträchtigsten – entspricht. Befürchtungen hinsichtlich der Vernichtung von Karibuherden, der arktischen Umwelt oder der gewachsenen Strukturen eines Ureinwohnerstammes haben im hausinternen Katalog der Entscheidungsgründe keinen Platz – zumindest nicht als Zielsetzungen per se.

Die Nachteile, die der Konzern durch einen Verzicht auf Probebohrungen hätte, wären enorm. Die Vorteile – die Reputation bei den Kunden oder die positive Publicity – wären vergleichsweise gering. Wenn die Küstenebene also für Bohrungen freigegeben werden sollte, wird BP mit Sicherheit an Ort und Stelle sein, solange die Bohrungen gewinnversprechend sind.

Browne bleibt in diesem Fall keine Wahl. Ungeachtet dessen, wie groß und ernsthaft sein Engagement für die Umwelt auch sein mag, als CEO muß er die Interessen seines Konzerns und die der Aktionäre an die allererste Stelle setzen.

Anders als bei einem Verzicht auf Probebohrungen in der Küstenebene waren die grünen Initiativen von BP bis heute verhältnismäßig preiswert; sie zielten darauf ab, das Unternehmensergebnis zu verbessern und kurz- und langfristige Nutzen zu realisieren, die ihre Kosten aufwiegen. BP konnte sich beispielsweise ohne die geringsten Kosten an die Zusage halten, den Standards des Kyoto-Protokolls zu entsprechen.[15] Andere BP-Projekte, wie solarbetriebene Tankstellen, Schulprogramme und Saubere-Luft-Initiativen in den Ballungsgebieten haben ebenfalls dazu beigetragen, das grüne Image des Konzerns mit geringem Kostenaufwand zu stützen. Der Nutzen, den BP aus solchen Initiativen zieht, liegt auf der Hand. Wie Browne sagt, erzeugen sie ein Unternehmensbild, das Wettbewerbsvorteile gegenüber der Konkurrenz schafft und den Öl- und Gasverbrauchern eine grüne Alternative bietet. „Die Performance wird verbessert", sagt er, „wenn ein Unternehmen in Einklang mit den Interessen und Wünschen seiner Verbraucher handelt ... Die Reputation eines Unternehmens im weitesten Sinne hat eine direkte Auswirkung auf den Geschäftserfolg."[16]

Es gibt einen weiteren langfristigen Vorteil, den BP aus seinem grünen Image zu ziehen hofft. Nach wie vor lagern eine Menge unangetasteter Öl- und Gasvorkommen in der Erde, und Browne weiß, daß auch heute noch viel Geld mit der Erschließung zu verdienen ist. Doch die Verbraucher könnten sich durch die Angst vor Umweltschäden genötigt sehen, alternativen Energieformen den Vorzug vor Öl und Gas zu geben. Browne hält es für möglich, „Kohlenwasserstoff auf umweltfreundliche Weise zu erforschen, zu produzieren, aufzubereiten, zu verteilen und zu nutzen". Er möchte den Verbrauchern klarmachen, daß man sich „einen Wagen mit leistungsstarkem

Motor und phantastischen Fahreigenschaften zulegen kann", ohne die Umwelt zu schädigen. Trotz der werbewirksamen Behauptung des Konzerns, sein Interesse gehe „über Petroleum hinaus", und trotz seines Einsatzes für Solarenergie und andere Alternativen scheint das Hauptziel hinter der grünen Agenda von BP die Aufrechterhaltung des petrochemischen Bedarfs der Verbraucher zu sein:

> „Die Zeit, in der unsere Branche das Monopol auf Öl hatte, neigt sich vermutlich dem Ende zu. In nahezu jedem Sektor des Energiemarktes gibt es neue Angebote. Selbst im Transportwesen kann man damit rechnen, daß Fortschritte in der Brennstoffzellen-Technologie uns bald Kraftfahrzeuge mit anderen Motoren bescheren werden. Deshalb müssen wir konkurrenzfähig sein, um zu gewährleisten, daß Öl eine Kraftstoff-Option bleibt."[7]

Für Browne und alle anderen Topmanager in den großen Konzernen gilt, daß soziale und umweltpolitische Ziele Strategien sind und sein sollten, um die Interessen des Unternehmens und seiner Aktionäre zu fördern; sie können niemals legal als Selbstzweck verfolgt werden. Das mag eine ungebührlich enge Sichtweise sein, vor allem, wenn man die konkreten Vorteile für Gesellschaft und Umwelt berücksichtigt, die durch Unternehmensinitiativen begünstigt werden könnten. Aber keine Führungsmannschaft in den börsennotierten Unternehmen ist bereit oder gesetzlich befugt, darüber hinaus soziale Verantwortung zu übernehmen.

Hank McKinnel von Pfizer, der sagt, sein Pharmakonzern wolle mehr Gutes für die Menschen bewirken als jedes andere Unternehmen auf der Welt, räumt ein, daß die Triebfeder hinter den guten Taten das unternehmerische Eigeninteresse sein muß. „Pfizer zieht daraus einen unmittelbaren Vorteil", sagt er über das Sicherheitssystem des Unternehmens in der U-Bahnstation Flushing Avenue. „Um für die besten Mitarbeiter attraktiv zu bleiben, müssen wir einen sicheren, guten Arbeitsplatz bieten; die Leute sollten in der Lage sein, die U-Bahn zu benutzen, um zur Arbeit zu gelangen. Eine U-Bahnstation, die ihnen angst macht, ist ein Abschreckungsmittel." Die von Pfizer gesponserte Schule im Viertel und einige andere Bildungsprojekte, die der Konzern initiiert hat und unterstützt, sind ebenfalls „mit dem Erfolg des Unternehmens verknüpft", sagt McKinnell. „Ohne eine große Anzahl von Bewerbern, die Ahnung von unserem Metier und Naturwissenschaften und Mathematik studiert haben, können wir in unserer Branche keinen Erfolg haben."

Mit ähnlichen Argumenten rechtfertigt McKinnel die Arzneimittelspenden als nutzbringend für sein Unternehmen. Er betont, daß sie wenig kosten: „Die Grenzkosten unserer Medikamente sind sehr niedrig; wenn wir sie also jemandem schenken, der sie sonst nicht kaufen würde, ist die Folge für unseren Unternehmensgewinn gleich null." Die Vorteile für Pfizer sind dagegen gewaltig. Die Programme sorgen für einen guten Ruf bei den Ärzten, den wichtigsten Verteilern von Pfizer-Produkten; die Mediziner leiten daraus „die Erkenntnis ab, daß wir da sind, um mit ihnen gemeinsam an der Lösung ihrer Probleme zu arbeiten". Sie verbessern außerdem die Beziehung zwischen Arbeitgeber und Arbeitnehmer, weil Arbeitsmoral, Produktivität und die Fähigkeit, gute Mitarbeiter anzuziehen und zu halten, davon abhängig sind, daß die Belegschaft ihr Unternehmen zu schätzen weiß. McKinnel sagt: „Es ist wichtig, daß die Belegschaft uns als Unternehmen wahrnimmt, das hohe Gewinne und Wachstumsraten erzielt, aber gleichzeitig zum Wohl der Gesellschaft beiträgt ... Es macht unsere Mitarbeiter außerordentlich stolz, daß wir in der Lage sind, jemandem ein notwendiges Medikament zu verschaffen, zu dem er sonst keinen Zugang hätte."

Und schließlich kann Pfizer die kostenlosen Arzneimittel als Spenden absetzen und somit Steuern sparen, wenn der Fiskus zur Kasse bittet. Es ist schwer, genaue Zahlen über die Einsparungen in Erfahrung zu bringen, und Hank McKinnel denkt nicht daran, aus dem Nähkästchen zu plaudern. Doch die Organisation Ärzte ohne Grenzen, die den Friedensnobelpreis erhielt, schätzt, daß die amerikanischen Steuerzahler durch die Steuervorteile für Pharmakonzerne bei Fluconazol-Spenden an Südafrika viermal soviel berappen müssen, als wenn sie das Mittel im Rahmen von Hilfsprogrammen direkt nach Südafrika schicken würden (vorausgesetzt, die Firmen verkauften ihre Medikamente zu ermäßigten Preisen).

„Unsere wichtigste Mission besteht darin, für den Fortbestand des Unternehmens zu sorgen", sagt McKinnell. „Und das erfordert natürlich Gewinne." Die Arzneimittel-Spendenprogramme sind kein Hindernis, sondern fördern vielmehr dieses Ziel – ein klassisches Beispiel dafür, daß Wohltätigkeit sich auszahlt. „Wir sind in der Lage, mit guten Leistungen für unsere Aktionäre aufzuwarten und gleichzeitig in vielen Ländern der Welt Gutes zu tun", erklärt McKinnell. „Wir befriedigen die Bedürfnisse unsere Aktionäre und die der Armen dieser Welt." Doch wenn Pfizers *wichtigste* Mission der Fortbestand des Unternehmens ist – die Förderung der eigenen Interessen –, stellt sich die Frage, wie weit McKinnell gehen kann, um den Bedürfnissen der Armen zu entsprechen. Nicht sehr weit, wenn man seine eigene Logik zugrunde legt, die auch die Logik des Unternehmens ist: Es laufen nur diejenigen Arzneimittel-Spendenprogramme, die dem Unternehmen nutzen, und keine, die nicht zweckdienlich sind.

Deshalb hat die Organisation Ärzte ohne Grenzen ihr Trachom-Behandlungsprogramm im afrikanischen Staat Mali ins Leben gerufen und Pfizers kostenlose Belieferung mit Zithromax dankend abgelehnt. Sie importiert ein Nachahmerprodukt und bezahlt dafür. Rachel Cohen von Ärzte ohne Grenzen sagte: „Sollte Pfizer eines Tages beschließen, das Land abzuschreiben, das Programm aus welchem Grund auch immer abzubrechen oder zu beschneiden ..., können wir damit gewährleisten, daß das Medikament für die Menschen, die es in diesem Land brauchen, auch weiterhin zur Verfügung steht."

Andere Arzneimittel-Spendenprogramme unterliegen ebenfalls dem Risiko, von den Pharmakonzernen ausgemustert zu werden. „Was sollen diese Leute machen, wenn sich die Prioritäten der Aktionäre ändern, wenn Aids in Afrika nicht länger im Scheinwerferlicht der Medien steht, wenn Pfizer das Diflucan- oder Fluconazol-Spendenprogramm einfach streicht?",[18] fragt Cohen.

Die Unzuverlässigkeit der Unterstützung ist nicht der einzige und auch nicht der größte Haken bei der Hilfe der Pharmakonzerne für die Armen dieser Welt. Fundamentaler sind die wirtschaftlichen Erfordernisse, denen sich Kapitalgesellschaften als Unternehmensform gegenübersehen – Pfizer und seine Aktionäre verdienen mehr Geld mit Mitteln gegen Haarausfall und Impotenz als mit Arzneien zur Behandlung von Erkrankungen wie Malaria und Tuberkulose, die häufigsten Todesursachen in den Entwicklungsländern. Pfizer und andere Pharmakonzerne verfügen vermutlich über das Know-how und die Kapazität, der Entwicklung und Herstellung von Medikamenten zur Bekämpfung tödlicher Krankheiten mehr Gewicht beizumessen. Aber obwohl solche Medikamente viel Gutes bewirken und jedes Jahr Millionen Menschenleben retten könnten, würden die Entwicklungskosten den wirtschaftlichen Nutzen bei weitem übersteigen, egal in welchem Unternehmen.

Das liegt daran, so Cohen, daß die achtzig Prozent der Weltbevölkerung, die in den Entwicklungsländern leben, nur zwanzig Prozent des globalen Arzneimittelmarktes darstellen (der Anteil des gesamten afrikanischen Kontinents am Weltmarkt beträgt nur 1,3 Prozent.) Umgekehrt tragen die zwanzig Prozent der Weltbevölkerung, die in Nordamerika, Europa und Japan leben, mit achtzig Prozent zum Arzneimittelmarkt bei. Kein Wunder also, daß von den 1400 neuen Medikamenten, die zwischen 1975 und 1999 entwickelt wurden, nur 13 zur Behandlung oder Vorbeugung von Tropenkrankheiten und drei gegen Tuberkulose in den Handel kamen. Im Jahr 2000 wurde kein Tuberkulose-Mittel entwickelt, dagegen acht gegen Impotenz oder Erektionsstörungen und sieben gegen Haarausfall. Die Entwicklung von Medikamenten zur Behandlung von Persönlichkeitsstörungen bei Haustieren hat allem Anschein nach eine höhere Priorität als die Eindämmung von Krankheiten, an der jedes Jahr Millionen Menschen sterben.

Was immer zum Thema soziale Verantwortung und Aktionäre geredet wird, wie rechtschaffen die Gesinnung und die Absichten von Pharmakonzernchefs wie Hank McKinnel auch sein mögen oder die Wohltätigkeitsprogramme, die ins Leben gerufen wurden, und wieviele Menschen es auch sind, denen ein grausamer Tod erspart bleiben könnte – gewinnorientierte Unternehmen stellen Medikamente her, um Gewinne zu erzielen. Allein darum geht es.

Tom Klines gescheiterter Versuch zu zeigen, wie Pfizers Sicherheitssystem an der U-Bahnstation Flushing Avenue funktioniert, enthält vielleicht eine Lehre. Als er den Knopf an der gelben Notrufsäule drückte und „Hallo, hallo, Tom Kline hier“ sagte, kam keine Antwort. Auch bei einer weiteren Notrufsäule auf dem Bahnsteig, ein paar Schritte entfernt, blieb sein Versuch erfolglos. Schließlich gab er auf und wunderte sich laut darüber, was mit dem Pfizer-Wachmann geschehen sein mochte, der zum Dienst eingeteilt war.

Das CSR-Konzept gleicht den Notrufsäulen. Es verspricht Hilfe, beruhigt die Menschen, und manchmal funktioniert es. Wir sollten allerdings nicht zuviel davon erwarten. Ein Unternehmen kann nur dann Gutes tun, wenn es ihm selbst gut dabei geht – eine wesentliche Einschränkung für das Ausmaß seiner Wohltätigkeit. Mit dieser Realität sehen sich Norma Kassi und die Gwichin konfrontiert, die zu Recht verheerende Folgen in der Küstenebene fürchten, sollten die Bohrungen fortgesetzt werden, und Millionen von Menschen, die Jahr für Jahr an unheilbaren Krankheiten sterben, weil sich die Entwicklung der notwendigen Arzneimittel nicht rechnet. Der gute Wille und die guten Taten sozial verantwortlicher Konzerne schaffen ein attraktives Unternehmensimage und bewirken vermutlich auch etwas Gutes in der Welt. Doch ändern sie nichts an einer grundlegenden Eigenschaft dieser Institution: der sturen Verpflichtung auf die eigenen Interessen.

Wirtschaftslenker sind überwiegend rechtschaffene, moralische Menschen. Als Mütter oder Väter, Geliebte, Freunde und aufrechte Bürger sind sie eingebunden in ein soziales Netz, haben oft die besten Absichten und bisweilen hochgesteckte Ideale. Viele sehen in ihrer beruflichen Tätigkeit eine Chance, die Welt lebenswerter zu gestalten. Doch ihre Pflicht als Führungskraft eines Konzerns ist klar umrissen: Sie sollen dem besten Interesse ihres Unternehmens stets oberste Priorität einräumen und sich in ihren Entscheidungen niemals von anderen Belangen, gleich welcher Art, leiten lassen (es sei denn, daß die Berücksichtigung solcher Belange dadurch gerechtfertigt werden kann, daß sie dem Unternehmensinteresse förderlich ist). Das Geld, das sie verwalten und investieren, gehört ihnen nicht. Sie sind nicht befugt es zu verwenden, um Kranke zu heilen, die Umwelt zu retten, die Armen zu speisen oder es in die eigene Tasche zu wirtschaften, um sich eine Villa in der Toskana zu kaufen.

Danny Schechter, ein preisgekrönter Journalist, der für Konzerne wie ABC und CNN gearbeitet hat, sagt: „Unternehmen bestehen aus Menschen, und Menschen treffen Entscheidungen, aber nicht alle Menschen, die in solchen Großunternehmen arbeiten, sind schlecht oder Ausbeuter ... Andererseits gibt es eine Wirtschaftslogik – eine Unternehmenslogik. Was bedeutet, daß bestimmte Werte im Vordergrund stehen und andere in den Hintergrund rücken müssen. Und diejenigen, die im Vordergrund stehen, tragen zum Endergebnis bei."

Die Folge dieser Dynamik besteht darin, daß Unternehmenslenker, wie der Moralphilosoph Alisdair MacIntyre beobachtet hat, moralische Bedenken so gut wie gar nicht haben, „allenfalls als Bürger oder Verbraucher, nicht aber in ihrer Rolle als Führungskraft". Nur wenige Topmanager würden bestreiten, daß ihre Entscheidungen in erster Linie den Interessen ihrer Unternehmen und denen der Anteilseigner dienen. Wie Sam Gibara, ehemals Chef von Goodyear Tire, sagte: „Wenn man Entscheidungen wirklich an den persönlichen Wünschen, Gedanken und Prioritäten festmachen könnte, würde man anders handeln. Aber als CEO kann man das nicht."[19]

Anita Roddick glaubt, daß genau dieser moralische Spagat zwischen der Welt der Unternehmen und dem Leben draußen die Führungskräfte und ihre Firmen korrumpiert. Als Gründerin und Leiterin der Body-Shop-Kette war sie immer stolz darauf, das vermieden zu haben – wie der Titel ihres Buches *Business as Unusual: The Triumph of Anita Roddick* besagt. Inzwischen scheint ihr dieses Triumphgefühl abhanden gekommen zu sein: „Die letzten drei Jahre waren die schmerzlichsten meines Lebens", gestand sie. „Es lag an dem Verlust von Nähe, an der Unfähigkeit, sich Gehör zu verschaffen ... eine harte Lektion in punkto Demütigung."

Während ihrer gesamten Karriere – von den bescheidenen Anfängen als Herstellerin hausgemachter Seifen bis zur Leitung der Body-Shop-Kette als eine der erfolgreichsten Unternehmerinnen der Welt – weigerte sich Roddick, persönliche Werthaltungen von ihrem Geschäft zu trennen. Das machte ihr Unternehmen ungewöhnlich. „Ich möchte lediglich meine häusliche Sphäre erweitern, ich möchte mit Leib und Seele am Arbeitsplatz sein", sagt sie. „Das Unternehmen war immer ein Spiegelbild meines persönliches Verhaltens, mein Alter ego." The Body Shop wurde zur Plattform für Roddicks progressive Weltsicht. „Wenn man Gewinne erwirtschaftet, sollte der einzige Unternehmenszweck darin bestehen, sie wegzugeben, das verdammte Geld wegzugeben. Man sollte die Gemeinschaft nach besten Kräften unterstützten, ein Fanal in seiner Gemeinschaft sein." Ein Programm nach dem anderen wurde aus der Taufe gehoben, eine gute Sache nach der anderen unterstützt – Menschenrechte, Umwelt, soziale Gerechtigkeit, Frauenrechte.

Im Jahr 1982 ging Body Shop an die Londoner Börse. Roddick brauchte Kapital für das Wachstum ihres Unternehmens, und der Börsengang war die beste Möglichkeit es aufzutreiben. Mitte der 1990er Jahre mußte Body Shop unter dem Druck der Aktionäre jedoch das Management auswechseln und einen neuen Unternehmensplan vorlegen. Patrick Gournay wurde mit der Leitung der Kette betraut, die er umstrukturierte, um Leistung und Effizienz zu verbessern.

Roddick berichtete damals pflichtschuldig, daß die Veränderungen die progressiven Normen und Aktivitäten des Konzerns unangetastet ließen: „Sie sind inzwischen fest verankert und in allem institutionalisiert, was wir tun", erklärte sie. Doch rückblickend kommt ihr diese erste Aktienemission (die Anleger einlud, bei jeder Entscheidung ein Wörtchen mitzureden) wie ein Pakt mit dem Teufel vor. „Man geht an die Börse, und schon ist Wachstum das oberste Gebot – und die Regeln werden von einer kleinen Gruppe von Menschen diktiert, Finanzinvestoren, die Spieler sind ... wie in einem Kasino."

Die Lage spitzte sich zu, als Roddick, noch im Führungsdoppel des Konzerns, nach den Demonstrationen in Seattle verlangte, die Body-Shop-Kette müsse öffentlich Position gegen die WTO beziehen. Sie sah darin eine Gelegenheit, das zu tun, was sie immer getan hatte: ihr Unternehmen als Plattform für ihre persönlichen Anliegen zu benutzen. Doch das Unternehmen weigerte sich. „Jede Niederlassung sollte Stellung gegen die WTO beziehen", sagte sie. „Doch das lehnten sie ab." Erst in dem Augenblick wurde Roddick bewußt, daß ihr unangepaßter, einzigartiger, ungewöhnlicher Body Shop ein ganz gewöhnlicher Konzern geworden war. Heute hofft sie, die Kontrolle zurückzugewinnen – „Irgendwann werden wir wieder ein Privatunternehmen, da bin ich mir sicher" –, weil sie darin die einzige Möglichkeit sieht, daß sie und das Konzept der CSR abermals triumphieren.

Kurz nach dem Gespräch mit Roddick stand die Body-Shop-Kette zum Verkauf, ein Schachzug, der durch rückläufige

Gewinne und fallende Aktienkurse unerläßlich wurde. Obwohl sie hoffte, es möge sich ein Käufer finden, der ihre sozialen Ansichten teilte, machte das Unternehmen klar, daß Roddick und ihr Mann, die zusammen vierundzwanzig Prozent des Unternehmens besitzen (Mitgründer Ian McGlinn verfügt über einen ähnlich großen Anteil) für alle Angebote offen seien. Wie ein Firmensprecher sagte: „Sie waren sich ihrer rechtlichen, moralischen und finanziellen Verantwortung gegenüber allen Aktionären gleichermaßen bewußt." Ein mexikanischer Konzern, Group Omnilife, liebäugelte damit, den angeschlagenen Riesen für 290 Millionen Pfund zu erwerben, was den Roddicks 43 Millionen Pfund eingebracht, nicht aber die erforderliche Kapitalzufuhr für das Unternehmen gesichert hätte.

Das wurde nach dem geplatzten Handel von der Verkaufsliste gestrichen und stattdessen umstrukturiert, um die Leistung zu verbessern. Die Roddicks legten ihre Ämter nieder, und Anitas Rolle wurde auf eine Beratertätigkeit heruntergeschraubt, mit einem Zweijahresvertrag und einer Arbeitszeit von 55 bis 80 Tagen im Jahr. Der neue Firmenchef Adrian Bellamy erklärte, vermutlich um den Anlegern zu versichern, daß Roddicks Ansichten im Body Shop kaum mehr gefragt seien: „Wir glauben an die gesellschaftliche Verantwortung, aber wir streben mit aller Entschlossenheit nach Gewinn. Wir wissen, daß Erfolg am Ergebnis gemessen wird."

Roddicks Geschichte zeigt, daß sich die moralischen Bedenken und altruistischen Wünsche von Führungskräften letztendlich den übergeordneten Zielen ihres Unternehmens beugen müssen. Das ist dennoch noch nicht das Schlimmste. Konzerne und die Kultur, die sie schaffen, sind nicht nur ein Bremsklotz für gute Taten, sondern fördern und fordern oft ein Verhalten, das moralisch zweifelhaft ist, um es gelinde auszudrücken.

Marc Barry kennt das alles aus eigener Erfahrung, aber es kümmert ihn nicht.

Barry, Experte für die Beschaffung von Wettbewerbsinformationen („ein Spion", nach eigenen Worten), hält sich für einen Menschen, mit dem man gerne beisammen ist. „Ich gehe oft mit jemandem essen", sagt er. „In meinem Beruf gibt es so viel Lug und Trug, daß ich in meinem Privatleben nichts davon hören und sehen möchte." Was die Arbeit betrifft, ist er nach eigenen Angaben ein Raubtier, das moralisch zweifelhafte Aufgaben übernimmt. Unternehmen engagieren ihn, um an Informationen über die Konkurrenz zu kommen: Geschäftsgeheimnisse, Marketingpläne oder was immer ihnen nützlich erscheint. Bei der Arbeit heißt sein Motto „Tarnen und Täuschen". Er hat eine Scheinfirma gegründet, eine Personalvermittlungsagentur samt Foto von seiner nichtexistierenden Familie auf dem Schreibtisch, und kontaktiert für seine Auftraggeber Führungskräfte von Konkurrenzfirmen, um ihnen eine bessere Stellung anzubieten. „Wenn der Manager hier auftaucht", prahlt er, „merkt er nicht ... daß ich ihn in Wirklichkeit aushorche ... Das Ganze ist eine ausgeklügelte Strategie, um ihm wettbewerbsrelevante Informationen zu entlocken."

Barry hat sich auch schon mal gegenüber einem jungen Erfinder als Risikokapitalgeber ausgegeben, um ihm im Auftrag eines großen multinationalen Klienten eine Technik zur Übertragung von Videoaufnahmen per schnurlosem Telefon abzuluchsen. Bestechlichkeit und Niedertracht gehören für Barry zum Tagesgeschäft.

Dennoch hält er sich für einen rechtschaffenen Menschen, weil er Beruf und Privatleben trennen kann. „Das möchte ich in meinem Privatleben nicht haben", sagt er. „Da lege ich Wert auf Anständigkeit." Das moralische Defizit in seiner beruflichen Tätigkeit scheint sich nicht in seinem Privatleben niederzuschlagen (obwohl er meint, daß einige Frauen das Gegenteil behaupten könnten) und das private Streben nach Seriosität nicht auf sein Berufsleben abzufärben. „Es macht mir nichts aus, einem Manager auf einer Handelsmesse in Miami so hart zuzusetzen, bis er damit herausrückt, daß seine Firma in sechs

Monaten von der Bildfläche verschwunden sein wird; ich schlafe trotzdem wie ein Murmeltier, wenn ich wieder zu Hause bin. Das ist für mich kein Problem, sondern eine rein geschäftliche Angelegenheit." Und: „Um mit sich selbst im reinen zu sein, muß man zwischen Berufs- und Privatleben trennen."

Barry tröstet sich außerdem mit der Tatsache, daß er nicht unmoralischer ist als die Spitzenmanager und Firmenchefs, die ihn engagieren (angeblich hat er schon für mehr als ein Viertel der Fortune-500-Unternehmen gearbeitet). „Glauben Sie, daß Ihre Aktionäre Anstoß daran nehmen, wenn Sie als CEO kein unbeschriebenes Blatt sind? Was meinen Sie, ist ihnen lieber: daß Sie ein anständiger Kerl sind oder daß sie Geld in der Tasche haben? Ich denke, es geht ihnen nur ums Geld. Das ist das A und O."

Habgier und moralische Gleichgültigkeit bestimmen überall auf der Welt die Unternehmenskultur; das ist nach Barrys Ansicht der Grund, warum sein Geschäft boomt. Während der Druck auf die Führungsspitze zunimmt, den *Shareholder-Value* zu maximieren, gehen Unternehmen buchstäblich über Leichen, um wettbewerbsfähig zu bleiben, sagt er. „Jeder, der mich kennt, weiß, daß ich bei der Beschaffung geheimer Informationen nicht zimperlich bin." Und wenn CEOs, die ihn engagieren, darum bitten, er möge sich an ethische Grundsätze halten, geht diese Aufforderung mit verschwörerischem Augenzwinkern einher. „Ich habe einen Spitznamen: der Drache", sagt er. „Man kann einen Drachen steigen lassen, um die gewünschten Informationen zu beschaffen, doch wenn sich am Horizont ein Gewitter zusammenbraut, zum Beispiel ein Prozeß, eine strafrechtliche Verfolgung oder sowas, kappt man einfach die Schnur und verschwindet."

Barrys Leben in streng abgegrenzten Welten ist genau das, was Anita Roddick mit dem Body Shop erfolglos zu vermeiden suchte. Barry und sie würden vermutlich nie Freunde werden oder miteinander essen gehen. Doch eines haben sie gemein – die Sichtweise, daß die Welt der Unternehmen keine Moral kennt. Barry akzeptiert diese Tatsache und Roddick bedauert sie, aber beide halten sie für eine unumstößliche Wahrheit. Roddick sieht in der „Religion der Gewinnmaximierung" die Ursache für die mangelnde Moral der Unternehmen, die anständige Menschen zu unanständigem Verhalten zwingt: „Weil es die Gewinne steigern muß ... Bei der Verfolgung dieses Ziels ist jedes Mittel recht, einfach jedes ... Kinderarbeit, Ausbeutungsbetriebe, Umweltzerstörung ... Jedes Mittel ist recht, solange es der Gewinnmaximierung dient. Für sie ist es Rechtens, fünfzehntausend Menschen auf die Straße zu setzen, nur um die Gewinne zu steigern, und den Kommunen das Problem aufzuhalsen."

Die Manager, die sich auf solche Dinge einlassen, sind keine Ungeheuer, sagt Roddick. Es sind vielleicht nette fürsorgliche Menschen, liebevolle Eltern und gute Freunde. Doch wie der Philosoph Alisdair MacIntyre beobachtet – und Barry praktiziert –, trennen sie strikt zwischen Berufs- und Privatleben. Sie sind, in Übereinstimmung mit der Unternehmenskultur, angehalten und nicht selten gezwungen, sich von den eigenen Werten zu distanzieren – laut Roddick „hindert das Unternehmen sie daran, Mitgefühl mit den Menschen zu empfinden"; es „trennt uns von unserer eigenen Identität". „Die Sprache des Unternehmens ist weder die Sprache der Seele noch die Sprache der Menschlichkeit, sondern eine Sprache der Gleichgültigkeit, eine Sprache der Trennung, der Geheimniskrämerei, der Hierarchie." Und sie führt bei vielen zu einer Schizophrenie.

Die Psychologie könnte, wie Roddicks letzte Überlegung andeutet, die Doppelmoral im Leben der Führungskräfte möglicherweise besser erklären als das Gesetz oder die Wirtschaft. Dr. Robert Hare, Psychologe und international anerkannter Experte für Psychopathie, vertrat ebenfalls die Meinung, daß man die Einstellungen und Handlungen vieler Menschen, wenn sie als Repräsentanten ihres Unternehmens tätig werden, als psychopathisch bezeichnen könnte. Es gilt, „Konkurrenten zu vernichten oder auf die eine oder andere Weise zu schlagen. Sie zerbrechen sich nicht lange den Kopf darüber, wie sich ihr Verhalten auf die breite Öffentlichkeit auswirkt, solange die Leute die Produkte des Unternehmens kaufen." Obwohl vielen Führungskräften Manipulation und die Verfolgung der Unternehmensziele ohne Rücksicht auf Verluste abverlangt wird, sind sie in Hares Augen keine Psychopathen, weil sie außerhalb des Unternehmens zu normalem Verhalten *fähig sind:* „Sie gehen nach Hause, haben eine innige Beziehung zur Familie, lieben ihre Kinder, ihre Frau und ihre Freunde; und Freunde sind wahre Freunde, werden nicht als Mittel zum Zweck benutzt."

Führungskräfte sollten ihre Fähigkeit, zwischen den widersprüchlichen moralischen Anforderungen ihres Berufs- und Privatlebens strikt zu trennen, als tröstlich empfinden, denn genau diese „Schizophrenie", wie Roddick es nennt, bewahrt sie davor, Psychopathen zu werden.

Das Unternehmen selbst dürfte nicht so leicht der Psychopathie-Diagnose entgehen. Anders als die Menschen, die es bevölkern, ist es *ausschließlich* an sich selbst interessiert und in jeder Hinsicht unfähig, echte Anteilnahme für andere zu empfinden. Es überrascht wohl kaum, daß Dr. Hare etliche Übereinstimmungen feststellte, als er seine Diagnose-Checkliste der psychopathischen Merkmale mit den Charaktereigenschaften der großen Konzerne verglich (nachstehend in Kursivschrift).

Konzerne handeln *unverantwortlich,* so Dr. Hare, weil bei der Verfolgung ihrer Ziele jeder gefährdet ist, der ihnen in die Quere kommt. Sie versuchen, alles und jeden zu *manipulieren,* einschließlich der öffentlichen Meinung, und haben einen Hang zum *Größenwahn,* wenn sie ständig behaupten, die Nummer eins, die Besten zu sein. Der *Mangel an Mitgefühl* und *asoziale Neigungen* sind ebenfalls typisch. Ihr Verhalten deutet darauf hin, daß sie kaum einen Gedanken an ihre Opfer verschwenden; sie *weigern sich oft, die Verantwortung für ihr Verhalten zu übernehmen und sind unfähig, Schuldgefühle zu empfinden.* Wenn sie (bei einem Gesetzesverstoß) erwischt werden, zahlen sie hohe Geldbußen und ... machen unbeirrt weiter. In vielen Fällen sind die Geldbußen und Vertragsstrafen, die sie berappen müssen, läppisch im Vergleich zu den Gewinnen, die sie einstreichen.

Und zum Schluß führt Dr. Hare an, daß die Großunternehmen nur *oberflächliche* Kontakte knüpfen: „Ihr einziges Ziel besteht darin, sich der Öffentlichkeit auf eine Weise zu präsentieren, die anziehend wirkt, aber nicht kennzeichnend für ihre wahre Natur sein muß." Menschliche Psychopathen sind berüchtigt für ihre Fähigkeit, ihre egozentrische Persönlichkeit hinter einer einnehmenden Fassade zu verbergen. Diese Fassade ist für die Unternehmen das Konzept der CSR. Obwohl sie sich als einfühlsam und interessiert am Wohl der Gesellschaft darstellen, fehlt ihnen in Wirklichkeit oft die Fähigkeit, sich für andere oder andere Belange als die eigenen zu interessieren.

Die Geschichte eines großen, bekannten Energiekonzerns, der einst als Inbegriff gesellschaftlicher Verantwortung und unternehmerischer Philantrhopie galt, liest sich wie ein Märchen. Jedes Jahr legte er einen CSR-Bericht vor; der jüngste – und bedauerlicherweise letzte – versprach einen Abbau der Treibhausgas-Emissionen und die Unterstützung von Klimaschutz-Abkommen. Der Konzern gelobte außerdem, die Menschenrechte, Umwelt- und Artenschutz, Gesundheits- und Sicherheitsthemen, die Rechte von Ureinwohnern und seine Transparenz in den Mittelpunkt seiner Geschäftstätigkeit zu stellen, und er schuf eine personell gut besetzte CSR-Arbeitsgruppe, um die CSR-Programme zu überwachen und umzusetzen.

Der Konzern war stolz auf die Entwicklung alternativer Energiequellen und die Hilfe bei der Gründung des Business Council for Sustainable Energy (Wirtschaftsrat für nachhaltige Energienutzung). Er entschuldigte sich in aller Öffentlichkeit für eine Ölkatastrophe in Südamerika (29 000 Barrel Öl waren ausgelaufen), versprach, so etwas werde nie wieder vorkommen, und berichtete von Partnerschaften mit nichtstaatlichen Umweltschutzorganisationen, die bei der Überwachung seiner Aktivitäten helfen sollten. Er beschrieb die großzügige Unterstützung der Kommunen an seinen Standorten und die Zuschüsse, die Kunstorganisationen, Museen, Bildungsinstitutionen, Umweltschutzgruppen und verschiedene gemeinnützige Initiativen weltweit erhielten. Der Konzern, der immer wieder als einer der besten Arbeitgeber in ganz Amerika eingestuft wurde, setzte sich nachhaltig für ein multikulturelles Arbeitsmilieu ein. „Wir glauben", hieß es in dem Bericht, „daß die Unternehmensführung den Kommunen mit gutem Beispiel vorangehen sollte, was die gemeinnützigen Dienste betrifft."[20]

Bedauerlicherweise war Enron, dieses Paradebeispiel gesellschaftlicher Verantwortung, nicht mehr in der Lage, Gutes zu tun, als der Konzern unter der Last der Habgier, Überheblichkeit und kriminellen Energie seiner Führungsriege zusammenbrach. Enrons Geschichte zeigt, daß zwischen dem sorgfältig errichteten Wohltäterimage eines Unternehmens und den tatsächlichen Aktivitäten oft eine breite Lücke klafft, und legt nahe, daß eine gesunde Portion Skepsis gegenüber dem CSR-Konzept der Konzerne angebracht ist.

Aus dem Enron-Debakel läßt sich eine weitere wichtige Lehre ziehen. Obwohl der Konzern wegen seiner arroganten, ethisch ungefestigten Führung in die Schlagzeilen geriet, ist die eigentliche Ursache des Zusammenbruchs auf die Eigenschaften zurückführen, die alle Konzerne kennzeichnen: zwanghafte Besessenheit von Gewinnen und Aktienkursen, Habgier, mangelnde Rücksichtnahme auf die Interessen und Belange anderer und die Neigung, sich über Gesetze hinwegzusetzen. Diese Merkmale wurzeln ihrerseits in der Kultur einer Institution, die den Eigennutz fördert und moralische Bedenken in den Wind schreibt.

Ohne Zweifel hat Enron dieses Blatt bis an seine Grenzen ausgereizt – bis zum Punkt der Selbstzerstörung – und ist deswegen ins Zwielicht geraten. Solche Attribute sind jedoch keineswegs ungewöhnlich, sondern oftmals „Business as usual". Der

Enron-Zusammenbruch zeigt, was passieren kann, wenn Eigenschaften, die wir bei Konzernen normalerweise akzeptieren und als gegeben hinnehmen, ins Extrem umschlagen. Mit anderen Worten: Das Debakel war keineswegs ein „Einzelfall", wie Hank McKinnel von Pfizer meinte und viele Kommentatoren zu glauben scheinen, sondern eher symptomatisch für die Charakterschwäche solcher Institutionen.

3. DIE EXTERNALISIERUNGSMASCHINE

Als psychopathisches Wesen ist der Konzern unfähig, sein Denken und Handeln an moralischen Beweggründen auszurichten, um Schaden für andere zu vermeiden. Seine vom Gesetz abgesegneten Strukturen legen ihm keinerlei Beschränkungen bei der Verfolgung seiner eigennützigen Ziele auf, ja sie nötigen ihn sogar, sich rücksichtslos über alle negativen Begleiterscheinungen hinwegzusetzen, wenn die Vorteile die Nachteile überwiegen. Seine räuberischen Instinkte werden nur durch pragmatische Überlegungen, die sich an den eigenen Interessen festmachen, und die Gesetze des Landes im Zaum gehalten, doch oft reicht auch das nicht aus, um zu verhindern, daß er Menschenleben zerstört, Städte ruiniert und unseren ganzen Planeten durch sein Verhalten gefährdet.

Der Zusammenbruch von Enron und die Unternehmensskandale, die folgten, waren ironischerweise Verstöße gegen das Gebot des Eigennutzes, da die Aktionäre – die einzigen Menschen, denen ein Unternehmen laut Gesetz zu dienen hat – zu den am schlimmsten betroffenen Opfern zählten. Die „Kollateralschäden", die Konzerne *anderen* – Mitarbeitern, Verbrauchern, Kommunen, Umwelt – aufgrund ihrer psychopathischen Neigungen zufügen, sind keineswegs ungewöhnlich, sondern gang und gäbe. Sie werden als unvermeidliche Folgen unternehmerischer Aktivitäten angesehen – als „Externalitäten", wie es im nüchternen Fachjargon der Wirtschaftswissenschaftler heißt.

„Eine Externalität", sagt der Vorzeige-Ökonom Milton Friedman, „ist die Auswirkung einer Transaktion ... auf eine dritte Partei, die dieser Transaktion weder zugestimmt noch bei der Ausführung eine Rolle gespielt hat". Alle Unannehmlichkeiten, die Menschen und Umwelt in Folge der gnadenlosen und den Unternehmen gesetzlich aufgezwungenen Verfolgung ihres Eigeninteresses hinnehmen müssen, werden von den Ökonomen als Externalitäten verbucht – mit anderen Worten: als ein Problem, das die anderen betrifft.[1]

Als profanes Beispiel zitiert Friedman den Fall eines Menschen, dessen Hemd durch die Rauchemissionen eines Kraftwerks schmutzig wird. Dieser Mensch zahlt einen Preis für die Aktivitäten des Kraftwerks – die Kosten der Reinigung und die Unannehmlichkeit, das schmutzige Hemd zu tragen. Der Kraftwerkbetreiber erzielt dagegen Vorteile in Form von Kosteneinsparungen, wenn er darauf verzichtet, höhere Schornsteine zu errichten, bessere Filteranlagen zu verwenden, einen weniger dichtbesiedelten Standort zu suchen oder andere teure Maßnahmen in die Wege zu leiten, mit denen sich vermeiden ließe, anderen Leuten die Hemden schmutzig zu machen.

Darüber hinaus haben die Kostenabwälzungen der Unternehmen „ungeheure Auswirkungen auf die Welt generell", sagt Friedman. Obwohl sie durchaus positiv sein können – bei der Verfolgung ihres Eigennutzes schaffen Unternehmen beispielsweise Arbeitsplätze und entwickeln nützliche Produkte –, ist es nicht übertrieben zu behaupten, daß die eingebaute zwanghafte Neigung der Konzerne, ihre Kosten zu externalisieren, die Wurzel vieler Probleme ist, an denen Gesellschaft und Umwelt kranken. Sie verwandelt den Konzern in eine „gemeingefährliche" Institution, wie Patricia Anderson am eigenen Leibe erfahren mußte.

In den noch dunklen, frühen Morgenstunden des ersten Weihnachtstages 1993 fuhr Patricia Anderson von der Mitternachtsmesse nach Hause, ihre vier Kinder auf dem Rücksitz des Chevrolet Malibu, Baujahr '79; das jüngste war sechs, das älteste fünfzehn Jahre alt. Sie hielt an einer roten Ampel und wartete auf Grün, als ein Wagen von hinten auffuhr und der Chevrolet in Flammen aufging. Anderson und ihre Kinder erlitten schreckliche, entstellende Verbrennungen zweiten und dritten Grades (der Unfallverursacher, der betrunken war, kam mit geringfügigen Verletzungen davon). Bei drei Kindern waren mehr als sechzig Prozent der Haut verbrannt, und einem Kind mußte die Hand amputiert werden. Patricia Anderson war dankbar, daß sie überlebt hatten, aber sie klagte gegen General Motors, machte den Konzern für die Explosion und das Feuer verantwortlich. Der Benzintank des Malibu, so ihre Anwälte, sei unzureichend vor den Folgen eines Aufpralls geschützt.[2]

Nach einem langen Prozeß gelangten die Geschworenen zu dem Schluß, daß GM den Benzintank aus Gründen der Kostenersparnis an einer gefährlichen Stelle angebracht hatte, und Richter Ernest G. Williams vom Los Angeles Superior Court hielt auch in zweiter Instanz an dem Urteilsspruch fest (obwohl er die Höhe des Schadensersatzes reduzierte). „Das Gericht ist anhand der klaren und überzeugenden Indizien zu der Auffassung gelangt, daß der Tank der Beklagten bei Fahrzeugen dieses Typs und Baujahrs hinter der Radachse angebracht wurde, um die Gewinne zu erhöhen – auf Kosten der öffentlichen Sicherheit", schrieb er, was im Klartext bedeutete, daß GM gegen geltendes Recht verstoßen hatte. Der Tank von Mrs. Andersons Malibu Baujahr '79 war 27,5 cm von der hinteren Stoßstange entfernt. Der Abstand zwischen Tank und Stoßstange des Vorjahresmodells, das größer gewesen war, hatte 50 cm betragen. Eine Anweisung von 1969 hatte einen Abstand von mindestens 42,5 cm empfohlen. Bei dem Modell Baujahr '79 gab es außerdem keine Metallverstrebung, die Tank und Fahrgestell voneinander trennte, ein Standardmerkmal beim Vorjahresmodell.

Die Indizien zeigten, daß sich General Motors bereits bei der Konstruktion des Malibu und einiger anderer Modelle der Feuergefahr durch eine Treibstoffexplosion bewußt war. Ende der 1960er Jahre waren sechs diesbezügliche Klagen gegen den Konzern anhängig, fünfundzwanzig folgten Anfang der 1970er Jahre, und im Mai 1972 sagte ein GM-Analyst voraus, daß bis

Mitte der 1970er Jahre mit weiteren sechzig zu rechnen sei. Am 6. Juni 1973, ungefähr zu dem Zeitpunkt, als GM den neuen, kleineren Malibu plante, den Patricia Anderson fuhr, beauftragte das GM-Management den Ingenieur Edward C. Ivey aus der Advance-Design-Abteilung mit einer Analyse der Brandfälle. Kurz darauf legte er seinen Abschlußbericht vor.

Ivey multiplizierte die fünfhundert Todesfälle, die GM jedes Jahr durch Treibstoffexplosionen bei seinen Fahrzeugen zu verzeichnen hatte, mit 200 000 Dollar – die geschätzten Schadensersatzkosten bei Ableben; die Summe teilte er durch 41 Millionen, die Anzahl der Fahrzeuge, die zum damaligen Zeitpunkt auf den amerikanischen Highways unterwegs waren. Er errechnete, daß jede Treibstoffexplosion mit Todesfolge GM genau 2,40 Dollar pro Fahrzeug kostete. In seiner Aktennotiz stellte er folgende Kalkulation auf:

$$\frac{400 \text{ Todesfälle x \$ 200 000/Todesfall}}{41\,000\,000 \text{ Fahrzeuge}} = \$\ 2{,}40/\text{Fahrzeug}$$

Die Konstruktionsveränderungen, die eine Explosion bei Auffahrunfällen verhindert hätten, vom Konzern auf 8,59 Dollar pro Fahrzeug geschätzt, unterblieben, weil 6,19 Dollar pro Fahrzeug eingespart werden konnten (8,59 Dollar minus 2,40 Dollar), wenn man die Todesfälle in Kauf nahm.[3]

Die Geschworenen gelangten, wie der Richter andeutete, zu der Auffassung, General Motors habe moralisch verwerflich gehandelt und gegen geltendes Recht verstoßen, weil der Konzern Gewinne über die öffentliche Sicherheit gestellt hatte. Sie erkannten Mrs. Anderson und ihren Kindern (und einer Freundin, die ebenfalls im Auto gesessen hatte) einen ausgleichenden Schadensersatz von insgesamt 107 Millionen Dollar und eine Strafzahlung in Höhe von 4,8 Milliarden Dollar zu, eine beispiellose Summe in einem Produzentenhaftungsfall. In einem späteren außergerichtlichen Vergleich wurde der Betrag auf 1,2 Milliarden Dollar reduziert, und General Motors legte beim California Court of Appeals Rechtsmittel gegen das Urteil ein.

Die U.S. Chamber of Commerce, ein repräsentatives und führendes Sprachrohr der Großunternehmen, verfaßte einen Bericht, der die allgemeine Akzeptanz der Kosten-Nutzen-Analyse in der unternehmerischen Entscheidungsfindung erläuterte. Das richterliche Urteil, so die Kammer, sei ein „unrechtmäßiges Ergebnis", „zutiefst beunruhigend" wegen der Botschaft, „daß Hersteller bei der Entwicklung ihrer Produkte auf eine Kosten-Nutzen-Analyse verzichten sollten", und wegen der versteckten Andeutung, eine solche Kalkulation sei an sich „verachtenswert". Die Kosten-Nutzen-Analyse, so die Kammer, sei „ein Kennzeichen für das untadelige Verhalten eines Unternehmens ... das logische Fundament, auf dem seine Unanfechtbarkeit ruht".[4]

Die Chamber of Commerce führte zu Recht an, daß Kosten-Nutzen-Analysen das Herzstück unternehmerischer Entscheidungen bilden. „Der Hersteller [in Fällen wie *Anderson vs. General Motors*] könnte seine Entscheidung rechtfertigen, indem er zeigt, daß der Zuwachs an Sicherheit durch die höheren Kosten und/oder den Verlust an Nutzen bei alternativen Konstruktionen aufgewogen würde"[5],erklärte ein Rechtswissenschaftler. Die institutionelle Struktur der Kapitalgesellschaften, der Zwang, in allererster Linie den eigenen finanziellen Interessen zu dienen, verlangt von den Führungskräften, nur solche Entscheidungen zu treffen, die dem Unternehmen mehr Vor- als Nachteile einbringen. Sie sind nicht befugt, die negativen Auswirkungen auf andere Menschen zu berücksichtigen, wie auf Patricia Anderson und ihre Kinder, oder auf Natur und Umwelt, es sei denn, diese könnten nachteilige Folgen für das Unternehmen haben.

„Sobald sich der Topmanager am Arbeitsplatz befindet", so der Philosoph Alisdair MacIntyre, „muß er die Ziele des Unternehmens als gegeben hinnehmen ... und die Aufgaben aus der rein sachlichen Perspektive betrachten. Es gilt, die wirksamste, wirtschaftlichste Methode zur Mobilisierung der vorhandenen Ressourcen zu finden, um Nutzen zu erzeugen ... zu den geringstmöglichen Kosten. Es ist nicht nur seine Aufgabe, Kosten und Nutzen abzuwägen, sondern es ist die unternehmerische Aufgabe schlechthin."[6]

Obwohl Edward Ivey in seinem Bericht anerkannte, daß sich „ein Todesfall subjektiv jeder finanziellen Bewertung" entzieht und es „im Grunde unmöglich ist, ein Menschenleben zu beziffern", war ihm klar, daß er zum Zweck der Analyse Zahlen nennen *mußte.* Für ihn als Analytiker, der sachdienliche Informationen für die Entscheidung über Kosten und Nutzen einer Konstruktionsänderung liefern sollte, bestand seine Aufgabe darin, ein Menschenleben „objektiv" zu bewerten, das heißt, seinen Geldwert festzustellen.

Die Geschworenen im Fall Patricia Anderson weigerten sich jedoch, ihre Entscheidung an den Rechenexempeln des Konzerns auszurichten. Sie fällten ihren Urteilsspruch über General Motors aus der Warte menschlicher, moralischer Anständigkeit. Das sei ein Fehler, vermerkte die Chamber of Commerce in ihrem Bericht an das kalifornische Revisionsgericht. Geschworene, hieß es da, „sind nicht in der Lage, Risiken und Nutzen sachlich zu analysieren, wenn es um komplexe Konstruktionsthemen geht"; sie neigten zu subjektiven Reaktionen, „wenn sie den verletzten Kläger vor sich sehen"; sie schreckten davor zurück, „ein Menschenleben zu beziffern"; sie ließen sich von den geschickten Anwälten der Kläger verführen, in den Kanon der Öffentlichkeit über die „Unantastbarkeit des Lebens" einzustimmen und die Risiko-Nutzen-Rechnung als „unsägliche Roheit" zu betrachten. Mit anderen Worten: Die Geschworenen hätten in diesem Fall ein Menschenleben irrtümlich um seiner selbst willen bewertet – in Zusammenhang mit Familie, Liebe, Freundschaft, Freude und anderen immateriellen Werten, die es lebenswert machen. Sie seien, wie die Chamber of Commerce meinte, allzu menschlich gewesen, als sie General Motors Unmenschlichkeit attestierten und sich weigerten, das Leben in ein Zahlenlotto zu verwandeln.[7]

General Motors ist freilich kein Einzelfall. In allen unternehmerischen Entscheidungsprozessen verschwinden die immateriellen Reichtümer und zerbrechlichen Werte des Lebens hinter den abstrakten Zahlenkolonnen der Kosten-Nutzen-Analysen; das mußte auch Charles Kernaghan erfahren, als er eine Müllhalde in der Dominikanischen Republik inspizierte.

Den Müllwagen zu den Deponien zu folgen und im Abfall zu stöbern kann hilfreich sein, um den Standort von Ausbeuterbetrieben in der neuen globalen Wirtschaft zu entdecken und herauszufinden, was sie treiben. Die Fabriken, auch „Sweatshops" genannt, die Kernaghan als Leiter des National Labor Committee aufspürt, befinden sich überwiegend in Billiglohnländern; seine Organisation hat es sich zur Aufgabe gemacht, US-Firmen daran zu hindern, auf solche Zulieferer zurückzugreifen. Dank der größeren Flexibilität, die Unternehmen durch die Liberalisierung des internationalen Handels und durch neue Kommunikations- und Transporttechnologien genießen, übernehmen solche Fabriken heute den Löwenanteil der arbeitsteiligen Fertigung für den industrialisierten Westen. Ihre Standorte sind streng geheim, abgeschirmt von den überwiegend amerikanischen und europäischen Konzernen, die sich ihrer bedienen. „Sie tarnen die Fabriken und Sweatshops", sagt Kernaghan, und weigern sich, Namen und Adressen preiszugeben, „weil sie wissen, daß es einfacher ist, Minderjährige hinter verriegelten Metalltoren auszubeuten, mit bewaffneten Wächtern und Stacheldraht".

Kernaghan stieß bei einem seiner Streifzüge durch die Müllhalden der Dominikanischen Republik auf eine Goldmine, als er Kopien von Nikes firmeninternen Preiskalkulationen in einem Karton auf einer Schutthalde fand. Die Dokumente enthielten Berechnungen, die genauso eiskalt waren wie Edward Iveys Bericht. Es ging dabei um die Maximierung des Gewinns, der aus den Mädchen und jungen Frauen herausgepreßt werden konnte, die Kleidung für Nike in den Sweatshops der Entwicklungsländer nähten.

Die Herstellung eines T-Shirts wurde beispielsweise in zweiundzwanzig einzelne Schritte aufgesplittert: fünf Schritte für den Zuschnitt des Materials, elf für das Nähen des Kleidungsstücks, sechs für das Befestigen der Etiketten und Aufhänger sowie das Verpacken der Shirts in einer Plastikhülle, um sie versandfertig zu machen. Für jede Aufgabe wurde eine bestimmte Zeitspanne anberaumt, mit Zehntausendstel-Sekunden-Einheiten für die Arbeitsanalyse. Unter dem Strich durfte die Herstellung eines T-Shirts laut Berechnung höchstens 6,6 Minuten in Anspruch nehmen – was sich in einen Wert des Produktionsfaktors Arbeit von acht Cents für ein Shirt übersetzt, das Nike in den USA für 22,99 Dollar verkauft.

„Die Wissenschaft der Ausbeutung" nennt Kernaghan diese Preiskalkulationen. Die eiskalten Berechnungen, sagt er, kaschieren das Leid und Elend der Arbeit, die sie verlangen. Die typische Fabrik, die er in Ländern wie Honduras oder Nikaragua, China oder Bangladesch zu sehen bekommt, ist von Stacheldraht umgeben. Hinter verschlossenen Türen werden überwiegend junge Frauen von Wachpersonal beaufsichtigt, das den geringsten Anlaß zum Vorwand nimmt, sie zu schlagen, zu erniedrigen und fristlos zu entlassen, sollte sich der erzwungene Schwangerschaftstest als positiv erweisen.

Jede Arbeiterin wiederholt rund zweitausend Mal am Tag den immer gleichen Arbeitsschritt – eine Gürtelschlaufe befestigen oder einen Ärmel nähen. Sie arbeiten in Schichten von zwölf bis vierzehn Stunden bei greller Beleuchtung in überheizten Hallen, haben nur wenige Pausen, um die Toilette zu benutzen, und beschränkten Zugang zu Wasser (um dem Bedürfnis nach weiteren Toilettenpausen entgegenzuwirken), das oft verunreinigt und als Trinkwasser für Menschen ungeeignet ist. „Sie wollen Gefühle und Träume ausschalten", sagt Kernaghan über die Fabrikbesitzer. Die jungen Frauen „arbeiten ungefähr bis zum fünfundzwanzigsten Lebensjahr, dann werden sie auf die Straße gesetzt, weil sie verbraucht sind. Völlig ausgelaugt. Ihr Leben ist bereits vorbei. Und das Unternehmen hat sie durch einen neuen Schub junger Mädchen ersetzt."

Kernaghan hat bei seiner Tour durch die Entwicklungsländer viel gesehen, was beinahe surrealistisch anmutete, wie der Schulbus mit der Aufschrift „Southhampton School District" auf einem Highway in Honduras, der Jugendliche zur Arbeit in eine Fabrik brachte, in der sie Bekleidung für The Gap nähten. Das schlimmste Erlebnis aber hatte er Mitte der 1990er Jahre an der Ecke 51. Straße/Madison Avenue, mitten in Manhattan. Dort war er mit einem sechzehnjährigen Mädchen namens Wendy Diaz, einer winzigen Sweatshop-Arbeiterin aus Honduras, hinter einem Gebäude in Deckung gegangen. Beide starrten auf das Tor der St. Patrick's Cathedral auf der anderen Straßenseite. Sie hatten „Todesangst", wie Kernaghan gestand.

Kernaghan und Diaz waren sich zum ersten Mal an einer Imbißbude am Panamerican Highway in Honduras begegnet, ungefähr hundert Meter von der Fabrik entfernt, in der sie beschäftigt war. Diaz und eine Gruppe junger Frauen, die unter den grauenvollen Arbeitsbedingungen litten, hatten Kontakt mit Kernaghan aufgenommen und um ein Treffen gebeten. Kernaghan hatte sich mit ihnen an der Imbißbude verabredet. Ungefähr fünfzig kamen. Sie fanden eine Stelle hinter einem Holzzaun, die niemand einsehen konnte – dachten sie. „Plötzlich, als wir gerade zur Sache kommen wollten, tauchten drei Männer auf, die aussahen, als würden sie nicht lange fackeln." Die Frauen sprangen auf, sagten, die Männer seien Spione, stoben auseinander und liefen davon.

Bevor sie verschwanden, steckten ihm einige heimlich ihren Lohnstreifen aus der Fabrik zu, den sie in den Händen verborgen hatten. „Nachdem sie weg waren, entdeckte ich das Gesicht von Kathie Lee Gifford auf dem Lohnstreifen, um das Label zu kennzeichnen, für das die jungen Frauen arbeiteten." Nun erfuhr er, wer sich an der Sklavenarbeit bereicherte, die von Frauen wie Wendy Diaz und ihren Kolleginnen in der Global Fashions Fabrik verrichtet wurde: Wal-Mart, der Mega-Einzelhändler, der die „Kathie Lee Gifford"-Serie verkaufte.

Kernaghan setzte sich umgehend mit Wal-Mart und Gifford in Verbindung und bedrängte sie so lange, bis sie einem Treffen zustimmten. Der Amtssitz des Kardinals in der St. Patrick's Cathedral wurde als neutraler Treffpunkt vereinbart, und deshalb befanden sich Kernaghan und Diaz an der Ecke 51. Straße/ Madison Avenue.

Die beiden waren zeitig eingetroffen, aber nervös geworden angesichts der Aussicht auf einen Schlagabtausch mit einer so einflußreichen Persönlichkeit wie Gifford. Deshalb hatten sie sich auf der anderen Straßenseite versteckt, um das Terrain aus sicherer Entfernung zu sondieren. Sie sahen, wie Gifford mit einem Troß Männer in dunklen Anzügen eintraf und sich dem Eingang des Kardinalssitzes näherte. Schließlich faßten sie Mut und verließen ihr Versteck, um die Verabredung einzuhalten. Diaz erzählte Gifford ihre Geschichte: Sie hatte seit dem dreizehnten Lebensjahr Kleidung für US-Unternehmen in Ausbeuterbetrieben in Honduras genäht, dreizehn Stunden am Tag für einen Hungerlohn, hatte Demütigungen und Schläge von den Aufsehern ertragen müssen; jeden Abend war sie hungrig zu Bett gegangen, nachdem sie gemeinsam mit ihren Freundinnen durch die dunklen Straßen nach Hause gelaufen war, laut singend und pfeifend, in der Hoffnung, keinem Vergewaltiger in die Hände zu fallen.

„Unfaßbar", sagt Kernaghan. „Da sagt diese einflußreiche Persönlichkeit doch glatt: ‚Wendy, glauben Sie mir, ich hatte keine Ahnung, daß es solche Zustände gibt. Ich werde alle Hebel in Bewegung setzen, damit so etwas nie wieder vorkommt.'"

Noch am selben Abend wurde eine entsprechende Vereinbarung aufgesetzt und von Kathie Lee Gifford unterzeichnet, sagt Kernaghan. Gifford verpflichtete sich, nie wieder Sweatshops als Zulieferer einzusetzen, der Belegschaft anständige Löhne zu zahlen und unabhängigen Inspektoren den Zutritt zu ihren Fabriken zu gestatten, um zu gewährleisten, daß Menschenrechte und Arbeitsgesetze eingehalten werden.

Doch Kernaghan ist sich sicher, daß Wal-Mart immer noch mit Ausbeuterbetrieben in den Entwicklungsländern zusammenarbeitet, obwohl der Konzern gestattet hat, daß eine neutrale dritte Partei die Produktionsstätten überwacht. Er weist darauf hin, daß die Kette über annähernd 4400 Zulieferfirmen in China verfügt und diese mit an Sicherheit grenzender Wahrscheinlichkeit in die Sweatshop-Kategorie fallen. Diese Vermutung wird durch eine *Business-Week*-Recherche erhärtet: Die Ermittlungen ergaben, daß noch Ende 1999 Kathie-Lee-Handtaschen in chinesischen Fabriken hergestellt wurden, in denen die Belegschaft vierzehn Stunden am Tag, sieben Tage in der Woche und dreißig Tage im Monat für einen Durchschnittslohn von drei Cents in der Stunde arbeitet; Prügel, Geldbußen und fristlose Entlassung, wenn sich jemand beschwerte, waren an der Tagesordnung.[8] Deshalb war Kernaghan skeptisch, ob das Abkommen mit Gifford nachhaltige Veränderungen bewirken würde. Die Reaktion der meisten Unternehmen auf ein solches Dokument wäre vermutlich: „Habt ihr den Verstand verloren? Wir sollen einen Bedarfslohn zahlen? So funktioniert das System nicht."

So könnte es auch nicht funktionieren. Ein Konzern ist, wie die psychopathische Persönlichkeit, der er gleicht, darauf programmiert, andere auszubeuten, um Gewinne zu erzielen. Das ist sein einziges, vom Gesetz abgesegnetes Mandat. Aus dieser Perspektive sind Wendy Diaz und Millionen ihrer Leidensgenossen in aller Herren Länder, die, von Armut getrieben, Sklavenarbeit für einen Hungerlohn leisten, keine menschlichen *Wesen,* sondern menschliche *Ressourcen.* Für das moralisch blinde Unternehmen sind sie ein Werkzeug, darauf geeicht, so viel Gewinn wie möglich zu erwirtschaften.

„Und ein Werkzeug kann man wie ein Stück Metall behandeln – man benutzt es und wirft es weg, wenn man es nicht mehr braucht", sagt Noam Chomsky. „Wenn man Menschen dazu bringt, sich in ein solches Werkzeug zu verwandeln, ist das nach Maßgabe der Effizienz wirkungsvoller ... eine Maßgabe, die auf Entmenschlichung beruht. Man muß den ganzen Prozeß entmenschlichen. Das ist Teil des Systems."

Was nicht bedeutet, daß die Menschen, die Unternehmen leiten, unmenschlich sein müssen. „Diese Leute würden gute Nachbarn abgeben ... Wenn man sie privat kennenlernt, sind sie durchaus anständig", sagt Kernaghan von den Topmanagern, denen er auf seinen Ermittlungstouren begegnet. „Die Struktur, das System, schleift einfach jeden mit." Im Mittelpunkt dieser Struktur steht eine einfache Dynamik: „Die Profitabilität eines Unternehmens wächst in der Regel mit seiner Fähigkeit, andere die Rechnung für die Auswirkungen auf die Gesellschaft zahlen zu lassen", so Robert Monks. „Es gibt eine schreckliche Bezeichnung, die Wirtschaftswissenschaftler dafür benutzen: ‚Externalitäten'."

„Die Kapitalgesellschaft", sagt Monks, „ist eine Externalisierungsmaschine, genauso, wie der Hai eine Freßmaschine ist ... Es kann keine Rede von Bosheit oder freiem Willen sein; beide besitzen Eigenschaften, die ihnen ermöglichen, das zu tun, wofür sie geschaffen wurden." Infolgedessen könne sie „unter Umständen ungeheuer gefährlich für die Gesellschaft" sein. Monks gehört nicht zu den üblichen Verdächtigen – Aktivisten, Radikale und Intellektuelle –, die Großunternehmen kritisieren – im Gegenteil, er ist einer der wichtigsten und einflußreichsten Unternehmer Amerikas, ein Insider, Mitglied des innersten Zirkels. Er hat seinen Teil dazu beigetragen, Fortune-500-Unternehmen und Banken zu reformieren und auf Kurs zu bringen, war als Berater für republikanische Administrationen tätig und kandidierte als Republikaner zweimal für einen Sitz im Senat von Maine (beide Male ohne Erfolg). Er gründete und leitet eine internationale Investmentfirma. Dennoch macht sich Monks Sorgen über die Vorgänge in modernen Wirtschaftsunternehmen.[9]

Er erinnert sich noch an den Augenblick, als ihm zum ersten Mal bewußt wurde, was da im argen liegt. Im Zimmer eines Kleinstadt-Motels, wo er während seiner Wahlkampagne Anfang der 1970er Jahre für eine Nacht abgestiegen war, wachte er mitten in der Nacht mit brennenden, entzündeten Augen auf. Als er aufstand und zum Fenster hinausblickte, entdeckte er zu seiner Bestürzung weiße Schaumkronen auf dem Fluß, an dessen Ufer das Motel lag. Am nächsten Morgen erkundigte er sich an der Rezeption danach. „Das ist das Abwasser aus der Papierfabrik", hieß es. Monks kannte viele Leute in der kleinen Stadt – den Bürgermeister, die Arbeiter in der Papierfabrik, die Fabrikbesitzer. „Ich wußte, keiner von ihnen hätte gewollt, daß der Fluß verunreinigt wird", sagt er. „Und doch leben wir in einer Welt, in der das jede Nacht passiert."

In dem Augenblick wurde ihm klar, daß die Kapitalgesellschaft, eine Institution, der er sein Leben verschrieben hatte, eine „verhängnisvolle Maschine ist. Das Problem besteht darin, daß ihre Dynamik die Interessen der Menschen aus Fleisch und Blut unberücksichtigt läßt, die die Welt bilden, in der sie existiert. Bei unserer Suche nach Reichtum und Glück haben wir ein Ding geschaffen, das uns zerstören wird."

Ray Anderson, ebenfalls ein ungemein erfolgreicher Geschäftsmann, stimmt Monks zu. Er beschreibt den Konzern als „modernes Instrument der Zerstörung", wegen seines Drangs, „alle Kosten zu externalisieren, die eine unachtsame oder uninteressierte Öffentlichkeit ihn externalisieren läßt". Wie Monks hatte auch Anderson, Gründer und Chairman von Interface Inc., des größten Teppichherstellers für gewerbliche Zwecke, ziemlich spät in seiner Karriere eine Offenbarung zum Charakter der Institution, der er sein Leben gewidmet hat. Bis dahin hatte er nach eigenen Angaben „keinen Gedanken daran verschwendet, was wir der Erde bei der Erzeugung unserer Produkte nehmen oder antun". Heute ist er der Überzeugung, die Zerstörung der Biosphäre sei unabwendbar, wenn wir uns einbilden, wir könnten unsere natürlichen Ressourcen bis zum Gehtnichtmehr „ausbeuten und verschwenden".

Anderson weiß noch genau, wann sein Glaube an die Konzerne erschüttert wurde: im Sommer 1994. Die Sorge um die Umwelt war plötzlich in aller Munde, und die Kunden von Interface Inc. erkundigten sich, was die Firma in dieser Hinsicht tue. „Wir hatten keine Antwort", erinnert sich Anderson. „Die Wahrheit war, nicht viel." Der Mangel an Lösungen bereitete ihm damals kaum Kopfzerbrechen, im Gegensatz zu anderen Mitarbeitern seines Unternehmens. Um ihren Befürchtungen Rechnung zu tragen, rief er eine Arbeitsgruppe ins Leben, die sich mit der weltweiten Position des Konzerns in Sachen Umwelt befassen sollte, und erklärte sich einverstanden, in einem Referat seine persönliche Umweltvision zu schildern.

Das Problem war, daß Anderson keine Umweltvision hatte. „Mir brach der kalte Schweiß aus. Was sollte ich bloß sagen?" Auf der verzweifelten Suche nach Informationsmaterial und Inspiration geriet ihm ein Buch über Ökologie in die Hände. Dort las er den Ausdruck „Tod der Geburt" als Beschreibung für die Ausrottung gefährdeter Arten. „Es war wie eine Speerspitze in meiner Brust, die immer tiefer eindrang, je mehr ich las, und diese Erfahrung wurde zu einer Offenbarung, einem Gesinnungswandel und Paradigmenwechsel."

„Wir sind alle Umweltsünder", sagt Anderson über seine Stellung als Unternehmenslenker. „Eines Tages werden Leute wie ich im Gefängnis landen." Doch heute lehnt er viele Ansichten, die er einst mit der Mehrheit der Topmanager teilte, als gefährlich und irreführend ab. Zum Beispiel, daß die Natur unerschöpflich sei als Lieferant von Rohmaterialien oder Sammelbecken für Gift- und Abfallstoffe. Er glaubt nicht, daß wir endlos weitermachen können und daß die unsichtbare Hand des Marktes schon alles richten wird. Der Markt allein kann den Hang der Konzerne, Schäden zu verursachen, nicht zügeln, weil er „blind ist für die ... Externalitäten, diejenigen Kosten, die auf andere abgewälzt werden können".[10]

Insider wissen, daß Unternehmen darauf programmiert sind, ihre Kosten zu externalisieren. Was Monks und Anderson von anderen unterscheidet, ist, daß sie die Folgen dieser Programmierung fürchten, statt ihre Vorzüge zu preisen. Konzerne sind nach ihrer Auffassung darauf ausgerichtet, ja sogar gesetzlich verpflichtet, Kosten zu externalisieren, ohne Rücksicht auf Verluste für Menschen, Gesellschaft und Umwelt. Alle Kosten, die sie jemand anderem aufbürden können, entlasten sie, sind folglich ein direkter Weg zum Gewinn. Die Verbrennungen, die Patricia Andersons Familie erlitt: Externalitäten; die Ausbeutung und das Elend der Wendy Diaz: Externalitäten. Diese und tausend weitere Skandale, in die Konzerne verstrickt sind – von Bhopal bis zur *Exxon Valdez*, vom epidemischen Ausmaß der Arbeitsunfälle mit Todesfolge bis hin zur chronischen Umweltzerstörung –, sind der Preis, den wir alle für ihre Charaktermängel bezahlen.[11]

Die Katastrophe, die sich 1911 in der Triangle Shirtwaist Factory ereignete, wurde zum berüchtigten Beispiel für die menschenverachtende Einstellung eines Unternehmens gegenüber der eigenen Belegschaft. Die Besitzer der Fabrik im Bekleidungsindustrie-Viertel von Lower Manhattan hatten die Arbeiterinnen, überwiegend junge Einwanderinnen, eingeschlossen, um zu verhindern, daß sie ihren Arbeitsplatz verließen und somit den Produktionsablauf bremsten. Als ein Feuer in den Fabrikhallen ausbrach, war der Fluchtweg versperrt. Einige Frauen sprangen aus den Fenstern, in den sicheren Tod. Andere verbrannten bei lebendigem Leibe. Es gab 146 Tote. Zwei Jahre zuvor waren sechzigtausend Fabrikarbeiter aus der Bekleidungsindustrie in New York City auf die Straße gegangen, angeführt von der soeben gegründeten Gewerkschaft International Ladies' Garment Workers' Union, um gegen fürchterliche Arbeitsbedingungen, Hungerlöhne und mangelnde Sicherheit am Arbeitsplatz zu demonstrieren, ein Aufstand, der als die „Große Revolte" in die Geschichte einging.

Nach dem Fanal, das die Triangle Shirtwaist Factory gesetzt hatte, nahmen Millionen von Menschen in den Straßen New Yorks an Protestaktionen teil. Die Gewerkschaft machte Druck, um den Gesetzgeber zu Arbeitsschutzmaßnahmen zu zwingen. Aber es dauerte noch bis 1938, daß Ausbeuterbetriebe, Kinder- und Heimarbeit verboten wurden, als während der Amtszeit Präsident Roosevelts der Fair Labor Standards Act verabschiedet wurde.

Der Fair Labor Standards Act, noch heute in Kraft, ist typisch für ein System von gesetzlichen Bestimmungen, die das Problem der Auslagerung von Kosten lösen oder wenigstens lindern sollen. Ob es um die Rechte der Arbeitnehmer, Umweltschutzstandards oder Maßnahmen zum Schutz der Verbraucher vor überhöhten Preisen oder gefährlichen Produkten geht – das regulatorische System schiebt dem Hang der Unternehmen, Menschen und Umwelt auszubeuten, einen Riegel vor und straft jene ab, die sich darüber hinwegsetzen. In der Theorie werden die Konzerne und ihre Führungsmannschaften abgeschreckt, sozial unverantwortlich zu handeln. Doch diese Theorie hat wie so oft wenig mit der Praxis zu tun.

Verstöße gegen den Fair Labors Standards Act sind, um nur ein Beispiel zu nennen, in der Bekleidungsindustrie gang und gäbe. Unlängst gab es wieder eine Katastrophe, die auf gespenstische Weise an den Brand in der Shirtwaist Factory erinnert: Arbeiterinnen und Arbeiter saßen sprungbereit auf den Fensterbänken eines zehnstöckigen Gebäudes in Manhattans Garment District, das acht Sweatshops beherbergte. In einem Vorratsschrank im Parterre war Feuer ausgebrochen, und der Rauch verbreitete sich im ganzen Gebäude, versetzte die Menschen in den darüberliegenden Etagen in Panik. Die Notausgänge waren zugesperrt oder von eingelagerten Arbeitsmaterialien blockiert. Die Sprinkleranlage war abgeschaltet worden, und es gab weder Schilder, die den Ausgang markierten, noch Feuerlöscher. Bienvenido Hernandez, der für einen Lederhersteller im zehnten Stock arbeitete, lief zum Fenster, als er den Rauch entdeckte, und versuchte, sich an einem Strick aus zusammengeknüpften Laken abzuseilen. Er verlor den Halt in der eisigen Kälte, die an diesem Tag im Januar herrschte, stürzte in die Tiefe und brach sich das Rückgrat, als er auf das Dach des Nachbargebäudes prallte. Er starb kurz darauf.[12]

Trotz der klaren Bestimmungen des Fair Labor Standards Act gibt es noch heute Sweatshops in Nordamerika, bei denen mit ähnlichen Brandkatastrophen gerechnet werden muß.[13] „Ausbeuterbetriebe wurden 1938 in den USA ausradiert", sagt Charles Kernaghan, „doch inzwischen sind sie wieder da und rächen sich. 65 Prozent aller Bekleidungsbetriebe in New York City gehören zu dieser Kategorie. Fünfzigtausend Arbeitskräfte. Viertausendfünfhundert Fabriken von siebentausend. Und wir reden von Arbeitern mit einem Stundenlohn von einem Dollar oder zwei."[14]

Los Angeles ist keinen Deut besser. Am Südrand der Stadt befindet sich die größte Sweatshop-Ansammlung Amerikas, ja vielleicht sogar der Welt, mit ungefähr 160 000 Arbeitern, viele von ihnen illegale und somit machtlose Einwanderer. Dort stellte das US-Arbeitsministerium in einer Erhebung fest: „Die Vorgaben des Fair Labor Standards Act waren nur zu 33 Prozent erfüllt, was Mindestlöhne, Überstundenregelung und Kinderarbeit betraf – mit anderen Worten: 67 Prozent der Arbeitsplätze in der Bekleidungsindustrie entsprechen nicht den gesetzlichen Bestimmungen."[15]

Solche systematischen Regelverstöße sind aber nicht auf die Bekleidungsindustrie beschränkt, sondern in der gesamten Wirtschaft verbreitet. Viele große Konzerne setzen sich über das Gesetz hinweg, und manche sind Wiederholungstäter mit einem „Strafregister", das selbst hartgesottene Kriminelle vor Neid erblassen ließe.[16] Ein Beispiel ist General Electric, das größte Unternehmen der Welt und eines der am meisten geachteten. Es folgt ein Katalog schwerwiegender Rechtsbrüche, die dem Konzern zwischen 1990 und 2001 zur Last gelegt wurden, zusammengetragen von *Multinational Monitor:*[17]

23. März 1990: Stepherdsville, Kentucky – GE und andere zur Säuberung der PCB-Kontamination von Wasser und Boden verurteilt.
27. März 1990: Wilmington, North Carolina – GE zu einer Geldbuße von $ 20 000 wegen Diskriminierung von Mitarbeitern verurteilt, die Verstöße gegen die Sicherheitsbestimmungen gemeldet hatten.
11. Mai 1990: Fort Edward/Hudson Falls, New York – GE zur Säuberung von PCB-Kontamination des Hudson River verurteilt.
27. Juli 1990: Philadelphia, Pennsylvania – GE zu einer Geldbuße von $ 30 Millionen wegen Betrugs bei staatlichen Rüstungsaufträgen verurteilt.
11. Oktober 1990: Waterford, New York – GE zu einer Geldbuße von $ 176 000 wegen Umweltverschmutzung im Werk Silicone Products verurteilt.
20. Mai 1991: Washington D.C. – GE zur Zahlung von Schadensersatz in Höhe von $ 1 Million wegen unsachgemäß getesteter Flugzeugersatzteile für Air Force und Navy verurteilt.
27. Februar 1992: Allentown, Pennsylvania – GE zur Zahlung von Schadensersatz in Höhe von $ 80 Millionen wegen Konstruktionsfehlern in Atomkraftwerken verurteilt.
4. März 1992: Orange County, California – GE zu einer Geldbuße von $ 11 000 wegen Verletzung der Sicherheitsbestimmungen am Arbeitsplatz beim Umgang mit PCB verurteilt.
13. März 1992: Wilmington, North Carolina – GE zu einer Geldbuße von $ 20 000 wegen Verletzung der Sicherheitsbestimmungen in Brennelementefabrik verurteilt.
12. Mai 1992: Washington, D.C. – GE zu $ 13,4 Millionen Schadensersatz wegen heimlicher Weitergabe von Informationen über illegalen Verkauf von Kampfflugzeugen an Israel verurteilt.
22. Mai 1992: Illinois – GE zur Zahlung von $ 65 Millionen

Schadensersatz wegen Konstruktionsfehlern in Atomkraftwerken verurteilt.
22. Juli 1992: Washington, D.C. – GE zu einer Geldbuße von $ 70 Millionen wegen Geldwäsche und Betrugs in Zusammenhang mit dem illegalen Verkauf von Kampfflugzeugen an Israel verurteilt.
13. September 1992: Chicago, Illinois – GE zur Zahlung von $ 1,8 Millionen Schadensersatz nach Flugzeugabsturz verurteilt.
12. Oktober 1992: Nashville, Tennessee – GE zur Zahlung von $ 165 000 Schadensersatz wegen irreführender Glühlampenwerbung verurteilt.
27. Oktober 1992: Washington, D.C. – GE zur Zahlung von $ 576 215 Schadensersatz wegen überhöhter Rechnungen bei Rüstungsaufträgen verurteilt.
2. März 1993: Riverside, California – GE und andere zu $ 3,4 Millionen Schadensersatz wegen Kontaminierung durch Verklappen von Industriechemikalien verurteilt.
11. März 1993: Grove City, Pennsylvania – GE und andere zur Säuberung eines Bergwerkstandorts verurteilt.
18. Juli 1993: Hudson Falls, New York – GE zur Säuberung von PCB-Kontamination des Hudson River verurteilt.
16. September 1993: New York – GE zu Kompensationszahlungen von $ 7 Millionen an einen Berufsfischer wegen PCB-Kontamination des Hudson River verurteilt.
11. Oktober 1993: San Francisco, California – GE zu Preisnachlaß von $ 3,25 Millionen an Verbraucher nach irreführender Glühlampenwerbung verurteilt.
2. Februar 1994: Perry, Ohio – GE einigt sich außergerichtlich mit Versorgungsunternehmen wegen eines defekten Atomkraftwerks in Perry.
14. März 1994: Fort Edward, New York: GE zur Säuberung des kontaminierten Sediments im Hudson River verurteilt.
14. September 1994: Washington, D.C. – GE zu einer Geldbuße von $ 20 Millionen wegen überhöhter Rechnungsstellung bei Rüstungsaufträgen verurteilt.

2. September 1995: Waterford, New York – GE zu einer Geldbuße von $ 137 000 wegen Luftverschmutzung und Kontamination des Hudson River verurteilt.
15. September 1995: Brandon, Florida – GE zu einer Geldbuße von $ 137 000 wegen Grundwasserverunreinigung verurteilt.
9. September 1996: Waterford, New York – GE zu einer Geldbuße von $ 60 000 wegen wiederholter Verletzung des Clean Air Act verurteilt.
7. Oktober 1996: Hendersonville, North Carolina – GE zur Säuberung von kontaminiertem Boden und Grundwasser verurteilt.
8. Oktober 1996: Cook County, Illinois – GE zur Zahlung einer Abfindung von $ 15 Millionen nach Flugzeugabsturz in Sioux City, Iowa verurteilt.
22. Februar 1997: Somersworth, New Hampshire – GE und andere zur Säuberung von Kontamination des Grundwassers und öffentlichen Wasserversorgungssystems verurteilt.
Februar 1998: Waterford, New York – GE zu einer Geldbuße von $ 234 000 wegen Verletzungen der Kontaminationsbestimmungen verurteilt.
20. April 1998: Waterford, New York – GE zu einer Geldbuße von $ 204 000 wegen Verletzungen der Kontaminationsbestimmungen verurteilt.
Oktober 1998: Großbritannien – GE zur Zahlung von 2 Milliarden Pfund für die Entsorgung von Asbest und damit verbundenen Verletzungen der Kontaminationsbestimmungen verurteilt.
26. Oktober 1998: Puerto Rico – GE und andere zur Säuberung von Kontamination in der Trinkwasserversorgung verurteilt.
5. November 1998: South Whitehall, Pennsylvania – GE und andere zur Säuberung von Kontamination verurteilt.
24. Januar 1999: Chicago, Illinois – GE zu einer Entschädigung von $ 147 Millionen wegen unfairer Inkassomethoden gegenüber Verbrauchern verurteilt.
19. August 1999: Piscataway, New Jersey – GE und andere zur Säuberung von kontaminiertem Grundwasser verurteilt.

2. September 1999: Malvern, Pennsylvania – GE und andere zur Säuberung von kontaminiertem Grundwasser verurteilt.
17. September 1999: Moreau, New York: GE und andere zum Aufbau eines Trinkwassersystems nach Verunreinigung des bestehenden Wasserversorgungssystems verurteilt.
9. Oktober 1999: Pittsfield, Massachusetts – GE zur Säuberung von PCB-Kontamination im Housatonic River verurteilt.
18. Oktober 2000: New York, New York – GE und andere zur Säuberung von Bodenkontamination verurteilt.
Januar 2001: New York – GE und andere zur Rückerstattung von $ 4 Millionen verurteilt, die bei Hypothekenversicherungen zuviel berechnet wurden.
4. Februar 2001: New York State – Oberster Gerichtshof befindet, daß GE im Rahmen einer Rückrufaktion Privatkunden betrügerisch zum Kauf einer neuen Spülmaschine veranlaßte, während gewerbliche Kunden ein Ersatzteil erhielten.

Die einzigartige Struktur der Kapitalgesellschaft ist vermutlich schuld daran, daß Rechtsverstöße in der Welt der Mammutkonzerne so häufig vorkommen. Die Eigenheiten dieser Unternehmensform schützen in der Regel die Eigentümer und Leiter vor gesetzlicher Haftung, so daß die Kapitalgesellschaft, eine „Rechtsperson" mit psychopathischer Verachtung für gesetzliche Schranken, das Hauptziel der Strafverfolgung bleibt.

Die Aktionäre können nicht für die kriminellen Handlungen ihres Unternehmens zur Rechenschaft gezogen werden, dank der beschränkten Haftung, deren einziger Zweck in eben diesem Schutz besteht. Der Board of Directors als Leitungs- und Kontrollorgan, der sich aus firmeninternen und firmenexternen Mitgliedern zusammensetzt, ist traditionsgemäß aus dem Schneider, weil er nicht direkt in alle Entscheidungen eingebunden ist, die zu Rechtswidrigkeiten führen. Und die Topmanager genießen Narrenfreiheit durch den Unwillen des Gesetzgebers, sie für die illegalen Aktivitäten ihres Unternehmens zur Verantwortung zu ziehen, solange nicht erwiesen ist, daß sie die Drahtzieher waren. Solche hieb- und stichfesten Beweise beizubringen ist in den meisten Fällen schwierig, weil normalerweise zahlreiche schwer abzugrenzende individuelle Beiträge in unternehmerische Entscheidungen einfließen und die Gerichte dazu neigen, das Fehlverhalten auf die „Rechtsperson“ Unternehmen statt auf die Leute zurückzuführen, die das Unternehmen leiten.

Daher sind die großen Konzerne in den meisten Fällen eine leichte Beute für die Strafverfolgung, doch da sie „keine Seele besitzen, die man verdammen, und keinen Körper, den man züchtigen kann“, wie der englische Lordkanzler Edward Thurlow im achtzehnten Jahrhundert feststellte, zeitigt die Bestrafung wenig Wirkung. Wie der Psychopath, dem sie gleichen, fühlen sie sich nicht moralisch verpflichtet, sich an das Gesetz zu halten. „Nur Menschen haben eine moralische Verpflichtung“, erklärten der Richter Frank Easterbrook und der Juraprofessor Daniel Fishel in einem gemeinsamen Artikel. „Die moralische Verpflichtung einer Kapitalgesellschaft ist nicht größer als die eines Gebäudes, eines Organisationsplans oder eines Vertrages.“

Für ein Unternehmen ist auch die Gesetzestreue, wie alles andere, eine Frage von Kosten und Nutzen. „Immer wieder haben wir in Amerika das Problem, daß die Kosteneffektivität den Ausschlag gibt, ob sich die Konzerne an das Gesetz halten“, sagt Robert Monks. Wenn die Chancen, erwischt zu werden, und die Geldbußen geringer sind als die Kosten der Gesetzestreue, wird das Problem „wie jede andere unternehmerische Entscheidung behandelt“. Sehen sich Führungskräfte vor die Wahl gestellt, ein Gesetz zu befolgen oder zu brechen, „handeln sie rational und treffen kosteneffektive Entscheidungen. Sie fragen sich, wie hoch ist die Geldbuße, wie groß ist die Wahrscheinlichkeit, ertappt zu werden, was kommt unter dem Strich dabei heraus? Dann rechnen sie aus, was es sie kosten würde, das Gesetz zu befolgen, und welcher Kurs sie teurer zu stehen kommt.“

Juraprofessor Bruce Welling bestätigt diese Sichtweise:

„In der Unternehmenspraxis gelten Geldbußen als zusätzliche Geschäftskosten. Rechtswidrige Aktivitäten werden nicht durch die Androhung von Geldbußen verhindert, solange die Gewinne aus diesen Aktivitäten höher sind als die Geldbuße, multipliziert mit der Wahrscheinlichkeit, überführt und verurteilt zu werden. In Anbetracht der durchschnittlichen Höhe der Geldbußen ist eine abschreckende Wirkung in den meisten Fällen unwahrscheinlich. Daß die Prävention nicht funktioniert, zeigt sich besonders deutlich, wenn man die Rückfallquoten betrachtet. Ein Unternehmen, das schon einmal überführt und zu einer Geldbuße verurteilt wurde, hat gelernt, seine Spuren besser zu verwischen.“[18]

Es ist eine Ironie des Schicksals, wenn Kapitalgesellschaften durch das gesetzlich auferlegte Mandat, ihr Eigeninteresse zu verfolgen, zu Gesetzwidrigkeiten angespornt werden. Kein Konzern ist vor dieser systemeigenen Logik gefeit, nicht einmal jene, die auf ihre gesellschaftliche Verantwortung verweisen, wie British Petroleum.

Am 16. August 2002 machte Don Shugak, ein BP-Techniker, seinen Rundgang auf dem Ölfeld des Unternehmens in Prudhoe Bay in Alaska, überprüfte die Bohrlöcher auf undichte Stellen und andere Mängel. Eine seiner Aufgaben bestand darin, ein Bohrloch wieder zu aktivieren, das wegen Reparaturarbeiten stillgelegt worden war. Die BP-Ingenieure wußten, daß die Förderung immer noch nicht einwandfrei funktionierte und mit ungewöhnlich hohem Druck erfolgen würde, aber sie hatten Shugak trotzdem grünes Licht gegeben. Shugak öffnete das Ventil der Antriebsaggregate und ging. Einige Stunden später kehrte er zurück, um den Druck auf den Bohrkopf zu verringern, ein Routineverfahren.

Er erinnert sich, bei seiner Rückkehr die Tür des Aggregathäuschens geöffnet zu haben, danach ist alles verschwommen. Er konnte kaum atmen; seine Ohren klingelten, seine Beine waren wie gelähmt. Er klammerte sich an seinen Jeep, den er in der Nähe geparkt hatte, und versuchte, auf die andere Seite des Wagens zu gelangen, um sich vor der Hitze der gewaltigen Explosion zu schützen, die gerade erfolgt war. „Ich begann, zentimeterweise auf den Ellenbogen zu robben. Ich versuchte, vorwärts zu rollen, weil ich keine Kraft mehr in den Ellenbogen hatte, aber meine Beine verhedderten sich andauernd."

Zum Glück hatte ein Kollege die Explosion gehört und die mehr als zehn Meter hohen Stichflammen aus der Ferne gesehen. Er eilte herbei und holte Hilfe. „Ich merkte nicht einmal, daß ich verletzt war", sagte Shugak. „Ich spürte überhaupt nichts. Ich wußte nur, daß etwas nicht stimmte. Alle flüsterten."

Shugak wachte zwei Wochen später auf der Intensivstation eines Krankenhauses in Seattle auf; 15 Prozent der Hautoberfläche waren verbrannt, Knie und Wirbelsäule schwer verletzt und ein Bein war gebrochen. Er konnte von Glück sagen, daß er die Explosion überlebt hatte.

Viele seiner Kollegen bei BP machten den laxen Umgang mit den Wartungs- und Sicherheitsbestimmungen, über den sie sich schon lange vorher beschwert hatten, für den Unfall verantwortlich. In einem Brief an CEO John Browne aus dem Jahre 1999 hatten die Techniker erklärt, das Unternehmen entspreche „nicht den gesetzlichen Verordnungen und Richtlinien".[19] Als Beweis führten sie einen Zwischenfall aus dem Jahr 1998 an: Infolge eines undichten Ventils waren 1200 Gallonen Öl ausgelaufen und mehrere Tausend Kubikmeter Gas ausgeströmt. Die Panne wurde vom Konzern sehr ernstgenommen – was potentielle Todesfälle und Umweltschäden betraf: „Ein einziger Funke, und schon wäre die ganze Anlage bis auf die Grundmauern niedergebrannt", lautete damals der Kommentar eines Technikers.[20] Ein Bericht, der kurz nach dem Vorfall verfaßt wurde, forderte daraufhin die Entwicklung eines Wartungsprogramms, um alle Ventile dieser Art zu überprüfen und notfalls auszutauschen; diese Empfehlung hatte fünf Jahre vorher bereits die staatliche Regulierungsbehörde gegeben, die für die Kontrolle der Ventile verantwortlich war. Keiner der beiden Vorschläge wurde laut Angaben der BP-Techniker umgesetzt, und die schadhaften Ventile blieben an Ort und Stelle. Im Frühjahr 2001, drei Jahre später, stellten die Inspektoren fest, daß rund ein Drittel (neun von dreißig) der Puffer auf einer der Bohrplattformen defekt waren und nicht den Normen entsprachen.

Am 16. Juli 2001, einen Monat vor Shugaks Unfall, hatte sich eine Gruppe von Technikern mit Mary Barnes, der Bewährungshelferin von BP in Verbindung gesetzt und erklärt, das Unternehmen verstoße gegen eine 1999 verhängte Bewährungsauflage. Diese Auflage war von einem Gericht in Alaska verhängt worden, das BP einer „schwerwiegenden Unterlassung" für schuldig befunden hatte, weil „die Emission einer gefährlichen Substanz in die Umwelt vorsätzlich nicht gemeldet wurde". Der Konzern hatte zwei Jahre lang stillschweigend die Umweltverschmutzung eines Zulieferers hingenommen und sich somit strafbar gemacht. Er mußte eine Geldbuße von 500 000 Dollar zahlen, den Höchstbetrag, und erhielt Bewährung. Die Bewährungsauflagen schlossen Maßnahmen des Unternehmens ein, „um Mitarbeiter, Öffentlichkeit und Umwelt nach bestem Wissen zu schützen und sämtlichen gesetzlichen Bestimmungen und Richtlinien zu entsprechen".[21] In ihrem Schreiben an die Bewährungshelferin erklärten die BP-Techniker, die „BP-Aktivitäten ... stimmen nicht mit den Regierungsverordnungen überein" und führten zahlreiche Beispiele für Verstöße an, von denen einige die Sicherheitsventile betrafen.

Für BP sind solche Verordnungen allem Anschein nach nur ein Faktor von vielen, die es in der Kosten-Nutzen-Analyse zu berücksichtigen gilt. Wie andere große Ölgesellschaften kalkuliert BP die laufenden Budgets für die einzelnen Förderstätten auf einer „Kosten pro Barrel"-Basis. Ist die Produktion rückläufig, sinkt das Budget gleichermaßen. Aus der Sicht der Rentabilität macht das durchaus Sinn, da Unternehmen bestrebt sind, das Niveau ihrer Gewinne auch dann konstant zu halten, wenn die Produktivität der Ölfelder nachläßt. Aus der Wartungs- und Sicherheitsperspektive stellt sich die Situation jedoch anders dar, wie BP-Techniker William Burkett in seiner eidlichen Aussage vor einem Senatsausschuß schilderte, der mit Erdölvorkommen in Alaska befaßt ist:

> „Dadurch entsteht eine Situation, die binnen kurzer Zeit die Fähigkeit des Technikers beeinträchtigt, die Bohranlage ordnungsgemäß zu warten. Der Hauptgrund ist, daß die Ausrüstung, mit der das Öl vor dem Produktionsrückgang gefördert wurde, noch weiter benutzt wird. Tatsächlich werden dann oft noch zusätzliche Materialen eingesetzt und weitere Bohrungen gemacht, um den Rückgang der Förderung zu verlangsamen. In diesem Fall sind also genauso viele oder noch mehr Anlagen in Betrieb, die mit zunehmendem Alter mehr Wartung erfordern, während das Budget für Betrieb und Wartung mit dem Produktionsrückgang gekürzt wird."

Im Jahr 1988 begann die Produktion in Prudhoe zu sinken, und die gefährliche Logik der „Kosten pro Barrel"-Analyse kam ins Spiel. „London wußte, was zu tun war, damit die Dollars auch weiterhin hereinkamen", sagte Burkett. „Einschnitte. Beim Budget, bei der Anzahl der Mitarbeiter, bei den Löhnen, bei den Ersatzteilen, bei der Wartung, bei der Überwachung der Anlagen – nichts als Einschnitte!" 1992 startete BP ein Programm, das die Belegschaft in Prudhoe schließlich um ein Drittel ausdünnte; das war laut Burkett der Grund, daß es nun zuwenig Techniker zur Überwachung und Wartung der alternden Infrastruktur gab, die gewährleisteten, daß die Richtlinien eingehalten wurden.[22]

Unmittelbar nach Don Shugaks Unfall führte die Alaska Oil and Gas Conservation Commission, der für die Beaufsichtigung der BP-Arbeiten zuständige Regulierungsausschuß, eine Zeugenanhörung durch; man wollte feststellen, ob neue Bestimmungen zum Schutz der Mitarbeiter und Umwelt vor den mangelhaft gewarteten Bohranlagen erforderlich waren. Es überrascht wohl nicht, daß sich BP gegen neue Auflagen sträubte. Doch selbst wenn sie erlassen würden, stellt sich die Frage, ob sich dadurch etwas ändern würde. Burkett glaubt nicht daran. „Alle Verordnungen der Welt verlaufen im Sande, wenn sie nicht durchgesetzt werden", sagt er. Die Durchsetzung bleibt ein ernsthaftes Problem auf den Ölfeldern Alaskas, wie ein jüngst im *Wall Street Journal* veröffentlichter Artikel beschreibt:

> „Alaskas Legislative ... bestrebt, die Industrie zufriedenzustellen, hat den Behörden, die für die Sicherheitsbestimmungen auf den Ölfeldern verantwortlich sind, die Hände gebunden ... Die knappen Ressourcen erschweren den Sicherheitsinspektoren die Arbeit. Wegen des weitläufigen Gebietes und der 3500 Bohrstätten stimmen die fünf Inspektoren die Termine für ihre Überprüfungen mit den Ölgesellschaften ab, um sicherzugehen, daß sie nicht Hunderte von Meilen fahren, nur um zu entdecken, daß weder das notwendige Personal noch die Ausrüstung vorhanden ist. Das Überraschungselement geht verloren, auf das die Kontrolleure in anderen ölproduzierenden Staaten schwören, weil es entscheidend dazu beiträgt, die Ehrlichkeit der Ölfirmen zu gewährleisten ... Die Aufsichtsbehörden Alaskas handeln dagegen auf Vertrauensbasis."[23]

Heute scheitert das Kontrollsystem in der gesamten Wirtschaft häufig an den laxen Bestimmungen und der unwirksamen Durchsetzung. Bis sich auf diesem Gebiet etwas ändert, werden wir weitere unnötige Katastrophen und Schäden für Menschen und Umwelt hinnehmen müssen. Das ist der Preis, den wir alle für das Ego der Konzerne und ihren Hang zahlen, sich auf Kosten anderer zu bereichern.

4. DIE GRENZEN DER DEMOKRATIE

Als institutionelle Psychopathen sind die Konzerne daran gewöhnt, Hindernisse aus dem Weg zu räumen. Verordnungen und Verhaltensnormen, die ihre Freiheit beschneiden, Menschen und Natur auszubeuten, sind Barrieren, mit deren Beseitigung sie in den letzten zwanzig Jahren bemerkenswerte Erfolge erzielt haben. Durch Lobbyismus, politische Beiträge, auch finanzielle, und ausgeklügelte Public-Relations-Kampagnen haben sie und ihre Führungsriegen im politischen System und in der breiten Öffentlichkeit Stimmung gegen jede staatliche Regulierung gemacht. Dadurch wurde die Fähigkeit der Legislative, Menschen und Umwelt vor Schäden durch die Großunternehmen zu schützen, beeinträchtigt. Der Widerstand gegen die Regulierung durch den Gesetzgeber hat nicht erst in der heutigen Epoche begonnen, sondern läßt sich auf die Ursprünge staatlicher Interventionspolitik zurückdatieren.

Eines der bizarrsten Beispiele war der konspirative Versuch einer Gruppe führender Bankiers und Unternehmenslenker, Präsident Franklin D. Roosevelt zu entmachten, der nach ihrer Ansicht mit seinen regulatorischen Bestrebungen zu weit gegangen war, und ihn durch einen faschistischen Diktator zu ersetzen. Die Geschichte liest sich wie ein Kriminalroman, hat sich aber wirklich so zugetragen.

Kurz nach seiner Wahl zum Präsidenten der Vereinigten Staaten im Frühjahr 1933 schnürte Franklin D. Roosevelt mit dem *New Deal* ein beispielloses Paket von Reformen, das darauf abzielte, die Kontrolle über die großen Konzerne und Banken durch neue Gesetze und Behörden zu verstärken. Der New

Deal spiegelte Roosevelts Überzeugung wider, die Weltwirtschaftskrise ließe sich nur überwinden, wenn die unsichtbare Hand des Marktes durch die deutlich sichtbare, wohlwollende Hand des Staates ersetzt würde. In diesem Sinne ließ er unter anderem neue Rechte und Schutzmaßnahmen für Arbeitnehmer, einen Schuldenerlaß für Landwirte sowie Garantien, die Investoren Fairneß und Transparenz zusicherten, gesetzlich verankern. Er schrieb später:

> „Das Wort „Deal“ deutete darauf hin, daß die Regierung die Initiative ergreifen würde, um die ausgewiesenen Ziele zu verwirklichen, statt die Hände in den Schoß zu legen und sich auf das freie Spiel der wirtschaftlichen Kräfte zu verlassen. Das Wort „New“ ließ erkennen, daß eine neue Ordnung, die der großen Mehrheit unserer Farmer, Arbeitnehmer und Arbeitgeber zugute kommen sollte, die alte Ordnung der Sonderrechte in einer Nation ersetzen würde, welche das bestehende Verteilungssystem zutiefst verabscheut ... Wir wollten uns nicht mit der Hoffnung ... auf [die verfassungsmäßig verbrieften] Ideale zufriedengeben. Wir wollten das Instrumentarium und die Macht der Regierung einsetzen, um für sie zu kämpfen ... Weil das amerikanische System den Schutz des Individuums vor dem Mißbrauch privater ökonomischer Macht vorsah, setzte sich der New Deal mit Nachdruck dafür ein, solche Macht zu beschneiden.“[1]

Genau das bewirkte der New Deal – er beschnitt die Freiheiten und Macht der Konzerne. Obwohl viele Unternehmenslenker Roosevelt beipflichteten, der neue politische Kurs sei unerläßlich, um den Kapitalismus vor sich selbst zu retten, vor allem in einer Zeit, die durch zunehmende Militanz der Gewerkschaften und eine kollabierende Wirtschaft gekennzeichnet war, gab es eine Gegenströmung, die glaubte, Roosevelts Programm sei der Nagel zum Sarg des amerikanischen Kapitalismus. Deshalb plante eine Gruppe seinen Sturz.

Am 22. August 1934, kaum mehr als ein Jahr nach Roosevelts Amtsantritt und drei Tage, nachdem sich Adolf Hitler offiziell zum Führer Deutschlands hatte ausrufen lassen, betrat Smedley Darlington Butler, ehemals General der US-Marines und einer der renommiertesten und höchstdekorierten Militärs des Landes, die Eingangshalle des Bellevue Hotels in Philadelphia. Dort war er mit einem Mann namens Gerald MacGuire verabredet, einem Veteran des Ersten Weltkriegs, der seinen Lebensunterhalt mit dem Verkauf von Anleihen verdiente. Nach einem kurzen Austausch von Höflichkeiten erklärte MacGuire, er trete im Auftrag einer Gruppe von Unternehmensführern an den General heran, mit der Bitte, eine Truppe zusammenzustellen, das Weiße Haus zu stürmen und sich selbst als faschistischen Diktator zu installieren.[2]

Viele führende Köpfe der Wirtschaft fanden den Faschismus damals reizvoll, vor allem im Vergleich zum „Klassenhaß ... der vom Weißen Haus gepredigt wird", wie Herbert Hoover, 31. Präsident der USA, Roosevelts *New Deal* beschrieb. Benito Mussolini und Hitler war es gelungen, die Staatsverschuldung drastisch zu reduzieren, die Inflation einzudämmen, die Löhne zu senken und die Kontrolle über die Gewerkschaften in Italien und Deutschland zu gewinnen. Roosevelt andererseits hatte, so sahen sie es, Verrat an seiner eigenen Klasse geübt und schickte sich nun an, den amerikanischen Kapitalismus zu zerstören. In einer Ausgabe, die im Juli 1934 erschien, ließ sich das Magazin *Fortune* über die Tugenden des Faschismus und die Wirtschaftswunder aus, die Mussolini vollbracht hatte. Der Verfasser der Lobeshymne, Laird Goldsborough, schrieb: „Ein guter Journalist kann nicht umhin, im Faschismus bestimmte althergebrachte rassisch bedingte Tugenden wiederzuerkennen, ungeachtet dessen, ob sie in seinem eigenen Land derzeit in Mode sind oder nicht."

Damals fuhren einige große amerikanische Konzerne durch ihre Arbeit für das Hitler-Regime satte Gewinne ein. Die Adam Opel AG, ein deutscher Automobilhersteller, im Besitz und unter Kontrolle von General Motors (wo damals die Familie Du Pont das Sagen hatte), wurde mit Hilfe der GM-Führung 1937 in einen Rüstungsbetrieb umgewandelt. Dort rollten Lkws für die deutsche Wehrmacht vom Band, einschließlich des Dreitonners „Opel Blitz", der zur wichtigen strategischen Waffe bei den Überfällen auf Polen, Frankreich und die Sowjetunion wurde. Das Unternehmen produzierte außerdem Flugzeugteile, darunter Motoren für die „Wunderbomber" der deutschen Luftwaffe, die Junker-Maschinen.[3] Ein GM-Werbespot rühmte sich unlängst der Rolle, die GM-Laster beim Bau von Straßen und Brücken für den Vormarsch der Alliierten während des Zweiten Weltkriegs spielten – „Einige Leute sagen, wir hätten den Weg zum Sieg geebnet" –, vergaß jedoch tunlichst zu erwähnen, daß der Konzern beim Bau von Lkws für die Armeen des Feindes ebenfalls mitgemacht hatte.

IBM – ein Konzern, der „springt, wenn ein Kunde Hilfe braucht", wie Irving Wladawsky-Berger, als Vizepräsident für den Bereich Technologie und Strategie zuständig, betonte – war umgehend zur Stelle, als Hitler um technische Unterstützung bei der Umsetzung seiner Vernichtungs- und Zwangsarbeiterprogramme bat. IBM versorgte das Nazi-Regime mit Hollerith-Rechenmaschinen, Vorgängern der Computer, die mit gelochten Karten rechneten. Edwin Black, Autor von *IBM and the Holocaust*, behauptet: „Die Hauptverwaltung in New York wußte genau, was im Dritten Reich vor sich ging und welchem Zweck ihre Maschinen dienten ... daß ihre Maschinen in Konzentrationslagern eingesetzt wurden und daß Juden vernichtet wurden." IBM-Techniker warteten die Geräte, IBM-Ingenieure schulten die Benutzer, und IBM lieferte die Lochkarten, laut Black zumindest bis 1941, als die USA Deutschland den Krieg erklärten.[4]

Die Beweggründe von IBM für die Zusammenarbeit mit den Nazis, so Black, „hatten nichts mit dem Nationalsozialismus zu tun ... es ging immer nur um den Profit", was der amoralischen Natur der Konzerne entspricht. Sie sind nicht in der Lage, Werturteile über politische Systeme, egal ob faschistisch oder demokratisch, aus Prinzip oder aus ideologischen Gründen zu fällen. Die einzige legitime Frage lautet für sie, ob ein politisches System ihre eigennützigen Ziele fördert oder hemmt.

Laut Peter Drucker, der betont, er habe mehr als einmal mit dem damaligen IBM-Chef Thomas Watson über das Thema diskutiert, hatte dieser Vorbehalte gegen die Zusammenarbeit mit den Nazis. „Nicht, weil er das für unmoralisch hielt", sagt Drucker, sondern weil er ein gutes Gespür für Public Relations besaß und ein solches Verhalten aus unternehmerischer Sicht riskant fand.

Ähnlich dachte Alfred Sloan Jr., 1939 Vorsitzender von General Motors, der keinerlei moralische Bedenken hinsichtlich der Tätigkeit seines Unternehmens für die Nazis zu haben schien. Die deutschen Tochtergesellschaften seien „ungemein gewinnträchtig", merkte er als Rechtfertigung für die GM-Investitionen in Deutschland an, und Deutschlands innenpolitische Angelegenheiten „sollten das Management von General Motors nichts angehen".[5]

Wenn auch die tatkräftige Unterstützung der US-Unternehmen im Rückblick schockierend sein mag, sollte man nicht vergessen, daß heute viele US-Firmen reguläre Geschäftsbeziehungen zu totalitären und autoritären Regimes unterhalten – auch hier wieder, weil es sich rechnet.[6]

Wenn man auf die 1930er Jahre zurückblickt, eine Epoche, in der US-Konzerne nicht davor zurückschreckten, mit faschistischen Diktatoren zusammenzuarbeiten, und viele Unternehmensführer glaubten, die Regierung in Washington sei eine Bedrohung für das kapitalistische System, kann man zumindest ansatzweise verstehen, warum eine Gruppe einflußreicher Männer die Abschaffung der Demokratie zugunsten eines totalitären Regimes ins Auge faßte. Der Staatsstreich war für sie vermutlich eine Art Businessplan, der sich rechtfertigen ließ, weil die Demokratie die Zielsetzungen der Unternehmen zu untergraben drohte. Und Smedley Butler schien der richtige

Mann für diese Aufgabe zu sein – glaubten MacGuire und seine Hintermänner.

Butler war sein Leben lang Republikaner gewesen und ein charismatischer Redner. Der als Held gefeierte, hochdekorierte General – einer von den vier Männern, die zweimal mit der begehrten Medal of Honor ausgezeichnet wurden – hatte während seiner militärischen Laufbahn überwiegend amerikanische Geschäftsinteressen in Asien und Mittelamerika geschützt. Er wurde auch von den Soldaten verehrt, für die er eine bessere Behandlung und großzügige staatliche Leistungen erkämpft hatte. Butler brachte offensichtlich die besten Voraussetzungen mit, eine Veteranentruppe auf die Beine zu stellen, die unter seinem Kommando das Weiße Haus einnehmen sollte.

MacGuire und Butler waren sich vor der Zusammenkunft im Bellevue Hotel schon mehrmals begegnet. Ein Jahr zuvor hatte sich MacGuire Zutritt zu Butlers Haus in Philadelphia verschafft, sich als Vertreter einer Gruppe von Veteranen ausgegeben, die über die politische Entwicklung besorgt war, und den General gebeten, beim nächsten Treffen der American Legion einen Vortrag zu halten. Diese Rede, deren Entwurf MacGuire bei sich trug, sollte die Mitglieder der Organisation aufrütteln, gegen die von Roosevelt geplante Abschaffung des Goldstandards Front zu machen, die mit erheblichen Kosten für die Banken verbunden sein würde. Butler, verblüfft, warum sich Veteranen den Kopf über den Goldstandard zerbrechen sollten, lehnte MacGuires Ansinnen ab.

Wenige Monate später, im September 1933, wurde er erneut von MacGuire kontaktiert, dieses Mal in New Jersey, wo der General eine Rede vor einer Unterabteilung der Legion hielt. Die beiden Männer hatten sich in Butlers Hotelzimmer getroffen, wo MacGuire den General abermals bedrängte, die Goldstandard-Rede bei einem Veteranentreffen in Chicago zu halten. Nach Aussage von Butler verstreute MacGuire etliche Tausenddollarscheine auf dem Bett und bat ihn, das Geld zur Finanzierung seiner Chicagoreise zu verwenden. „Packen Sie das Geld weg, bevor jemand hereinkommt und es sieht; ich will nichts mit der ganzen Sache zu tun haben", sagte Butler.

Als sich die beiden einige Wochen später im Bellevue Hotel wiedersahen, hatte Butler bereits die Namen und einiges über das Netzwerk der Männer in Erfahrung gebracht, die MacGuire repräsentierte; die Informationen stammten in erster Linie von MacGuire selbst. Zu ihnen gehörten Grayson Murphy, Leiter einer führenden Wall-Street-Maklerfirma und Mitglied des *Board* von Morgan Guaranty Trust, Anaconda Copper, Goodyear Tire und Bethlehem Steel, und Robert Clark, ein wohlhabender Bankier. Bei einem persönlichen Treffen, das MacGuire auf Verlangen von Butler arrangiert hatte, der darauf bestand, einige der Hintermänner kennenzulernen, erzählte ihm dieser, er sei bereit, die Hälfte seines 30-Millionen-Dollar-Vermögens zu investieren, um die andere Hälfte vor Roosevelt zu schützen. An dem Komplott beteiligt war auch John Davis, der erfolglose Kandidat der Demokraten bei der Präsidentschaftswahl von 1924 und später einer der Anwälte von J.P. Morgan & Co, einem der größten Bankhäuser der Welt.

Das Treffen im Bellevue Hotel fand im geschlossenen Hotelcafé an einem Tisch in einer entlegenen Ecke statt. MacGuire erzählte Butler, er habe die letzten sechs Monate in Europa verbracht. Butler erinnerte sich den Rest der Unterhaltung wie folgt:

„Er sagte: „Ich habe mich im Ausland aufgehalten, um mich dort über die Rolle der Veteranen bei der Einsetzung verschiedener Regierungen zu informieren. Ich war für zwei oder drei Monate in Italien, wo ich mir aus erster Hand ein Bild von der Position der italienischen Veteranen und der faschistischen Machtübernahme machen konnte ... Ich fand heraus, daß sie Mussolinis Machtbasis darstellen ... Danach fuhr ich nach Deutschland, um zu sehen, wie Hitler es geschafft hat, und auch seine Stärke läßt sich ausschließlich auf militärische Verbände zurückführen ... Dann reiste ich nach Frankreich und entdeckte dort genau die Organisation, die uns vorschwebt. Eine Organisation, der nur Elitesoldaten angehören." Er nannte mir den französischen Namen, aber ich erinnere mich nicht mehr daran. Ich hätte ihn ohnehin nicht aussprechen können. Aber ich weiß, daß es sich um einen Eliteverband handelt, der seine Mitglieder aus sämtlichen französischen Veteranenorganisationen rekrutiert, Unteroffiziere und Offiziere. Er sagte, die Anzahl belaufe sich auf 500 000 und jeder führe eine Gruppe mit zehn weiteren Mitgliedern, also insgesamt fünf Millionen Wählerstimmen. Und er meinte: „Das gleiche stellen wir uns für Amerika vor – eine Organisation dieser Art auf die Beine zu stellen."[7]

MacGuires Hintermänner hatten vor, eine amerikanische Version des *Croix de Feu* ins Leben zu rufen – die französische Veteranenorganisation, an deren Namen sich Butler nicht mehr erinnern konnte – und den General mit der Führung zu betrauen. Mit einer mächtigen Streitmacht im Rücken, meinten die Verschwörer, könne Butler von Roosevelt verlangen, zum *Secretary of General Affairs* ernannt zu werden, eine neue Position, in der er als eine Art Vizepräsident fungieren würde. Butler könne sie als Sprungbrett benutzen, um Macht über das Land zu gewinnen und den Präsidenten zur Marionette machen, unter dem Vorwand, Roosevelts Gesundheit sei zu schlecht. Sollte sich Roosevelt weigern zu kooperieren, würde Butlers Truppe putschen.

Der Journalist Paul Comly French, der ebenfalls mit MacGuire sprach, bestätigte Butlers Bericht:

„Während der Unterhaltung erwähnte er immer wieder die Notwendigkeit, einen edlen Ritter ins Spiel zu bringen, einen Diktator, als Retter in der Not. Er meinte, es gäbe keinen anderen Weg; das kapitalistische System sei nur durch Androhung von Waffengewalt oder Machtübernahme und den Einsatz einer Truppe organisierter Veteranen zu retten.

Er geriet in Fahrt, und nachdem wir zur Sache gekommen waren,

> meinte er: „Wir werden vielleicht eine Weile mit Roosevelt an einem Strang ziehen und dann genau das tun, was Mussolini mit dem König von Italien gemacht hat."
> Das paßt zu dem, was er dem General erzählt hat, daß wir einen Secretary of General Affairs bekommen sollten, und wenn Roosevelt mitspielen würde, prima; wenn nicht, würden sie ihn seines Amtes entheben."

Geld für die Aufstellung und Ausrüstung einer Veteranentruppe war offenbar vorhanden: Drei Millionen seien bereits verfügbar, und dreihundert Millionen stünden auf Abruf bereit, wie sich MacGuire während des Gesprächs mit Butler brüstete. Seine Hintermänner hätten bereits die Initiative ergriffen und eine Organisation als „Aushängeschild" aus der Taufe gehoben, die das Komplott insgeheim mit Rat, Tat und Geld unterstützen wolle.

Drei Wochen später wurde die Gründung der American Liberty League bekanntgegeben, die „Bekämpfung des Radikalismus, Achtung vor Mensch und Eigentum und die Förderung des freien privaten Unternehmertums" auf ihre Fahnen geschrieben hatte. Der Schatzmeister der Liga, Grayson Murphy, war MacGuires Vorgesetzter. Robert Clark leistete einen bedeutenden finanziellen Beitrag, und Männer von J.P. Morgan und DuPont bildeten die Führungsriege. John Davis war Mitglied des Nationalen Exekutivausschusses. Zu den gutbetuchten Förderern der Liga zählten einige der größten US-Konzerne: die Familie Pitcairn, Andrew Mellon Associates, Rockefeller Associates, E. F. Hutton Associates, William Knudsen von General Motors und die Familie V. Pew.

MacGuire und seinen Mitverschwörern war bei der Wahl ihres Führers jedoch ein verhängnisvoller Fehler unterlaufen. „Mit unglaublicher Unbedarftheit hatten sie sich für den falschen Mann entschieden", schreibt Jules Archer in *The Plot to Seize the White House.* Das Komplott und die Drahtzieher repräsentierten alles, was Smedley Butler verachtete. Im Lauf der Jahre war seine jugendliche Begeisterung für Schlachten im Ausland dem ebenso leidenschaftlichen Bedürfnis gewichen, die Heuchelei an der Heimatfront zu bekämpfen. Er war zu der Überzeugung gelangt, der Krieg sei ein Produkt unternehmerischer Habgier und seine Männer hätten ihr Leben für etwas so Banales wie den Profit aufs Spiel gesetzt. Am 21. August 1931 – zwei Jahre, bevor MacGuire erstmals Verbindung zu ihm aufnahm – hatte Butler seine Zuhörer während eines Treffens der American League in Connecticut verblüfft, als er sagte:

> „Ich war 33 Jahre lang ... ein hochkarätiger Muskelprotz für die großen Konzerne, für Wall Street und die Bankiers. Mit anderen Worten, ein Gangster im Dienst des Kapitalismus ...
> Von 1909 bis 1912 trug ich dazu bei, Nikaragua für das internationale Bankhaus Brown Brothers zu säubern. 1916 half ich, Mexiko und vor allem Tampico für die amerikanischen Ölfirmen sicher zu machen. 1916 ebnete ich den Weg für die amerikanischen Zuckerfirmen in der Dominikanischen Republik. Dank meiner Mitwirkung verwandelten sich Haiti und Kuba in ein Eldorado für die Herren von der National City [Bank]. Ich half, ein halbes Dutzend mittelamerikanische Republiken auszurauben, zum Nutzen von Wall Street ...
> 1927 trug ich in China dazu bei, daß Standard Oil freie Bahn hatte ... kriminelle Machenschaften, die sich auszahlten. Ich wurde mit Ehrungen, Medaillen, Beförderungen überhäuft ... ich hätte Al Capone ein paar Tips geben können. Seine Glanzleistung bestand darin, sein Territorium auf drei Großstädte auszudehnen. Die Marines waren auf drei Kontinenten aktiv.“

Butler hatte nicht vor, die USA zur Liste der Länder hinzuzufügen, in denen er amerikanische Unternehmensinteressen mit militärischer Gewalt vor Bedrohungen durch die Bevölkerung verteidigt hatte. Am 20. November 1934 klärte er das UN-American Activities Committee während einer geheimen Sitzung in New York City über die Umsturzpläne auf. Zu diesem Zeitpunkt hatte der General bereits so viele Informationen wie möglich über das Komplott gesammelt und sich vergewissert, daß sein Bericht durch die Recherche des Journalisten Paul French untermauert wurde, der ebenfalls vor dem Ausschuß aussagte. Der Ausschuß bestätigte Butlers Geschichte in allen wesentlichen Punkten und legte seine Erkenntnisse am 13. Februar 1935 dem Repräsentantenhaus vor:

> „In den letzten Wochen seines offiziellen Bestehens erhielt der Ausschuß Anhaltspunkte für den Verdacht, daß bestimmte Personen versucht hatten, eine faschistische Organisation in diesem Land zu gründen ...
> Es steht außer Frage, daß diese Versuche erörtert und geplant wurden und in die Tat umgesetzt worden wären, wenn die Geldgeber es für geboten erachtet hätten.
> Der Ausschuß erhielt die entsprechenden Hinweise von Maj. Gen. Smedley D. Butler (im Ruhestand), der zweimal vom Kongreß der Vereinigten Staaten für seine Verdienste ausgezeichnet wurde. Er schilderte dem Ausschuß ein Gespräch mit einem Gerald C. MacGuire, der den Aufbau einer faschistischen Truppe unter der Führung General Butlers vorgeschlagen haben soll ..."

MacGuire bestritt diese Anschuldigungen unter Eid, doch der Ausschuß war in der Lage, alle einschlägigen Angaben General Butlers als richtig zu bestätigen, mit Ausnahme der Aussage hinsichtlich der tatsächlichen Gründung einer solchen Organisation. Diese wurde jedoch in der Korrespondenz belegt, die MacGuire mit seinem Vorgesetzten, Robert Sterling Clark aus New York City, unterhielt, während sich MacGuire im Ausland aufhielt, wo er verschiedene Veteranenorganisationen mit faschistischem Charakter studierte.

Durch Butlers Weigerung, mit MacGuire und seinen Hintermännern gemeinsame Sache zu machen, und angesichts der hieb- und stichfesten Beweise, die seine Geschichte belegten, war der geplante Regimewechsel im Weißen Haus bald Makulatur.

„Es gab keinen Zweifel, daß General Butler die Wahrheit sagte", erinnerte sich später John McCormack, einer der Vorsitzenden des Ausschusses in einem 1971 mit Archer geführten Interview. „Die Verschwörer haßten den New Deal, weil er sich für die Menschen und nicht für die Finanzinteressen einsetzte, und sie waren gewillt, viel Geld springen zu lassen, um Mr. Roosevelt aus dem Weißen Haus zu entfernen." McCormack fuhr fort: „Diese Männer suchten verzweifelt nach einer Lösung und beschlossen, einen Blick auf die europäischen Methoden zu werfen, mit dem Hintergedanken, sie in Amerika einzuführen. Sie schickten MacGuire nach Europa, um die faschistischen Organisationen zu studieren." Auf Archers Frage, wie knapp Amerika dem Faschismus entgangen sei, antwortete McCormack:

> „Wenn General Butler nicht der Patriot gewesen wäre, der er war, und wenn es ihnen gelungen wäre, die Umsturzpläne geheimzuhalten, hätten sie angesichts der damaligen Situation durchaus Erfolg haben können ... Keine Ahnung, was passiert wäre, wenn die Verschwörer Roosevelt entmachtet hätten. Natürlich hätten sie den Leuten nichts von ihren Umtrieben erzählt. Alles wäre ganz legal über die Bühne gegangen, mit einem klingenden Namen für den Diktator und einem achtbaren amerikanischen Programm als Tarnung für den Staatsstreich. Eine gutorganisierte Minderheit kann eine unorganisierte Mehrheit immer ausmanövrieren, wie Adolf Hitler bewiesen hat."

Heute, siebzig Jahre nach dem gescheiterten Putschversuch, wird die Demokratie erneut von einer gutorganisierten Minderheit bedroht. Der lange, geduldige Feldzug der Konzerne, darauf angelegt, Kontrolle über die Regierung zu gewinnen, erheblich leiser und wirkungsvoller als die ungeschickten Umsturzpläne der Verschwörer, zeitigt inzwischen erste Erfolge. Ohne Blutvergießen, Soldaten oder faschistische Schlägertrupps, bewaffnet mit Dollars statt Kugeln, sind sie nun auf dem besten Weg, genau das zu erreichen, was sich die Verschwörer verzweifelt wünschten: Freiheit von demokratischer Bevormundung.

Am 24. Juli 2002 warteten neun verschüttete Bergleute verzweifelt auf Rettung aus der Hölle, die sich achtzig Meter unter einer Viehweide in Pennsylvania befand. Wie durch ein Wunder hatten sie sich in Sicherheit bringen können, als Wasser von einem angrenzenden, versehentlich angebohrten Schacht die Mine überflutete. Die Männer wurden nach 78 Stunden, die sie dichtgedrängt in einer Luftblase verbracht hatten, geborgen. Präsident Bush erklärte bei einem Besuch eine Woche später, der Mut und das Durchhaltevermögen der Bergleute spiegele die Befindlichkeit aller Amerikaner nach dem 11. September 2001 wider. Er sagte: „Ihre Entschlossenheit, zusammenzuhalten und einander beizustehen, prägt den neuen Geist, der in unserem Land herrscht – daß wir alle leiden, wenn einer leidet; daß wir Solidarität üben müssen, um zu gewinnen; daß wir große Ziele, kurz- und langfristige, nur dann erreichen können, wenn wir Hand in Hand arbeiten."

Ironischerweise waren es ähnliche Empfindungen, die Roosevelts Glauben an die Vorzüge einer staatlichen Regulierung beflügelt hatten, Sicherheitsvorschriften für Kohlebergwerke eingeschlossen.

Im Jahr 1941, mit Roosevelt im Weißen Haus, stärkte der Kongreß die Schutzmaßnahmen für die Kumpel beträchtlich, indem er dem Bureau of Mines die Befugnis erteilte, die Gruben unangemeldet zu betreten und zu inspizieren. Dreißig Jahre lang war das Amt auf die Beschaffung von Informationen und auf Forschungsarbeit beschränkt gewesen. Nun war es zum ersten Mal ermächtigt, gesetzlich verankerte Sicherheitsstandards durchzusetzen. Weitere Verbesserungen sollten bald folgen. 1952 verabschiedete der Kongreß den Federal Coal Mine Safety Act, der dem Amt für Bergbau die Vollmacht erteilte, Gesetzesverstöße aktenkundig zu machen und zu ahnden, Gruben zu schließen, wenn Gefahr im Verzug war, und einmal im Jahr Inspektionen durchzuführen.

Das Gesetz wurde Ende der 1960er Jahre noch unterfüttert und 1977 durch ein neues ersetzt, den Federal Mine Safety and Health Act, der den Schutz für alle Sparten des Bergbaus verstärkte und eine neue Aufsichtsbehörde schuf, die Mine Safety and Health Administration (MSHA), die das Bureau of Mines ablöste. Die Todesfälle bei Grubenunfällen gingen in den ersten zehn Jahren ihres Bestehens von 272 auf 86 jährlich zurück.[8]

In jüngerer Zeit griff die Bush-Administration zu Maßnahmen, die vermutlich eine Aufweichung der Sicherheitsauflagen im Kohlebergbau bewirkt hätten. In seinem ersten Haushaltsplan strebte George W. Bush eine Personalreduzierung bei der MSHA an, aber die Vorschläge wurden von der demokratischen Mehrheit im Kongreß abgeschmettert. In seinem Haushaltsplan für 2003 liebäugelte er damit, beim Kohle-Kontrollprogramm der MSHA 4,7 Millionen Dollar einzusparen: Er wollte 65 Vollzeit-Arbeitsplätze abbauen, ein Staublunge-Röntgenprogramm für Bergleute streichen und Inspektionen, bestimmte Recherchen und Kontrollen, die eine Befolgung der Auflagen gewährleisten sollten, herunterfahren.

Dank des neuen Kongresses und seiner republikanischen Mehrheit hatten diese Vorschläge gute Aussichten, umgesetzt zu werden, doch nach massivem Lobbying seitens der Gewerkschaft United Mine Workers of America (UMWA) entschied der zuständige Senatsausschuß, der MSHA die 4,7 Millionen-Dollar im Budget zu belassen. Bushs Haushaltsplan für 2004 sah dann Einschnitte in Höhe von 6,3 Millionen Dollar bei der Durchsetzung der Sicherheitsstandards im Kohlebergbau vor.[9]

Selbst wenn keine weiteren Abstriche folgen sollten, sieht sich die MSHA in Folge früherer Kürzungen außerstande, die vom Gesetzgeber vorgeschriebenen Inspektionen ordnungsgemäß durchzuführen, erklärte der Generalinspekteur im Januar 2002. Wie Joseph Main von der Gewerkschaft United Mine

Workers erklärte, nimmt man es mit der Bestimmung, daß ein Bergwerk viermal im Jahr in Augenschein genommen werden muß, nicht allzu genau, und der Kontrollgang der Inspektoren findet, falls überhaupt, in aller Eile und ohne spürbare Auswirkung statt.[10]

Das Grubenunglück von Quecreek könnte durch veraltetes, ungenaues Kartenmaterial verursacht worden sein. Die stillgelegte überflutete Mine, die angebohrt wurde und auch den Schacht der geretteten Bergleute unter Wasser setzte, war auf der Karte hundert Meter von ihrer tatsächlichen Position entfernt eingezeichnet. Ähnliche Wassereinbrüche hatte es in den beiden Jahren vor dem Grubenunglück auch bei zwei weiteren Bergwerken der Black Wolf Minung Company gegeben, einer Tochtergesellschaft der PBS Coal. Es klingt einleuchtend, daß ein personell ausreichend besetztes und gut funktionierendes Kontrollorgan dafür gesorgt hätte, daß die Bergleute von Quecreek genaues Kartenmaterial besaßen, so daß ihnen dieser Schrecken erspart geblieben wäre.

Etatkürzungen bei Ämtern und Behörden, die für die Durchsetzung der Gesetze verantwortlich zeichnen, sind keineswegs auf den Bergbau beschränkt, sondern im gesamten Regulierungssystem verbreitet. Ihre Auswirkung besteht, wenn auch nicht immer beabsichtigt, darin, daß die Unternehmen mehr Spielraum haben. Auch wenn die gesetzlichen Standards bestehenbleiben, ist die Aushöhlung der Durchsetzungsmechanismen geradezu eine Gewähr dafür, daß sie erheblich verwässert und zum Teil völlig unwirksam werden. Einschnitte bei den Regulierungsbehörden, die für die Ölfelder in Alaska zuständig sind, und im Budget des Arbeitsministeriums (was die nachhaltige Durchsetzung des Fair Labor Standards Act beeinträchtigt) sind Beispiele, die bereits erwähnt wurden. Auch bei der Environmental Protection Agency[11], der Occupational Safety and Health Administration[12] und der Securities and Exchange Commission[13] wurde der Rotstift angesetzt; einige der Schäden, die durch Aktivitäten von Unternehmen in ihren Verantwortungsbereichen entstanden, werden der mangelnden Aufsicht durch diese Behörden angelastet.

Eine zweite Deregulierungsstrategie zielt auf eine Beseitigung der Verordnungen ab. Auch dieses Phänomen ist im Regulierungssystem weitverbreitet. Gesetze, die die Öffentlichkeit vor dem Fehlverhalten der Konzerne schützen sollen, werden zurückgefahren und verschwinden zuweilen völlig in der Versenkung. Ein anschauliches Beispiel dafür ist das Enron-Debakel.

Als am 7. Dezember 2000 erstmals die Lichter in Kalifornien ausgingen – was sich im Lauf der nächsten sechs Monate annähernd vierzig Mal wiederholen und verheerende Auswirkungen auf den Staat und seine Bewohner haben sollte –, vermutete niemand, daß Enron weitgehend die Schuld daran trug. Viele machten die Überregulierung für die unverhoffte Energieknappheit verantwortlich und empfahlen eine Lockerung der Auflagen als Lösung des Problems. „Wenn die Energieerzeuger in Kalifornien durch Umweltschutzbestimmungen daran gehindert werden, ein Maximalergebnis von hundert Prozent zu erreichen, wie mir zu Ohren gekommen ist, dann müssen wir diese Bestimmungen lockern", erklärte der damalige Präsidentschaftskandidat George Bush im Januar 2001. Der republikanische Senator Phil Gramm, ein Landsmann aus Texas, schob den Schwarzen Peter jenen zu, „die Umweltextremismus und Protektionismus auf internationaler Ebene höher bewertet haben als gesunden Menschenverstand und Marktfreiheit".[14]

Schließlich kam ans Licht, daß Enron mit seiner ebenso erfolgreichen wie kostspieligen Kampagne zur Aushebelung der staatlichen Aufsicht über seine Aktivitäten erheblich zum Zusammenbruch des elektrischen Systems beigetragen hatte.[15]

Wieder einmal hatte ein Konzern seinen politischen Einfluß genutzt, um staatliche Restriktionen zu beseitigen und die daraus resultierende Freiheit für dubiose, aber höchst gewinnträchtige Geschäfte zu mißbrauchen. Während der 1990er Jahre pumpten das Unternehmen und seine Führungsmannschaft unter dem Vorsitz von CEO Kenneth Lay beträchtliche Summen in die Politik, um die Verwandlung einer unscheinbaren Pipeline-Firma in einen hochklassigen Energiehändler zu beschleunigen. Nach erfolgreichem Lobbying für die Deregulierung der Elektrizitätsmärkte in mehreren US-Bundesstaaten, unter anderem Kalifornien, startete Enron einen Feldzug zur Deregulierung des Terminhandels mit Energiekontrakten.

Anfang der 1990er Jahre hatte Enron sich gemeinsam mit anderen Energieunternehmen bemüht, von einer Bestimmung des Commodity Exchange Act ausgenommen zu werden, die Energiehändler zwang, Informationen über ihre Terminkontrakte der Commodity Futures Trading Commission (CFTC) offenzulegen, einer Kommission, die für die Durchsetzung der Bestimmung verantwortlich war. Ungefähr eine Woche nach Bill Clintons Wahlsieg über George Bush am 7. November 1992 ersuchten sie die CFTC, damals unter dem Vorsitz von Wendy Gramm, den Energie-Terminkontrakthandel der Aufsicht der Kommission zu entziehen.

Gramm, deren Amtszeit sich dem Ende zuneigte, ebenso wie die anderer von Bush ernannter Ausschußmitglieder, sah sich möglicherweise einem Interessenkonflikt ausgesetzt – ihr Mann, der texanische Senator Phil Gramm, war einer der größten Nutznießer von Enrons Freigibigkeit. Sie brachte den Antrag vor die Kommission, die im Januar 1993 mit einem Ergebnis von 2:1 zugunsten von Enron und anderer Antragsteller entschied. Folglich war der Energie-Terminkontrakthandel nicht mehr der Aufsicht der CFTC unterworfen.

Damit wurde ein „gefährlicher Präzedenzfall" geschaffen, sagte Sheila Blair, die einzige Gegenstimme in der Kommission, über den damaligen Beschluß. „Es war die unverantwortlichste Entscheidung, die ich jemals erlebt habe", erklärte der Kongreßabgeordnete Glen Englis, mit achtzehn Jahren Amtszeit einer der Veteranen im Repräsentantenhaus und Vorsitzender des Unterausschusses, dem die Gramm-Kommission unterstand.

Sechs Tage nach ihrer Beschlußvorlage, am Tag von Bill Clintons Amtsantritt, trat Wendy Gramm von ihrem Posten zurück. Fünf Wochen später gehörte sie dem Board of Directors von Enron an.

Wenn sie auch durch die Entscheidung der Gramm-Kommission dem wachsamen Auge der CFTC entzogen waren, mußten die Energiehändler laut Gesetz ihre Aktivitäten immer noch auf regulierte Auktionen beschränken, zum Beispiel an der Effektenbörse New York Mercantile Exchange. Da bei diesen Auktionen Preise, Volumen und andere Informationen an die Aufsichtsbehörde weitergegeben wurden, blieben Händler wie Enron unter staatlicher Beobachtung. Enron nahm dieses Problem 1999 frontal in Angriff: Der Konzern ließ mehr als eine Million Dollar springen, um mittels Lobbying zu erreichen, daß die Beschränkung auf regulierte Auktionen außer Kraft gesetzt werde.

Es war eine Feuerprobe für den Energieriesen: Die Working Group on Financial Markets, eine für die Finanzmärkte zuständige Arbeitsgruppe, die vom Präsidenten ins Leben gerufen worden war, hatte gerade erst entschieden, daß der Energie-Terminkontrakthandel reguliert bleiben sollte, weil es andernfalls mit an Sicherheit grenzender Wahrscheinlichkeit zu Angebots- und Preismanipulationen kommen werde. Enron blieb indes beharrlich. Der Konzern investierte weitere Summen in seine Lobbytätigkeit und erhielt Schützenhilfe von Senator Gramm, der im Jahr 2000 den Commodity Futures Modernization Act vorlegte, einen Gesetzesentwurf, mit dem die Bestimmung über die regulierte Auktion gestrichen werden sollte.

Der Vorstand der New York Mercantile Exchange, Daniel Rappaport, meinte damals: „Wäre dieser Gesetzentwurf jemals im Rahmen einer Plenarsitzung mit Debatte ans Tageslicht gekommen, hätte er keine Überlebenschance gehabt." Der Entwurf schlummerte eine Zeitlang im Senat, doch dann wurde er vom Kongreß verabschiedet, gekoppelt an eine Gesetzesvorlage zur Bewilligung von zweckgebundenen Mitteln, nachdem

Senator Gramm ihn unter einer anderen Nummer und Bezeichnung wiedereingeführt hatte. Er wurde am 21. Dezember 2000 rechtsgültig, als sich Präsident Clintons Amtszeit dem Ende zuneigte.

Enron hatte gesiegt. Der Konzern durfte nun seine eigenen Auktionen auf dem eigenen Parkett durchführen, verborgen vor den Argusaugen der Regierung und dem Blick der Öffentlichkeit. Er nutzte seine neugewonnene Freiheit, um die kalifornischen Energiemärkte für seine Manipulationen ins Visier zu nehmen. In einer Reihe brillanter, diabolischer Schachzüge, die intern bezeichnenderweise mit Codenamen wie „Todesstern", „Schnappt Shorty" und „Fettwanst" belegt wurden, half das Unternehmen bei der Herstellung einer künstlichen Energieverknappung mit, die den Strompreis und folglich auch seine Gewinne in schwindelnde Höhen trieb. Achtunddreißigmal wurde Kalifornien in den sechs Monaten nach der Unterzeichnung des Commodity Futures Modernization Act durch den Präsidenten von einem totalen Stromausfall heimgesucht. Bis dahin hatte es, seit Beginn der Energiekrise im Mai 2000, nur einen einzigen Blackout gegeben. Wie Ralph Naders Verbraucherorganisation Public Citizen schloß: „Phil Gramms Gesetz zur Deregulierung des Warenterminhandels gestattete Enron, die Elektrizität in Kalifornien zu kontrollieren, Zusatzeinnahmen in Millionenhöhe in die eigene Tasche zu schieben und Millionen von Menschen in Kalifornien zu zwingen, Hunderte von Stunden ohne Strom zu verbringen und horrende Preise zu zahlen."

Am 19. Juni 2001 wurde die Krise beendet, als die Federal Energy Regulatory Commission strikte Preiskontrollen über die kalifornischen Elektrizitätsmärkte verhängte. Die Preise der Kontrakte fielen um mehr als achtzig Prozent, und Enron, überzeugt, daß sich die Preise auf hohem Niveau einpendeln würden, da es keinen Grund für die Annahme gab, daß man seiner Marktmanipulation ein Ende setzen würde, blieb auf Milliardenkontrakten sitzen, die jetzt nur noch einen Bruchteil dessen wert waren, was der Konzern dafür gezahlt hatte.

Er begann zu siechen. Die Verluste mehrten sich. CEO Jeff Skilling nahm unverhofft seinen Hut, kurz nach der Einführung der Preiskontrollen, und vier Monate später meldete Enron Konkurs an. Obwohl mehrere Faktoren für den Zusammenbruch des Unternehmens verantwortlich waren, stehen die Verluste, die durch seine Untaten in Kalifornien entstanden, ganz oben auf der Liste.

Der Fall Enron, so könnte man meinen, sei aufgrund der taktischen Brillanz, mit der das Unternehmen die staatliche Aufsicht durch Einflußnahme auf den politischen Entscheidungsprozeß auszuhebeln suchte, einmalig. Die Anwendung solcher Strategien war jedoch kein Einzelfall. Obwohl man ihnen oft vorwirft, die Demokratie mit ihrem Geld und ihrer Macht zu korrumpieren, haben die Konzerne doch kaum eine andere Wahl, als eine Einflußnahme anzustreben, wenn dies für den Schutz und die Förderung ihrer Interessen unabdingbar ist. Da staatliche Auflagen die Rentabilität verringern, machen Strategien, um sie außer Kraft zu setzen, aus unternehmerischer Sicht durchaus Sinn. Ein Spitzenmanager mit Prinzipien, der sich aus Sorge um die Integrität des demokratischen Prozesses weigert, beim Politpoker mitzumischen, ignoriert nicht nur die Erwartungen der Aktionäre, sondern auch das gesetzliche Mandat des Unternehmens, dessen eigene Interessen zu wahren. Seine Aufgabe besteht nicht darin, die Demokratie zu schützen, sondern ihre Unzuverlässigkeit in den Griff zu bekommen und die Hürden zu nehmen, die sie aufbaut.

Anne Wexler zählt zu den Top-Lobbyisten in Washington D.C.; zu ihrer Klientel gehören Spitzenkonzerne wie American Airlines, General Motors und der Pharmariese Roche, und sie verfügt noch aus ihrer Zeit als Leiterin von Bill Clintons Office of Public Liaison über ein weitläufiges Netz von Kontakten. Als wir uns mit ihr zum Interview trafen, freute sie sich über einen Sieg, den sie gerade für einen Klienten errungen hatte. „Gestern abend wurde der Gesetzesartikel , der einen höheren Treibstoffeffizienz-Standard eingeführt hätte, im Kongreß abgelehnt ... ein Sieg für die Automobilindustrie, einschließlich unseres Klienten." Die Branche fürchtete, die Gesetzesnovelle würde die Produktion der gewinnträchtigen, benzinschluckenden Geländewagen beeinträchtigen, und ließ es sich Millionen kosten, das Hindernis aus dem Weg zu räumen.

Ein solcher Kampf ist typisch für die Lobbying-Aktivitäten der Unternehmen: Die Einflußnahme auf Parlamentarier und Regierungen zielt meistens darauf ab, eine Regulierung zu vermeiden. Es gilt, die Einführung neuer oder strikterer Bestimmungen zu verhindern (wie die Autoindustrie beim Treibstoffeffizienz-Standard) oder bestehende Verordnungen außer Kraft zu setzen, zu verwässern oder in ihrer Bandbreite einzuschränken (wie Enron bei der Regulierung der Energie-Terminkontrakte). Mit anderen Worten: Die Einflußnahme dient einzig „Selbstverteidigungszwecken", wie William Niskanen, Vorsitzender des Cato Institute, es nannte. Damit reagieren sie „überwiegend auf die Bedrohung ihrer Unabhängigkeit in Gestalt einer staatlichen ... Regulierung".

Die Unternehmen begannen diese Bedrohung erstmals in den frühen 1970er Jahren ernst zu nehmen. Sie merkten, daß die ordnungspolitischen Barrieren, die im Verlauf des vergangenen Jahrzehnts aufgestellt worden waren – die sogenannten „neuen sozialen Rahmenbedingungen", bestehend aus Schutzmaßnahmen für Umwelt, Menschenrechte, Arbeitnehmer und Verbraucher – ihre Freiheiten und Macht erheblich beschnitten, ähnlich wie einst der New Deal. Den großen Konzernen, die in den 1960er Jahren untätig zugeschaut hatten, wie sich die öffentliche Meinung und die politische Stoßrichtung gegen sie wendeten, wurde bewußt, daß es an der Zeit war, sich zu wehren.

Dieses Mal wurden keine Umsturzpläne geschmiedet. „Ihnen war klar, daß sich viele Entscheidungen, die hier in Washington D.C. getroffen werden, direkt auf die Bilanzen auswirkten", sagte Lobbyistin Wexler. Deshalb machten die Unternehmen politisch mobil. Sie eröffneten Büros in Washington D.C. und schufen Interessenverbände, Lobbygruppen und brancheneigene „Denkfabriken", um ihren kollektiven Einfluß geltend zu machen. 1972 entstand der Business Roundtable, eine Runde von Topmanagern, die meinten, in einer pluralistischen Gesellschaft sollte der Unternehmenssektor „eine aktive und tiefgreifende Rolle bei der Entwicklung der Grundstrukturen einer Rechts- und Wirtschaftsordnung spielen". Es sei notwendig zu gewährleisten, daß „die untragbare staatliche Einmischung in unternehmerische Aktivitäten abgebaut wird".[16]

Die Beziehungen zwischen Unternehmen und Regierung haben sich seit Anfang der 1970er Jahre nachhaltig gewandelt[17] – zu einer Zeit, so Niskanen, als „nur wenige Konzerne eine nennenswerte öffentliche Rolle in der Bundespolitik spielten ... und die meisten weder ein Büro in Washington noch Lobbyisten vor Ort hatten".[18] Heute sind alle großen Konzerne in der US-Bundeshauptstadt vertreten, nebst zahlreichen Branchenverbänden, *Think Tanks* und Lobby-Organisationen.

Eine weitere signifikante Veränderung in den Beziehungen zwischen Unternehmen und Regierung seit Anfang der 1970er Jahre ist die wachsende Rolle von Unternehmensspenden im Wahlkampf und der damit verbundene Einfluß. Mitte der 1970er Jahre erweiterte der Oberste Gerichtshof den verfassungsmäßig garantierten Schutz des First Amendment auf die Wahlfinanzierung durch Unternehmen, eine Entscheidung, die den Konzernen Tür und Tor öffnete und ihnen die beinahe vollständige Übernahme des Wahlprozesses ermöglichte.

Daß es so kommen mußte, liegt auf der Hand. Wie schon Aristoteles in seiner Abhandlung *Politik* anmerkte: „Wenn Ämter mit Geld erkauft werden, ist zu erwarten, daß die Käufer danach streben, Gewinn aus diesem Handel zu ziehen." Oder wie Anne Wexler es ausdrückt: „Es fällt einem Politiker schwer, jemanden abzuweisen, wenn er von ihm einige Hunderttausend Dollar für seine Wahlkampagne erhalten hat."

Unternehmensspenden sind Treibstoff für das politische System und eine Kernstrategie bei Unternehmenskampagnen, die auf eine Beeinflussung der Regierung abzielen. Hier einige Beispiele:

- Die Kohleindustrie hat rund 1,5 Millionen Dollar in politische Wahlkampagnen investiert, wobei allein im Wahljahr 2002 satte 1,3 Millionen Dollar (84 Prozent) an die Republikaner gingen. Seit 1990 beliefen sich die Finanzspritzen der Branche auf 11 Millionen Dollar; auf die Republikaner entfielen dabei 8,4 Millionen Dollar (77 Prozent), was zu erklären hilft, warum die Bush-Administration derart entschlossen ist, das Budget der Minen-Aufsichtsbehörde MSHA zu kürzen.[19]
- Unternehmen, die Geld für die republikanische Partei (GOP) und für republikanische Kandidaten locker gemacht hatten, erhielten großzügig Zugang zur Cheney Task Force, eine Arbeitsgruppe, die von Präsident Bush mit der Formulierung einer nationalen Energiepolitik betraut wurde. Enron spendete zwischen 1999 und 2002 mehr als zwei Millionen Dollar und wurde dafür mit vier Ansprechpartnern in der Arbeitsgruppe belohnt; Southern Company war mit mehr als 1,5 Millionen Dollar dabei und knüpfte sieben Kontakte; die Exelon Corporation ließ sich ihre sechs Kontakte annähernd eine Millionen Dollar kosten. Unternehmen, die ganz tief in die Tasche griffen, kamen in den Genuß noch anderer Vorteile. Chevron schlug beispielsweise eine Lockerung der Bestimmungen vor, die sich auf die Erteilung staatlicher Genehmigungen für die Entwicklung von Energieprojekten und Auflagen in Zusammenhang mit der Treibstoffversorgung bezogen. Die Vorschläge wurden ohne die geringsten Abstriche angenommen.[20]
- 1999 schrieb der damalige GOP-Vorsitzende Jim Nicholson an Charles Heimbold, CEO des Pharmakonzerns Bris-

tol-Myers Squibb, einen Brief mit der Bitte um eine Spende von 250 000 Dollar, wobei er unter anderem darauf hinwies, daß „wir die Kommunikationskanäle offenhalten müssen, um Gesetze durchzubringen, die Ihrer Branche nutzen".[21]

- Nach einer Spende von mehreren Millionen Dollar an Kongreß-Kandidaten, überwiegend Republikaner, vor den Wahlen des Jahres 2001 war Eli Lilly and Company Nutznießer einer im Homeland Security Act verankerten Bestimmung, die Thimerosal-Hersteller – Eli Lilly war der einzige – davor schützte, wegen Folgeschäden gerichtlich belangt zu werden. Thimerosal ist ein Konservierungsmittel auf Quecksilberbasis, das bei Impfstoffen für Kinder verwendet wurde und möglicherweise mit Autismus bei Kindern in Zusammenhang steht. Die Bestimmung wurde schließlich infolge der öffentlichen Empörung und des politischen Drucks abgeschafft.[22]

Ob nun durch Lobbying, politische Spenden oder PR-Kampagnen – die Unternehmen versuchen, den demokratischen Prozeß zu beeinflussen, aus ähnlichen Gründen wie die Anti-Roosevelt-Putschisten, die ihn ausschalten wollten, um sicherzugehen, daß der Staat davon absieht, ihre Freiheiten zu beschneiden und die Realisierung ihrer eigennützigen Ziele zu vereiteln.

„Die Großunternehmen tun, was immer sie zum Überleben für notwendig halten, und in manchen Fällen heißt das, besondere Gefälligkeiten von der Regierung zu verlangen", sagt William Niskanen. Das Geld, das sie in den politischen Prozeß stecken, ist eine Betriebsausgabe, eine Investition, um ein politisches Klima zu schaffen, das ihre Rentabilität fördert und somit ihr Überleben erleichtert. Weil sie das Geld der Aktionäre nach dem Gesetz nicht ohne eine vernünftige Aussicht auf Verzinsung ausgeben dürfen, stecken die Unternehmen Gelder in die Politik aus denselben Gründen wie in andere Investitionen: um ihr eigenes finanzielles Interesse und das ihrer Aktionäre zu befördern.

Aus der Sicht der Öffentlichkeit sieht die Situation jedoch anders aus. „Wir entwickeln uns ... in Richtung auf ein System, in dem die Unternehmen einen enormen und unverhältnismäßigen Einfluß auf unsere politischen Strukturen haben", sagt Harvard-Professor Joe Badaracco. Die Demokratie erfordert ein gewisses Maß an Chancengleichheit, um am politischen Prozeß teilzunehmen. Doch wenn Konzerne – mit ihrer gewaltigen Konzentration von Aktionärskapital – in diesem Prozeß die gleichen Rechte wie Einzelpersonen ausüben, entsteht ein eklantantes Ungleichgewicht.

Robert Monks warnt vor einer prekären Situation: Wir „sind gefährlich nahe daran, daß das Business sich die Regierung beiordnet". „Wenn wir den Hang der Unternehmen, die Regierung zu dominieren, nicht äußerst aufmerksam verfolgen", sagt er, „könnte es sehr gut sein, daß die Institution Regierung verschwindet."[23]

Doch viele Wirtschaftsinsider glauben der Öffentlichkeit einen Dienst zu erweisen, wenn sie den politischen Prozeß im Auftrag der Unternehmen, die sie engagieren, zu beeinflussen versuchen.

„Aufklärung der Öffentlichkeit", so beschreibt Anne Wexler ihre Lobbyingtätigkeit für namhafte Unternehmen. „Für Kongreßmitglieder, die voll ausgelastet sind, ist es oft schwer zu verstehen, worum es bei den einzelnen Themen geht, mit denen sie Tag für Tag konfrontiert werden", sagt sie. „Unsere Aufgabe besteht darin, sicherzustellen, daß die Entscheidungsträger zumindest ansatzweise begreifen, was Sache ist." Chris Komisarjevsky, CEO des PR-Giganten Burson-Marsteller, glaubt ebenfalls, daß seine Arbeit, die unter anderem darauf abzielt, Umweltschutz- und andere Bestimmungen von öffentlichem Interesse im Auftrag seiner Unternehmenskunden abzuwehren, einem wichtigen öffentlichen Zweck dient:

„Unsere Tätigkeit stützt sich auf die Achtung vor dem Individuum; jeder sollte ausreichende Informationen erhalten und dann in der Lage sein, die richtige Entscheidung zu treffen ... Diese Achtung vor der Fähigkeit eines Menschen, die richtige Entscheidung zu treffen, ist nach meinem Dafürhalten das Fundament der Kommunikation und das Fundament der Geschäftspraktiken von Burson-Marsteller."

„Ich finde es überhaupt nicht unfair", sagt Komisarjevsky in bezug auf die Behauptung, dieUnternehmen hätten einen unfairen Vorteil in der politischen Arena. „Jeder hat die gleiche Chance, Unterstützung für seinen Standpunkt zu sammeln ... Es gibt unzählige Mittel und Möglichkeiten, die dazu beitragen, eine gemeinsame Position zu finden."[24]

Pfizer-Chef Hank McKinnell glaubt ebenso, das Gemeinwohl zu fördern, wenn er sich bemüht, Politiker von der Position seines Unternehmens zu überzeugen. „Ich versuche nur, die Regierungspolitik auf eine Weise zu verändern, bei der beide [Pfizer und die Öffentlichkeit] gewinnen." Was die finanziellen Beiträge seines Unternehmens betrifft – die nach McKinnells Aussage sehr bescheiden und eine weitverbreitete Methode sind, „an den überregionalen politischen Debatten teilzuhaben" –, so richten sich auch diese am Gemeinwohl aus. „Wir möchten, daß Leute gewählt werden, die eine für die ganze Nation zuträgliche Politik unterstützen ... die begreifen, welche Bedürfnisse unser Land hat, und danach streben, uns allen zu nutzen ... die bereit sind, die richtigen Handlungsalternativen zu unterstützen ... die umsichtig am politischen Prozeß teilnehmen." Für die politischen Spenden, so sagt er, „erhalten wir keine Sonderrechte als Gegenleistung".

Hat er das Gefühl, den politischen Prozeß ungebührlich zu beeinflussen? Nicht wirklich. „Ich besitze überhaupt nicht viel politische Macht", sagt er. „Ich kann versuchen, Denkprozesse und Handlungsalternativen zu beeinflussen, aber das geht äußerst langsam vonstatten."[25]

Und wo sind die Lobbies, die als Gegengewicht erforderlich wären, um die Interessen der Durchschnittsbürger zu vertreten? Wo sind die Gelder in Millionenhöhe, die für ihre Belange investiert werden? Daß sie fehlen, ist ebenso augenfällig wie bedauernswert.

Daß Lobbying und politische Spenden ein öffentlicher Dienst und keine ungebührliche Einflußnahme auf die Regierung sind, wie Wexler, Komisarjevsky und McKinnell meinen, basiert vermutlich auf Vorstellungen davon, wie die ideale Beziehung zwischen Unternehmen und Staat beschaffen sein sollte. Laut Wexler haben Unternehmen heute das Gefühl, Partner der Regierung zu sein, „... keine Gegner ... Die Einstellung, daß Unternehmen Opfer sind, schwindet grundlegend ... Die Leute verstehen inzwischen, daß die Regierung ein Partner ist und man mir ihr zusammenarbeiten muß ... Die Beziehung zwischen Unternehmen und Regierung ist grundsätzlich eine Symbiose."

Hank McKinnell von Pfizer stimmt ihr zu. „Der Schlüssel zum Fortschritt ist in Zukunft die Partnerschaft. Partnerschaft ist der beste Weg für das Gelingen fast jedes gesellschaftsrelevanten Projekts. Wenn man glaubt, das sei ausschließlich Aufgabe der Regierung auf Bundes- oder einzelstaatlicher Ebene oder der Kommunalverwaltungen, ignoriert man, was sich erwiesenermaßen bewährt hat, und das sind Partnerschaften zwischen dem öffentlichen und dem privaten Sektor."

Die Vorstellung, daß Unternehmen und Regierung Partner sein sollten, ist allgegenwärtig und wird von den Führern beider Bereiche wie ein Mantra heruntergebetet. Eine ebenso zwingende wie harmlose Idee, wie es scheint – bis man darüber nachdenkt, was sie wirklich bedeutet.

Eine Partnerschaft setzt Gleichrangigkeit voraus. Ein Partner sollte keine Macht über den anderen haben, sollte ihn nicht durch Bestimmungen knebeln, sollte nicht versuchen, ihn zu beherrschen. Partner sollten die gleiche Mission und die gleichen Ziele haben, sollten gemeinsam Problemlösungen erarbeiten und Handlungsalternativen planen. Eine Demokratie ist dagegen zwangsläufig hierarchisch strukturiert. Die vom Volk gewählte Regierung hat mehr Macht als die Unternehmen, von Gleichrangigkeit kann keine Rede sein; sie ist befugt zu entscheiden, was Unternehmen zu tun und zu lassen haben. Wären Unternehmen und Regierung echte Partner, sollten wir uns über den Zustand unserer Demokratie Sorgen machen, denn das würde heißen, daß der Staat auf seine Oberherrschaft über die Unternehmen verzichtet hat.[26]

Eine Partnerschaft zwischen Konzernen und Regierung ist genau das, worauf die Verschwörer mit ihrem geplanten Staatsstreich von 1934 abzielten. Sie wollten Smedley Butler als Vertreter der Unternehmensinteressen zum „Partner“ von Franklin D. Roosevelt in Staatsangelegenheiten machen – als Generalsekretär oder Vizepräsident, der rasch diktatorische Macht hätte erringen können. Heute sind die Unternehmen den demokratischen Regierungen nicht unterstellt, sondern sie stehen mit ihnen auf gleicher Stufe, sind ihnen gleichsam beigeordnet, so wie sich die Verschwörer Smedley Butlers Position an der Seite Roosevelts vorgestellt hatten. Die Unternehmenslenker glauben, daß sie legitimiert sind, die Gesellschaft zu regieren, als Partner der Regierung.

Daraus folgt im Umkehrschluß, daß die Regierung nach ihrer Auffassung kein Recht hat, den Unternehmen Vorschriften zu machen. Als Sachverwalter des öffentlichen Interesses sollten sie in Absprache mit ihren Regierungspartnern die Freiheit besitzen, sich selbst zu regulieren – so argumentieren zumindest die Befürworter der Deregulierung. „Obwohl ein gewisses Maß an Regulierung unerläßlich ist, um sicherzugehen, daß bestimmte Standards – Mindeststandards – eingehalten werden“, sagt Hank McKinnell vom Pfizer-Konzern, „haben fast immer die besten Praktiken in der Industrie den staatlichen Regulierungen einiges voraus, und es gibt viele Beispiele dafür, daß eine übermäßige Regulierung der Industrie geschadet hat.“

Unternehmen können sich selbst regulieren, meint Douglas G. Pinkham, Leiter des Public Affairs Council in Washington

D.C. Sie sollten „die Freiheit erhalten, sich mit einem Problem (wie Arbeiter oder Umwelt) auf eine konstruktive Weise auseinanderzusetzen, die vielleicht keine staatliche Intervention erfordert, um so einen Verhaltenskodex auf freiwilliger Basis zu schaffen". In ähnlichem Sinne beklagt John Browne von BP, daß es in Europa immer noch „die Überzeugung gibt, Lösungen lägen grundlegend in Regulierungs- und Kontrollmaßnahmen", und daß sogar in den USA laut Meinungsumfrage einige Leute glauben, daß „Unternehmen Regulierung brauchen und man nicht darauf vertrauen sollte, daß sie aus eigenem Antrieb verantwortlich handeln". Jim Gray, ebenfalls in der Ölbranche tätig, hält Regulierung und zentrale Kontrolle für die falsche Marschrichtung. „Wir sind es, die verantwortlich handeln müssen, wir in den Unternehmen, statt die Umstände zu unserem eigenen Vorteil zu nutzen."

Dennoch geht es in der Welt der Unternehmen ausschließlich darum, die Umstände zum eigenen Vorteil zu nutzen. Der Begriff gesellschaftliche Verantwortlichkeit besteht aus zwei Begriffen, die genauso widersprüchlich sind wie die damit verbundene Vorstellung, daß sich Konzernlenker – und ihre Gegenparts auf Regierungsebene – verpflichtet fühlen müßten, das öffentliche Interesse zu fördern. Die großen Konzerne, in der Regel Aktiengesellschaften, haben nur eine Verpflichtung: das eigene Interesse und das ihrer Anteilseigner im Auge zu behalten. Sie sind nicht in der Lage und ihre Führungskräfte nicht befugt, aus einem echten Gefühl gesellschaftlicher Verantwortung heraus zu handeln, Schäden für Menschen und Umwelt zu vermeiden oder das Gemeinwohl in einer Weise zu berücksichtigen, die in keinem unmittelbaren Bezug zu den eigenen Interessen steht.

Die Deregulierung stützt sich folglich auf die zweifelhafte Voraussetzung, daß Unternehmen aus eigenem Antrieb gesellschafts- und umweltrelevante Interessen respektieren, ohne von der Regierung dazu gezwungen zu werden. Niemand würde ernsthaft vorschlagen, daß die Menschen sich selbst regulieren sollten, daß Gesetze gegen Mord, Vergewaltigung und Diebstahl überflüssig seien, weil die Menschen aus eigenem Antrieb sozial verantwortlich handeln. Dennoch will man uns glauben machen, daß die Unternehmen als Rechtsperson – institutionelle Psychopathen ohne moralische Normen, aber mit der Macht und der Motivation, Schäden und Zerstörung in unserer Welt anzurichten – die Freiheit haben sollten, ihre eigenen Gesetze zu machen.

5. UNTERNEHMEN OHNE GRENZEN

„Das war mit das Schlimmste, was ich in meinem Leben gesehen habe." Carlton Brown, ein Rohstoffbroker, der normalerweise durch nichts zu erschüttern ist, war zutiefst aufgewühlt angesichts der Ereignisse am 11. September 2001, deren Augenzeuge er war. „Bevor das Gebäude zusammenbrach, hatte ich nur noch den einen Gedanken, sie mit heiler Haut rauszubringen, unsere Klienten rauszubringen" – aus dem Goldmarkt, wohlgemerkt. Brown machte sich Sorgen, daß seine Kunden im Goldmarkt in der Falle saßen, der, wie er wußte, schließen würde, sobald die Türme des World Trade Center zusammenbrachen. Als die Flugzeuge in die Türme rasten, war sein erster Gedanke: „Na, wie hoch steht das Gold?" Zum Glück, sagt er, „haben wir in den darauffolgenden Tagen alle gut rausgebracht ... jeder hat sein Geld verdoppelt". Der 11. September war „insgeheim ein Segen, zerstörerisch, überwältigend, herzzerreißend. Aber ... was meine Kunden im Goldmarkt betrifft, die haben verdient", sagt er. „In der Zerstörung liegt die Chance. So macht man Reichtum."

Auch die Kapitalgesellschaft ist dafür gemacht, Reichtum zu schaffen, und für diese Aufgabe ist sie bestens gerüstet. Es gibt keine Grenzen, weder moralischer noch ethischer oder juristischer Natur, die sie daran hindert, alles und jeden auszubeuten, um Reichtum für sich selbst und ihre Aktionäre zu schaffen.[1] „Ausbeuten" heißt laut Wörterbuch, „etwas für seine eigenen Zwecke oder den Profit auszunutzen". Während der letzten hundertfünfzig Jahre hat die Kapitalgesellschaft Rechte angestrebt und erhalten, die meisten natürlichen Ressourcen der Welt und nahezu alle Bereiche menschlicher Anstrengungen auszubeuten. Schon 1932 beobachteten Adolf Berle und Gardiner Means in *The Modern Corporation and Private Property:*

> „Dem Beispiel der Eisenbahnen folgend, ist im letzten Teil des neunzehnten Jahrhunderts ein Bereich des Wirtschaftslebens nach dem anderen unter das Zepter der Kapitalgesellschaften geraten ... Sie sind in immer mehr Bereiche vorgedrungen, gewachsen und gänzlich oder teilweise dominant geworden ... Auf der Grundlage ihrer bisherigen Entwicklung sehen wir vielleicht einer Zeit entgegen, in der praktisch jede wirtschaftliche Tätigkeit im Rahmen dieser Unternehmensform stattfindet."[2]

Diese Zeit ist gekommen. Heute findet fast jede ökonomische Aktivität unter dem Banner der Kapitalgesellschaft statt. Nur noch eine große Barriere trennt sie von der Herrschaft über sämtliche Bereiche der Gesellschaft: die öffentliche Sphäre.

Das zwanzigste Jahrhundert war einzigartig in der modernen Geschichte, wegen der weitverbreiteten Überzeugung, in einer Demokratie sei die Regierung aufgefordert, die Rechte der Bürger zu schützen und ihren Grundbedürfnissen zu entsprechen. Wichtige öffentliche Interessen und diejenigen Bereiche der Gesellschaft, die man für zu kostbar, verletzlich oder moralisch unantastbar erachtete, um der Gefahr unternehmerischer Ausbeutung ausgesetzt zu werden, wurden durch Grundsätze der Rechts- und Wirtschaftsordnung mit Schutzbarrieren umgeben. Menschen durften nicht als Besitz gelten und Kinder nicht ausgebeutet werden, weder als Arbeitskräfte noch als Verbraucher. Institutionen, die für Gesundheit und Überleben des Menschen (zum Beispiel Wasserversorgungsunternehmen, Gesundheits- und soziale Einrichtungen), Fortschritt und Entwicklung (zum Beispiel Schulen, Universitäten und kulturelle Institutionen) und die öffentliche Sicherheit wichtig waren (zum Beispiel Polizei, Gerichte, Strafanstalten und Feuerwehren), wurden bewußt dem habgierigen Zugriff der

Unternehmen entzogen, genau wie kostbare natürliche Domänen, die in Parks und Naturschutzgebiete verwandelt wurden.

Doch nun ist auch die daraus entstandene öffentliche Sphäre, die es in mehr oder weniger großem Umfang in allen modernen Staaten gibt, ins Visier der Konzerne geraten. Historisch gesehen waren sie stets darauf bedacht, dieses Territorium zu erobern, das aus ihrer Sicht eine Ansammlung ungerechtfertigter Tabuzonen mit ungeheuren Gewinnchancen darstellt. Vor allem in den letzten beiden Jahrzehnten führten sie einen entschlossenen Feldzug mit dem Ziel, die Grenzen, die ihnen den Zutritt verwehren, zu überschreiten. Mit dem Prozeß der Privatisierung haben Regierungen vor dem Ansturm kapituliert und den Unternehmen die Kontrolle über Institutionen überlassen, die einst als „öffentlich" galten.

Kein einziger Bereich der öffentlichen Sphäre war gegen das Eindringen der gewinnorientierten Unternehmen gefeit. Versorgungsunternehmen (Wasser und Strom), Polizei, Feuerwehr, medizinische und soziale Notdienste, Kindertagesstätten, Wohlfahrtseinrichtungen, Sozialversicherungen, Schulen und Universitäten, Forschung, Strafanstalten, Flughäfen, Gesundheitsvorsorge, Genetik, Rundfunk und Fernsehen, das elektromagnetische Spektrum, öffentliche Parks und Autobahnen sind, je nach Rechtslage, bereits privatisiert oder für eine vollständige oder teilweise Privatisierung in Betracht gezogen worden.[3]

Infolgedessen bewegen wir uns auf eine neue Art von Gesellschaft zu, die ähnlich strukturiert sein könnte wie das Modell, das von Privatisierungsanhängern wie Milton Friedman vorgeschlagen wurde: Er empfiehlt, daß nur zehn bis zwölf Prozent des Volkseinkommens – verglichen mit derzeit geschätzten vierzig bis fünfzig Prozent in den USA – durch die Hände des Staates gehen sollten. Nur die grundlegenden Funktionen – Gerichtssystem, Streitkräfte und Nothilfen in Fällen extremer Armut – sollten nach seinem Dafürhalten unter staatlicher Kontrolle bleiben. „Der private Bereich wäre wesentlich größer und befände sich weitgehend in der Hand gewinnorientierter Unternehmen", sagt er.

Viele Ökonomen und politische Entscheidungsträger pflichten Friedman bei. William Niskanen, Vorstand des Cato Institute, glaubt beispielsweise, daß es nur sehr wenige Funktionen gibt – die militärische war die einzige, die er sich vorstellen konnte –, die in der öffentlichen Sphäre verbleiben sollten. Und Michael Walker, Ökonom und Chef des Fraser Institute, Catos kanadischer Partner, antwortete mit einem enthusiastischen „Absolut!" auf die Frage, ob er der Meinung sei, jede Handbreit unseres Planeten gehöre unter private Kontrolle.

Solche Ansichten dürften bereits vorherrschen, und in nicht allzu ferner Zukunft könnte die öffentliche Sphäre auf eine zeitweilige historische Anomalie geschrumpft sein.

„Die klassische Investitionschance findet man dort, wo es ein Problem gibt", behauptet Investmentbanker Michael Moe. „Und je größer das Problem, desto größer die Chance." Und heute gibt es kein größeres Problem – und folglich auch keine größere Investitionschance – als die Bildungsmisere. Von dieser Idee beflügelt, trug Moe dazu bei, mehr als eine halbe Milliarde Dollar für die Finanzierung der Edison Schools zu beschaffen, ein börsennotiertes, gewinnorientiertes Unternehmen, das im Auftrag von Städten und Gemeinden Schulen betreibt und langfristig die Gründung und Leitung eigener Schulen plant. Edison Schools ist mit derzeit 133 Schulen und 74 000 Schülern unter ihren Fittichen die größte Bildungsmanagement-Organisation (EMO) in den USA. Sie spiegelt, wie auch vierzig weitere EMOs in den Vereinigten Staaten, den zunehmenden Trend zur Privatisierung des K-12-Schulsystems wider (vom Kindergarten bis zur zwölften Klasse).[4]

Da der „Bildungsmarkt" eine Kombination aus erheblichen Problemen und unerheblicher Unternehmenspräsenz darstellt, ist er laut Moe wie geschaffen, in den kommenden Jahren rasant zu wachsen, genau wie der Gesundheitsvorsorgesektor vor dreißig Jahren. Die Branche befindet sich noch in der Startphase eines Wettrennens um atemberaubende Gewinne. Allein im Jahr 2001 erhöhte sich die Anzahl der EMOs in den USA um siebzig Prozent. Laut Moe werden sich nach vorsichtiger Schätzung zehn Prozent der 800 Milliarden schweren Bildungsindustrie binnen zehn Jahren in der Hand gewinnorientierter Unternehmen befinden, gegenüber derzeit einem Prozent. Der Staat sei wie viele andere Organisationen daran interessiert, einige seiner Aufgaben auszulagern. Folglich werde sich seine Rolle im Bildungswesen ändern: Aus dem „Besitzer-Betreiber von Schulen" könnte eine Art „Generalunternehmer" werden.

Milton Friedman sieht eine ähnliche Entwicklung voraus. „Ich bin jetzt seit fünfundvierzig Jahren in diese Bewegung eingebunden", sagt er über sein Engagement für die Entstaatlichung des Schulsystems. „Aber erst in den letzten fünf Jahren oder so haben wir das Eis gebrochen und Fortschritte erzielt." In nicht allzu ferner Zukunft, prophezeit er, werden sich Organisationen wie Edison Schools „in Unternehmen verwandeln, die ihre eigenen privaten Schulen leiten", statt öffentliche Schulen zu verwalten.[5]

Zweifellos warten riesige Chancen auf Unternehmen, denen es gelingt, den K-12-Bildungsmarkt zu besetzen. „Es ist unvorstellbar groß", sagt Edison-Chef Benno Schmidt Jr. über das Wachstumspotential der Branche. „Der Bildungssektor ist größer als der Rüstungssektor, größer noch als die gesamte heimische Autoindustrie ... Nur die Gesundheitsvorsorge kann ein größeres Segment des Gesamtmarktes für sich verbuchen." Auch andernorts sieht die Zukunft für „Schulunternehmen" rosig aus, fügt Moe hinzu und führt Kanada und Großbritannien an als Beispiel für die zahlreichen Länder, die sich zunehmend „marktgesteuerten Mechanismen zuwenden, um ihr Bildungssystem zu reformieren".

Die Befürworter der gewinnorientierten Schulen haben ihre politischen Muskeln spielen lassen, um das Wachstum ihrer Branche zu fördern. Zwei der größten Edison-Investoren, der Bostoner Finanzier John Childs und Gap-Vorstand Donald Fisher, halfen dem Konzept unlängst mit Spenden von 670 000 Dollar bzw. 260 800 Dollar für die Republikaner auf die Sprünge. Sie waren vermutlich sehr zufrieden, als Präsident Bush einen Kredit in Höhe von drei Milliarden Dollar aus Bundesmitteln in Aussicht stellte: Damit sollen neue private „Charter Schools" und Beihilfen für Schüler finanziert werden, die eine private Schule besuchen möchten. Derartige politische Veränderungen werden zu einer weiteren Expansion der EMO-Märkte führen.

Andere spendierfreudige Bush-Anhänger haben ebenfalls einiges in die Bildungsindustrie investiert. Zu ihnen gehören führende Unternehmer wie Amway-Gründer Richard De Vos, der Industrielle David Brennan und John Walton von Wal-Mart, die zusammen mehrere Millionen Dollar locker machten, um die Werbetrommel für staatliche Voucher-Systeme zu rühren, die nach der allgemeinen Einführung lukrativer Märkte für EMOs schaffen werden.[6] (Anm. d. Übers.: Hierbei handelt es sich um Gutscheine für Eltern, deren Kinder eine Schule mit schlechten Testergebnissen besuchen. Sie können in einer Privatschule mit geringerer Schülerzahl und höherer Bildungsqualität eingelöst werden. Der Wert des Gutscheins entspricht der Geldsumme, die der Staat bis zum Abschluß der nächsten Bildungsstufe ausgeben würde.)

Trotz aller Begeisterung für privatisierte Schulen haben deren Protagonisten keine hieb- und stichfesten Beweise dafür, daß solche Bildungsinstitutionen im Vergleich zu öffentlichen Schulen bessere Leistungen erbringen, was die Lernergebnisse der Schüler betrifft. Edisons entsprechendes Verkaufsargument wurde von unabhängigen Forschern der Western Michigan University angezweifelt, die feststellten, daß „die tatsächlichen Leistungen der Edison-Schüler nicht an die im Jahresbericht erwähnten heranreichen".[7] Die Organisation ist auch wegen anderer Übertreibungen, die man ihr vorwirft, ins Kreuzfeuer der Kritik geraten: Sie soll beispielsweise die einzelnen Stufen

(K-5, 6-8 und 9-12) als separate Schulen gezählt haben, um die Anzahl künstlich aufzublähen, obwohl sie alle nur einen Rektor haben und im selben Gebäude untergebracht sind.

Aber das ist nicht Edisons größtes Problem. Die Aktien der Bildungsmanagement-Firma, die an der Börse einen Höchstkurs von 21,68 Dollar erreicht hatten, fielen vor kurzem auf unter einen Dollar. Um den Betrieb ihrer Schulen in Philadelphia zu finanzieren, verramschte Edison Schulbücher, Computer, Labor-Zubehör und Musikinstrumente. Außerdem mußten die Führungskräfte in leerstehende Klassenzimmer umziehen, weil dadurch jeden Monat eine Büromiete in Höhe von 9000 Dollar eingespart werden konnte (der Board of Directors pfiff die Manager umgehend zurück, als er Wind davon bekam). Edison-Gründer und CEO Chris Whittle schlug außerdem vor, als Aushilfen Edison-Schüler zu beschäftigen, die unentgeltlich die Arbeit bezahlter Mitarbeiter übernehmen sollten. „Wir könnten die Anzahl unserer erwachsenen Belegschaftsmitglieder verringern", soll er einer Gruppe von Edison-Rektoren eröffnet haben, als er seinen Plan beschrieb, alle sechshundert Schüler einer Edison-Schule jeden Tag eine Stunde lang mit administrativen Aufgaben zu betrauen, wodurch 75 Arbeitsplätze überflüssig geworden wären.

Die Befürworter verteidigen die Privatisierung der Schulen und die Entstaatlichung generell als lupenreines Konzept, obwohl in der Praxis einiges schiefläuft. Das Interesse am eigenen materiellen Gewinn anzusprechen sei der sicherste Weg zur Förderung des Gemeinwohls, behaupten sie und beziehen sich dabei auf einen Grundpfeiler der Wirtschaftstheorie des Laissez-faire. „Menschen reagieren auf ökonomische Anreize, die zum Handeln anspornen", erklärte Edison-Schools-Mäzen Jeffrey Fromm auf die Frage, warum gewinnorientierte Schulen ihre öffentlichen Gegenparts überflügeln könnten. Motiviert von dem Wunsch, gutes Geld zu verdienen, würden Lehrkörper und Verwaltung in den profitorientierten Schulen ihren Aufgaben besser nachkommen und die Bildungsorganisationen besser auf die Wünsche und Bedürfnisse ihrer Kunden – Eltern, Lehrer, Schulausschüsse – eingehen. Deshalb, so Fromm, werde der gewinnorientierte Leistungsanreiz eine positive Auswirkung auf die Schulen haben, selbst wenn die Firmen „in Wirklichkeit nur ... an das Endergebnis denken müssen". Sie könnten Veränderungen im Bildungssystem herbeiführen, weil „der Darwinismus unter den Firmen in einer kapitalistischen Wirtschaft ... wenn er im Bildungssystem von der Leine gelassen wird, das gesamte Bildungsniveau in den USA verbessern wird".

Die Privatisierung macht also das Beste aus unserer selbstsüchtigen, materialistischen Natur. „Wir verdanken unser täglich Brot nicht dem Wohlwollen des Bäckers, sondern seiner Sorge um sein eigenes Wohl", erläutert Milton Friedman die Tugenden der Privatisierung in Anlehnung an Adam Smith. Daraus folgt logischerweise, daß öffentliche Institutionen, so Friedman und andere Befürworter der Entstaatlichung, von Haus aus Mängel aufweisen, weil sie sich auf ein unrealistisches – das heißt, nicht durch und durch von Eigennutz und Materialismus geprägtes – Menschenbild stützen. Als ich von ihm wissen wollte, was seinen Standpunkt von dem des Ökonomen und Kapitalismuskritikers John Kenneth Galbraith unterscheidet, sagte er: „Der Unterschied besteht in der Bereitschaft, die Vorstellung zu akzeptieren, daß Staatsdiener die Interessen der gesamten sozialen Gemeinschaft und nicht ihre eigenen Interessen verfolgen. Das ist der große Unterschied. Da ist die Trennlinie zwischen Galbraith und mir."

Obwohl privatisierte Dienste in gewissem Ausmaß und in einem bestimmten Kontext effektiver sein könnten als öffentliche, hat die Privatisierung als generelle und langfristige Lösung für die Probleme der Gesellschaft einige Webfehler. Philosophisch gesehen stützt sie sich auf ein verzerrtes und unvollständiges Menschenbild. Eigeninteresse und materialistische Bestrebungen sind Bestandteile dessen, was wir sind, aber sie sind nicht alles. Ein gesellschaftliches und ökonomisches System auf solche Merkmale zu gründen, wäre ein gefährlicher Fundamentalismus.

Auch aus der praktischen Perspektive hat die Privatisierung eine Schwachstelle: Sie verläßt sich darauf, daß gewinnorientierte Unternehmen das Gemeinwohl fördern. Im Gegensatz zu öffentlichen Institutionen, deren Mandat darin besteht, dem Gemeinwohl oberste Priorität einzuräumen, sind Unternehmen gesetzlich verpflichtet, ihre eigenen Interessen über die aller anderen zu stellen. Es kann vorkommen, daß sie das Gemeinwohl fördern – wenn es nämlich zu ihrem eigenen Vorteil ist, das zu tun. Aber sie werden es bedenkenlos opfern – in Übereinstimmung mit ihrer gesetzlichen Verpflichtung –, wenn die eigenen Ziele es erfordern (wie das Edison-Debakel in Philadelphia zeigt).[8]

Die Privatisierung öffnet fraglos neue Bereiche, in denen Unternehmen den Rahm abschöpfen können, weshalb sie entsprechende Bestrebungen eifrig fördern. Vom Standpunkt der Öffentlichkeit aus müssen wir uns fragen, was für eine Gesellschaft wir schaffen, wenn wir Unternehmen die Kontrolle über die Nervenzentren unseres Gemeinwesens anvertrauen – über Institutionen, die unsere Identität prägen, die Menschen miteinander verbinden und befähigen, zu überleben und sich sicher und geborgen zu fühlen.

Solche Überlegungen sind jedoch nicht auf die Privatisierung beschränkt; sie erstrecken sich darüber hinaus auf einen artverwandten, wenn auch weniger formalen Prozeß: die Kommerzialisierung der Gesellschaft. Auch hier durchdringen Unternehmen gesellschaftliche Bereiche, zu denen sie bisher keinen Zugang hatten.

Das alljährliche Vancouver Children`s Festival war früher frei von Kommerz. Deshalb war ich fassungslos, als ich das Kinderfest unlängst mit meinem Sohn besuchte und mich inmitten eines nachgebauten Kia-Autosalons wiederfand, als wir das Gelände durch den Haupteingang betraten. Auf Hochglanz polierte Neuwagen waren verführerisch auf dem Rasen aufgereiht, Fahnen mit dem Kia-Logo flatterten im Wind, und eine augenfällig junge Kia-Verkaufsmannschaft streifte umher und verteilte Werbegeschenke an die Kinder. Die Ausstellung war als Gegenleistung für Kias Sponsorengelder genehmigt worden.

Mein Sohn war ganz versessen darauf, mit den Autos zu spielen, und ich mußte ihn mit List und Tücke weglocken, um rechtzeitig zu einem Konzert von Kinderstar Raffi zu kommen – ein Konzert, das nicht stattfand, wie sich herausstellte.

Raffi hatte den Auftritt verweigert und das Weite gesucht, wie er mir später erzählte, erschrocken über den Autosalon im Miniformat. „Ich war geschockt über diese Firmenpräsenz, diese ... massive Kommerzialisierung. Das hat mich total gestreßt, und in einer solchen Umgebung konnte ich nicht auftreten." Da mein Sohn keine Ruhe gab, kehrten wir zu den Autos zurück, wo er mich nervte, ihm einen Kia-Geländewagen zu kaufen, sich aber schließlich mit einem aufblasbaren Dinosaurier mit Kia-Logo begnügte.

Während der Playoffs für den Stanley Cup der Eishockey-Liga lag mein Sohn mir abermals in den Ohren: Diesmal sollte ich eine 24-Dosen-Packung Labatt Blue Bier kaufen. Er wollte unbedingt den Stanley Pokal aus Plastik, den es kostenlos dazugab, ein Kaufanreiz, den er aus der Werbung während der Spiele kannte. Labatt muß gewußt haben, daß viele Eltern ihre Kinder zu den Playoffs mitnehmen – ein nationales Ritual in Kanada – und die meisten nicht bereit gewesen wären, wegen einer Plastikimitation des Stanley Cup auf ihre bevorzugte Biermarke zu verzichten. Deshalb leuchtet es ein, daß die Firma unter anderem darauf abzielte, meinen Sohn zu veranlassen, mich so lange mit seiner Quengelei zu nerven, bis ich das Bier kaufte – was ihr gelang.

Als ich das Bier kaufte (und gedrängt wurde, das Kia-Auto zu kaufen) war ich Opfer des „Quengelfaktors" geworden, einer brillanten neuen Marketingstrategie, die Kinder nach Strich und Faden manipuliert. Lucy Hughes, die bei Initiative Media, dem größten Kommunikationsmanagement-Unternehmen der Welt, für den Bereich Strategie und Analyse zuständig ist, gehört zu den Erfindern der Quengelfaktor-Strategie; sie hat die Lösung für ein Problem gefunden, das die Unternehmen seit Jahren beschäftigt: Wie kann man an Kindern verdienen, die Produkte kaufen möchten, aber kein eigenes Geld besitzen? Während man erwachsene Verbraucher „dazu bringen kann, sich Produkte zu wünschen und zu kaufen", so Hughes, stellen Kinder eine einzigartige Herausforderung dar. Sie entdeckte – und das ist die entscheidende Erkenntnis hinter der Quengelfaktor-Strategie –, daß die Werbung Kinder lediglich gezielt veranlassen muß, so lange zu quengeln, bis die Eltern genervt aufgeben und das Produkt kaufen.

Zu diesem Zwecke führten Hughes und ihre Kollegen von Initiative Media mit Hilfe von Kinderpsychologen eine wissenschaftliche Analyse der Quengelei durch, die Kinder an den Tag legen, wenn sie sich etwas wünschen, und die jeweilige Auswirkung auf unterschiedliche Typen von Eltern: „Wir haben festgestellt, daß es zwei verschiedene Verhaltensmuster gibt. Kinder quengeln entweder mit Beharrlichkeit oder mit Nachdruck. Beharrlichkeit heißt, sie lassen nicht locker: ‚Mami, ich wünsche mir das Barbie-Traumhaus, bitte, bitte, bitte ...' Und Nachdruck heißt: ‚Mami, ich brauche das Traumhaus unbedingt, damit Barbie und Ken zusammenleben und Kinder kriegen und eine Familie gründen können.' Die Art, wie Kinder quengeln, wirkt sich auf die Kaufentscheidung der Eltern aus."

Die Wirksamkeit der jeweiligen „Quengelvariante" hängt vom angepeilten Elterntypus ab. Hier gibt es vier Kategorien. Die „pragmatischen" Eltern, eine der größten Gruppen, sind in der Regel gutsituiert, gehören der gehobenen Mittelschicht an und reagieren selten auf die nervtötende Bettelei ihrer Sprößlinge. Sie brauchen einen guten Grund, um ihrem Kind einen Kaufwunsch zu erfüllen. Hughes sagt: „Deshalb versuchen wir, die Kinder zu veranlassen, mit Nachruck auf die Bedeutung ihres Wunsches hinzuweisen, den Eltern den Nutzen oder Vorteil des Produkts vor Augen zu führen, und warum es für das Kind wichtig ist. Unter den richtigen Umständen sind sie dafür empfänglich."

Die drei anderen Elterngruppen geben schneller nach. Zur kleinsten Gruppe, den „Kumpeln", gehören in der Regel die jüngeren Eltern, die ihren Kindern nicht zuletzt deshalb Computerspiele und ferngesteuerte Spielzeug-Lkws kaufen, weil sie selber Spaß daran haben. Die „Spendablen" sind überwiegend berufstätige Mütter, die mit dem Kauf Schuldgefühle kompensieren, weil sie nicht genug Zeit für ihre Kinder haben. Und die „Zwiespältigen", zumeist alleinerziehende Mütter, haben das Gefühl, sie sollten nicht jedem Wunsch ihrer Kinder nachgeben, können es aber nicht lassen; sie mögen keine Impulskäufe, können aber nicht widerstehen; und sie wettern gegen Werbung, die auf Kinder abzielt, begrüßen aber ihre Hilfe bei der Entscheidung, was sie für ihre Kindern kaufen sollen.

Das Schicksal ganzer Unternehmensimperien könnte von der Fähigkeit der Anbieter abhängen, die Quengelfaktor-Strategie wirksam einzusetzen. „Zu McDonald's gehen viele Eltern nur, weil die Kinder ihnen in den Ohren liegen", sagt Hughes. Und die Restaurantkette Chuck E. Cheese? „Ach du liebe Zeit", meint Hughes. „Da ist es laut, und es wimmelt nur so von Kindern. Warum sollten Eltern dort freiwillig zwei Stunden verbringen?" Hughes, deren Unternehmen das erste sein wollte, das die Auswirkung der Quengelei quantifiziert, stellte fest, daß „zwischen zwanzig und vierzig Prozent der Käufe unterblieben wären, wenn die Kinder nicht gequengelt hätten ... Das gilt auch für ein Viertel der Besucherzahlen in Freizeitparks ... und für Kinofilme, Heimvideos, Fast Food. Der Einfluß der Kinder auf die Kaufentscheidung ihrer Eltern ist enorm."

Dieser Einfluß reicht über Produkte für Kinder hinaus und erstreckt sich sogar auf Erzeugnisse der oberen Preiskategorie für Erwachsene, etwa Autos. „Es gibt viele Merkmale bei einem Auto, die Kinder ansprechen", meint Hughes. Das würde Kias Marketingbemühungen beim Kinderfestival in Vancouver erklären oder Kopplungsgeschäfte mit Kindervideos, die sich als Blockbuster erweisen, wie *Herr der Ringe* (die mit Spannung erwartete VHS/DVD-Freigabe des Films wurde laut Kia eingesetzt, um den Kundenverkehr in den Autosalons anzukurbeln) und *Shrek*. Kia ist freilich nicht der einzige Autokonzern, der es auf die Zielgruppe Kinder abgesehen hat. Nissan sponsert den hoffnungsvollen Fußballnachwuchs (American Youth Soccer Organization); Chrysler benutzt kinderfreundliche Popup-Bücher im Hochglanzformat für seine Postwurfsendungen, und immer öfter nehmen Kinder in der Automobilwerbung diverser Hersteller eine Schlüsselrolle ein.

„Vom Marketingstandpunkt aus ist das eine hochwirksame Strategie", sagt die Marketingexpertin Julie Halpin über den Trend, den Einfluß der Kinder zu nutzen, um Erwachsenen Produkte zu verkaufen. „Die Spiel- und Süßwarenhersteller haben es schon immer so gehalten, und daran wird sich auch in Zukunft nichts ändern. Aber unser Klient ist ein Finanzdienstleister. Unfaßbar, daß eine auf Kinderwerbung spezialisierte Agentur einen Finanzdienstleister als Kunden hat." In der Tat.

„Kinder sind erstaunlich, wenn sie fernsehen", sagt Hughes. „Sie achten auf die Werbung ... Wie viele Leute nehmen die Werbung wirklich wahr? Bei den Eltern ist der Prozentsatz vermutlich ziemlich gering." Kinder ins Visier zu nehmen macht Sinn aus der Marketingperspektive, da Werbeagenturen die mit Medientricks vertrauten Eltern umgehen und die beträchtliche Überzeugungsgabe nutzen, die Kinder gegenüber ihren Erzeugern an den Tag legen. Kinder sind zudem leichter manipulierbar als Erwachsene. Lucy Hughes und ihresgleichen würden gewiß den Experten von der American Academy of Pediatrics zustimmen, die erklärten: „Kinder unter acht Jahren sind von ihrer Entwicklung her unfähig, die Absicht der Werbung zu erkennen, und nehmen die aufgestellten Behauptungen für bare Münze. Die jüngsten Zuschauer, bis zum achten Lebensjahr, können Werbespots nicht von regulären Fernsehsendungen unterscheiden." Für die Werbeagenturen und ihre Klientel ist die Empfänglichkeit der Kinder für Werbung genau das, was sie zu reizvollen Zielen macht. In der psychopathischen Welt der großen Konzerne ist Verletzlichkeit eine Einladung, auszubeuten, und kein Grund zu schützen.

Kinder „repräsentieren heute als Verbraucher von morgen einen riesigen Markt“ und sind deshalb Freiwild für die Unternehmen, sagt Lucy Hughes. Oder, wie es eine andere Führungskraft aus dem Werbesektor formulierte: „Kinder sind in erster Linie entwicklungsfähige Verbraucher.“[9] Ob eine solche Einstellung ethisch zu rechtfertigen ist? „Keine Ahnung“, sagt Hughes über ihre Arbeit, doch dann fügt sie rasch hinzu, als sei die Frage nach der Ethik irrelevant, die Rolle ihrer Agentur bestehe darin, „Produkte in Umlauf zu bringen, und wenn wir ... Produkte in Umlauf bringen ... haben wir unsere Aufgabe erfüllt.“ Selbst Raffi, ein unerschütterlicher Kritiker des Kindermarketing, muß zu seinem Bedauern gestehen, daß die Möglichkeit der großen Konzerne, „Kinder als Zielgruppe anzusprechen, um den Absatz zu steigern, gesetzlich verankert ist ... Die Unternehmenschefs tun genau das, wofür sie bezahlt werden, nämlich den Gewinn pro Aktie erhöhen.“

Raffi hat recht, was die Gesetzeslage angeht. 1981 hob die Federal Communication Commission (FCC) Restriktionen auf, die sie während der 1960er Jahre über die Kinderwerbung verhängt hatte, und gab damit zu erkennen, daß sie die unsichtbare Hand des Marktes der sichtbaren des Staates vorzog. Das Fernsehen sei – so Mark Fowler, Vorsitzender des Ausschusses – ein Haushaltsgerät wie jedes andere, ein „Toaster mit Bildern“, der keiner besonderen Regulierung bedürfe.[10]

Es überrascht wohl nicht, daß die Kinderwerbung explodierte, sobald das Verbot aufgehoben war. Wie Dr. Susan Linn, Expertin der Harvard Medical School, sagt, schaut sich „ein durchschnittliches amerikanisches Kind 30 000 Werbesendungen im Jahr alleine im Fernsehen an ... Das Marketing von früher mit dem Marketing von heute zu vergleichen wäre so, als wollte man ein Kleinkaliber-Gewehr mit einer modernen

Bombe vergleichen. Die Werbung, der Kinder heute ausgesetzt sind, wird von Psychologen zusammengebastelt. Den Feinschliff besorgt eine dermaßen ausgefeilte Medientechnologie, wie niemand es für möglich gehalten hätte. Und sie ist allgegenwärtig. Kinder können ihr nicht entkommen. Sie begleitet sie auf Schritt und Tritt."

Kindern Junk Food und Fast Food schmackhaft zu machen, gehört zu den umstritteneren Taktiken der Werbeagenturen, die sich auf die „Verbraucher von morgen" spezialisiert haben. Kinder sind süchtig nach Nahrung, die schlecht für sie ist – wovon Eltern ein Lied singen können – und würden sich am liebsten von Süßigkeiten, Sprudel, Fritten und Co. ernähren, wenn man sie ließe. Unternehmen beuten diese Schwäche gnadenlos mit einer Werbung aus, die Lebensmittel mit hohem Zucker- und Fettgehalt für Kinder unwiderstehlich macht und die Bemühungen der Eltern unterläuft, die Eßgewohnheiten ihrer Sprößlinge zu kontrollieren. In einem Kartoffelchips-Fernsehspot von Frito-Lay holen beispielsweise drei Jungen im Pausenraum einer Schule voller Vorfreude eine Tüte Chips aus ihrer Lunchbox, während ein vierter Junge, der sich mit einer Banane begnügen muß, todunglücklich ist und von den anderen geschnitten wird – zumindest so lange, bis ein Affe seine Chips gegen die Banane des Jungen eintauscht. Selbst ein Dreijähriger würde die Botschaft begreifen: Gesunde Nahrung, beispielsweise eine Banane, ist schlecht; ungesunde Nahrung, beispielsweise Kartoffelchips, ist gut.

Die Phantasie der Werbeagenturen, Kindern Junk Food schmackhaft zu machen, kennt keine Grenzen. Bücher bringen kleinen Kindern mit Abbildungen von M&Ms oder Cheerios spielerisch das Zählen bei, stellen den Kundenfang unter das Motto: Was ein Häkchen werden will, krümmt sich beizeiten. „Kinder kuscheln gerne mit den Bezugspersonen oder Eltern [beim Vorlesen]", sagt Dr. Linn, „und sie lernen, dieses Gefühl der Geborgenheit mit Süßigkeiten oder Frühstückscerealien zu assoziieren".

Kritiker machen Marketingtaktiken wie diese für die Fettleibigkeit bei Kindern, die teilweise epidemische Ausmaße angenommen hat, und die Zunahme damit verbundener Gesundheitsprobleme verantwortlich. Dr. Linn sagte: „Kinder werden mit Bildern von fetthaltigen oder ungesunden Nahrungsmitteln überschwemmt. Und die Werbespots enthalten Botschaften, die besagen: ‚Wenn du das ißt, fühlst du dich besser. Wenn du das ißt, bist du glücklich. Wenn du das ißt, bist du *cool.*'"

Verity Newnham beschrieb im Auftrag einer Gruppe australischer Ärzte und Forscher die Folgen:

> „Das aggressive Fast-Food- und Süßigkeiten-Marketing beeinflußt schon in jungen Jahren die Ernährungsoptionen der Kinder und erhöht das Risiko, in späteren Jahren fettleibig oder übergewichtig zu werden. Ein großes Problem ist Diabetes. Die Allgemeinmediziner sehen mehr Kinder als je zuvor mit Diabetes Typ II in ihrer Praxis, einer Erkrankung, die mit Fehlernährung und Bewegungsmangel in Verbindung gebracht wird. Kinder können extrem anfällig für Fast-Food-Werbung im Fernsehen sein."[11]

Ein Leitartikel in der renommierten medizinischen Fachzeitschrift *The Lancet* führte den spektakulären Anstieg von Fettleibigkeit und Diabetes II bei Kindern, ein schwerwiegendes Problem im öffentlichen Gesundheitswesen, auf das „toxische Umfeld" zurück, das vor allem von der Nahrungsmittelindustrie geschaffen werde. „Es ist an der Zeit", schloß der Artikel, „Eltern, Lehrern und Gesundheitsexperten ihre rechtmäßige Rolle als Autoritäten auf dem Gebiet der Kindererziehung zurückzugeben."

In der Zwischenzeit nutzen Werbeagenturen und Unternehmen die „Chancen, die jede Zerstörung beinhaltet" (wie Rohstoffmakler Carlton Brown erklärte). In der zunehmenden Fettleibigkeit – ein Drittel der Mädchen in den USA trägt inzwischen Konfektionsgröße 44 und darüber – entdeckte eine Werbeagentur „die Chance [für die Bekleidungsindustrie], Kleidung in Übergrößen für diese Zielgruppe anzubieten".[12] Da die Diätkost- und Arzneimittelbranche ebenfalls von der Fettleibigkeit profitieren, erhöht sich nicht nur das Gewicht, sondern auch der Gewinn, den die Anbieter mit dieser Volkskrankheit einfahren.

Sie verteidigen ihre Taktiken und wälzen die Schuld an den negativen Auswirkungen von Junk Food und Fast Food auf die verantwortungslosen Eltern und andere Faktoren ab. „Das Problem des Übergewichts und der Fettleibigkeit bei manchen Amerikanern ist komplex und hat viele Facetten", meint Tom Foulkes, Sprecher des Gastronomieverbandes U.S. National Restaurant Association. „Hier ist gesunder Menschenverstand und persönliches Verantwortungsgefühl vonnöten, und das schließt die Verantwortung der Eltern ein." Jil Holroyd, für den Bereich Forschung und Kommunikation in der Canadian Restaurant and Foodservices Association zuständig, fügt hinzu: „Die Kinder fahren nicht selbst zu den Restaurants." Auch sie pocht auf das persönliche Verantwortungsgefühl. „Eltern sollten sich vergewissern, daß sich ihre Kinder ausgewogen ernähren und ausreichend bewegen."

Joe Badaracco, Unternehmensethik-Experte in Harvard, erklärt: „Was die Frage der Werbung für Kinder betrifft, würde ich meinen, daß nichts dagegen einzuwenden ist, solange sie keine große Wirkung zeitigt." Das Problem ist jedoch, daß sie durchaus Wirkung zeitigt. Daß Werbeagenturen, die Junk Food anpreisen, ihre Hände in Unschuld waschen, ist genauso einleuchtend wie die lange vertretene Position der Tabakindustrie, die Zigarettenwerbung trage nicht dazu bei, daß mehr geraucht werde. Marketingexperten wie Lucy Hughes geben sich große Mühe, Werbestrategien auszuknobeln, die Kinder veranlassen, ihre Eltern so lange zu nerven, bis sie Junk Food kaufen oder mit ihnen in ein Fast-Food-Restaurant fahren. Es ist schwerer, nein zu sagen, wenn das Kind von den Werbeagenturen angehalten wurde, die Autorität der Eltern in puncto Ernährung anzuzweifeln, und das *Bedürfnis* nach dem beworbenen Produkt bewußt geweckt wurde. Angesichts der Folgen einer solchen Verweigerung – Übellaunigkeit, Schmollen, Tobsuchtsanfälle und Konflikte innerhalb der Familie – sind die genervten Eltern geneigt zu kapitulieren: Sie verfrachten die Kinder ins Auto und fahren zu McDonald's. Da sich die Branche nicht scheut, Kinder anzuhalten, ihre Erzeuger für das Nein-Sagen zu bestrafen, enthält die Schuldzuweisung an Eltern, die nachgeben und ja sagen, mehr als ein Quentchen Heuchelei.[13]

Glücklicherweise gestehen ein paar Leute in der Werbebranche offen ein, was sie betreiben. „Teufelswerk" nennt Chris Hooper, ein erfolgreicher Regisseur von TV-Werbespots, seine Tätigkeit für McDonald's, Coca-Cola und andere große Konzerne. Seine Aufgabe sieht er darin, „Bilder zu schaffen, um den Leuten Produkte zu verkaufen, die sie eigentlich nicht brauchen, und das ermutigt ein Verhalten, das man nur als unreif, unverantwortlich, hedonistisch, egomanisch und narzißtisch bezeichnen kann." Trotzdem macht er weiter, tröstet sich zu einem gewissen Grad mit der Überzeugung, daß andere in seiner Branche das gleiche „Unbehagen" im Hinblick auf ihre Tätigkeit empfinden. „Wenn ich eine weitere McDonald's-Fernsehwerbung machen müßte, würde ich es machen. Schon allein deshalb – ich weiß, das klingt nach Nazi oder so –, weil es sonst ein anderer macht." Hooper beschwichtigt sein Gewissen, indem er unentgeltlich die „Stimme im Hintergrund" für Fernsehspots gegen die Großkonzerne macht, beispielsweise während Ralph Naders Präsidentschafts-Wahlkampagne.

Die ausbeuterischen Marketingpraktiken der Unternehmen erweisen nicht nur dem Körper, sondern auch Geist und Seele der Kinder einen Bärendienst, meint Steve Kline, Kommunikationsexperte und Fachmann für Kinderkultur. Kline ist der Meinung, daß die Phantasie der Kinder durch das weitverbreitete „verkaufsfördernde und synergistische Sättigungsmarketing" in der Spielwarenindustrie beeinträchtigt wird. Das mit branchenfremden Produkten gekoppelte Spielzeug – Play-Doh-Förmchen als Ergänzung zum Happy Meal von McDonald's, Mattels Barbiepuppen, die für die Drive-in-Restaurants von McDonald's „arbeiten", *Men in Black* als kostenlose Dreingabe bei Burger-King-Menüs oder sonstige Produkte aus Fernsehsendungen (G.I. Joe und andere Actionfiguren) oder Filmen (*Krieg der Sterne* und *Spider Man*) – verwandelt das Spiel der Kinder in eine „monotone Wiederholung von Drehbüchern, die von den Spielwaren-Merchandisern mitgeliefert wurden", sagt Kline. Und so büßen Kinder die Fähigkeit ein, „sich selbst eine sinnvolle Beschäftigung zu suchen, die Initiative zu ergreifen ... ihre eigene kleine Welt zu errichten und eigene Problemlösungen zu finden".

Was Kinder wirklich brauchen, so Kline, sind Spielsachen, die zu einer „kreativen Zerstörung" ermutigen: den Prozeß, sich etwas bildlich vorzustellen, zu erschaffen, zu zerstören und neu zu erschaffen; er verleiht ihnen „das Gefühl, Aufgaben zu meistern und hilft, die physikalischen Gesetzmäßigkeiten der Welt zu erforschen". Die Spielzeugfirmen werden solche Produkte vermutlich nicht herstellen, solange das synergistische Marketing mit hohen Gewinnen lockt. Der Absatz sei gestiegen, meint Kline. „Nach der Einführung solcher Huckepack-Programme boomte die Spielwaren-Nachfrage." Selbst Lego mit seinen Bausteinen, die eine „kreative Zerstörung" herausfordern, hat sich die Kopplungsstrategie zu eigen gemacht, umgetrieben von der Sorge um die Bilanzen (und trotz Klines Protest, der damals als Berater für das Unternehmen tätig war); der Konzern brachte Lego-Sets heraus, die auf Figuren und Szenen aus beliebten Kinderfilmen basieren, wie *Star Wars* und *Harry Potter.* (Die „kreative Zerstörung" im traditionellen Lego-Stil wird inzwischen in Management-Workshops eingesetzt, um schöpferische Fähigkeiten und Phantasie der Führungskräfte anzuregen.[14])

Kline befürchtet, daß die Lebenswelten der Kinder zunehmend von den gewinnorientierten Synergien der Megakonzerne geprägt werden; sie belagern die Kinder, die sich immer mehr in „Markenbastionen“ verschanzen. „Kinder können sich heute nicht mehr vorstellen, daß es eine Welt gibt, die nicht von den Unternehmen umgestaltet wurde ... daß es Möglichkeiten gibt, außerhalb dieses kommerzialisierten Raumes zu existieren. Zuerst machen wir Kinder zu Konsumenten, aber wir verlernen, kompetente Bürger zu schaffen ... gute, moralische und rechtschaffene Menschen.“ Susan Linn pflichtet Kline bei und fügt hinzu, daß wir Kindern mit der Hyperkommerzialisierung ihrer Lebenswelten eine Ellenbogen-Mentalität vermitteln und dabei grundlegende Fähigkeiten außer acht lassen, die man für das Miteinander in einer Demokratie braucht: „Kooperationsbereitschaft ... das Eingebundensein in ein Gemeinwesen ... und Sozialkontakte im beruflichen und privaten Bereich.“

Es gibt heute nur noch wenige Refugien, in denen Kinder dem überbordenden Einfluß der großen Konzerne entkommen können. Selbst die Schulen sind zur Plattform für Marketing und Propaganda geworden, seit sich die Schulleitungen, seit jeher knapp bei Kasse, auf einen Tauschhandel eingelassen haben, der ihnen Geld und kostenlose Produkte beschert.

- Sie räumen den Unternehmen Werbefläche auf elektronischen Anzeigetafeln, Dächern, am Schwarzen Brett, an Wänden, auf den Bildschirmschonern von Computern, Buchumschlägen und Websites der Schulen ein.

- Sie schließen Exklusivverträge mit Unternehmen ab und verpflichten sich, ausschließlich deren Produkte in Verkaufsautomaten und Cafeterias anzubieten (Coca-Cola und Pepsi sind dafür bekannt).

- Sie lassen sich von Sponsoren vereinnahmen (die Wells Fargo Bank ließ es sich beispielsweise 12 000 Dollar kosten, ihren Namen bei einer Tagung der Highschool-Sportorganisationen von Arizona ins Spiel zu bringen).

- Sie akzeptieren strategische Aktivitäten mit philanthropischem Deckmäntelchen (zum Beispiel ein Programm in der Schule meines Sohnes, das die Schüler auffordert, Etiketten von Erzeugnissen einer lokalen Molkereiprodukte-Firma zu sammeln und mitzubringen; diese werden von der Schule gegen Spenden des Unternehmens eingetauscht).[15]

Unternehmen haben sogar die Lehrpläne mit sogenannten Curriculum-Sets unterwandert, die den Schulen kostenlos zur Verfügung gestellt werden und ihre Produkte anpreisen (wie das von McDonald`s gesponserte Ernährungsprogramm, das die vier Nahrungsmittelgruppen anhand eines Bic Mac veranschaulicht), und sie nehmen Einfluß auf ihre Sichtweise (wie das Decision-Earth-Programm von Procter&Gamble, in dem es heißt: „Die Rodung der Bäume ... schafft neuen Lebensraum für Flora und Fauna. P&G bedient sich dieser ökonomisch und ökologisch gesunden Methode, weil sie weitgehend den natürlichen Prozessen entspricht. Die Rodung öffnet das Erdreich für die Sonneneinstrahlung, stimuliert somit das Wachstum und schafft Nahrung für Tiere.")[16]

In vielen Schulen ist die Fernsehwerbung ein wichtiger Teil der täglichen geistigen Nahrung der Schüler geworden. Channel One, ein Projekt des Edison Schools-Gründers, produziert eine Nachrichtensendung von zehn Minuten Dauer, gefolgt von zweiminütigen Werbesequenzen für Schulen, die sich per Dreijahresvertrag mit dem Unternehmen verpflichten, daß mindestens neunzig Prozent der Schüler dieses Programm jeden Tag anschauen. Als Gegenleistung erhalten sie kostenlos eine Satellitenschüssel, zwei Videorecorder, ein Fernsehgerät für jedes Klassenzimmer, Verlegen der Leitungen und die Wartung. Obwohl einige US-Bundesstaaten Channel One aus ihren Klassenzimmern verbannt haben, erreicht das Unternehmen nach eigenen Angaben vierzig Prozent aller Schüler der Middle- und Highschools in den USA.

Die Verfechter von Channel One verweisen auf die kostenlose Ausrüstung und die Möglichkeit, Schüler mit Nachrichtensendungen zu konfrontieren, und sie behaupten wie die Tabak- und Junk-Food-Industrie, die Werbung habe keinerlei Auswirkung (da fragt man sich, ob sie potentiellen Werbekunden mit ähnlichen Argumenten kommen). Untersuchungen belegen dagegen, daß die Berieselung mit solchen Sendungen nicht spurlos an den Schülern vorübergeht: Das beworbene Produkt wird höher bewertet, der Kaufwunsch geweckt und eine konsumbezogene, materialistische Einstellung verstärkt, Ergebnisse, die sich, wie es in einer Studie heißt, durch die „indirekte Propaganda der Schulen für diese Produkte erklären lassen, das heißt durch die Erlaubnis, in der Schule für sie zu werben“.[17]

Schulen werden durch die verschiedenen Formen der Werbung und Verkaufsförderung, die Unternehmen bei ihnen einsetzen, in kommerzielle Enklaven umgewandelt. Sie sind jedoch nur ein Mikrokosmos der kommerzialisierten Welt draußen. Heute entgeht niemand der Werbung, denn sie ist allgegenwärtig: auf Fernseh- und Computerbildschirmen, den riesigen Plakaten am Straßenrand und Neonreklamen, den Spruchbändern an Bussen und U-Bahn-Waggons (manchmal sogar auf den Fenstern), in Museen, Konzerthallen, Galerien und bei Sportveranstaltungen, die immer mehr zum Tummelplatz der Sponsoren werden. Über diese sichtbaren Anzeichen eines wild wuchernden Kommerzialismus hinaus hat jedoch ein Prozeß begonnen, der wesentlich subtiler ist: die zunehmende Eroberung von Bereichen, in denen wir als soziale Wesen handeln – in unserem öffentlichen Raum.

„ÖFFENTLICHER RAUM“, verkündet eine Plakette im AT&T-Plaza in New York, „Besitz und Instandhaltung: AT&T“.[18] Die „Straße“ – als Sammelbegriff für alle öffentlichen Bereiche in Stadt und Land – nimmt eine Schlüsselstellung in der Vorstellung von Demokratie ein. Sie ist ein öffentlicher urbaner Raum, ein Ort, an dem sich Menschen begegnen und versammeln, wo sie Reden halten, protestieren, demonstrieren, Streikposten oder Mahnwachen aufstellen, sich mittels Megaphon Gehör verschaffen, Informationen in verschiedener Form weitergeben oder einfach die Freiheit genießen, sich unter Menschen zu befinden. Die Idee der Redefreiheit leitet einen großen Teil ihrer magischen Anziehungskraft von der Straße her, beschwört Bilder herauf von Demonstranten auf dem Tiananmen-Platz in Peking, von den auf Seifenkisten stehenden Rednern vom Speaker`s Corner im Londoner Hyde Park oder von den Protestmärschen der Bürgerrechtsbewegung und Gewerkschaften durch die Straßen der Innenstädte.

Doch die Straße verschwindet, seit immer mehr vorstädtische Einkaufsstraßen den Shopping Malls weichen müssen und die Gehsteige in der Innenstadt durch kommerzialisierte Galerien und Tunnels ersetzt werden. Wie ein Kommentator beobachtete:

> „Die Gehwege verändern sich; sie werden in geschlossene Räume verlegt, auf Privatgelände. In den letzten Jahrzehnten hat eine Erosion der traditionellen Straßen stattgefunden, auf denen sich das öffentliche Leben abzuspielen pflegte. Automobil, Wolkenkratzer, die weitverstreuten Vorstadt-Wohngebiete und die Einkaufszentren haben zur Abschaffung des Straßenlebens in den Stadtzentren beigetragen, das sich an Fußgängern orientierte und im Freien abspielte ... Das städtische Leben findet nun in geschlossenen Räumen statt, die sich in Privatbesitz befinden, von der Öffentlichkeit genutzt und den Fußgängern vorbehalten, in gläsernen „Skywalks" zwischen den Gebäuden, in Büro- und Geschäftskomplexen zu ebener Erde, Vorhallen und Shopping Malls und Tunnels unter der Erde, die von Läden gesäumt sind."[19]

Im Stadtkern von Toronto verbindet beispielsweise ein zehn Kilometer langer Tunnel eintausendeinhundert Geschäfte und Dienstleister, dreiundsechzig Gebäude, neunzehn Einkaufszentren, fünf U-Bahn-Stationen, vier Hotels, die Börse und das Rathaus. Die Gebäude, die das „Untergrundnetz" bilden, gehören sechsunddreißig führenden Unternehmen; es wird jeden Tag von schätzungsweise hunderttausend Fußgängern genutzt.

Mehr als achtzig weitere nordamerikanische Städte verfügen über ähnlich eingehegte Fußgängersysteme, obwohl es sich bei einigen nicht um unterirdische Tunnel, sondern um Skywalks hoch über der Erde handelt. Beinahe das gesamte Stadtzentrum von Minneapolis – Hunderte von Geschäften und Dienstleistern, vier große Kaufhäuser, Regierungsgebäude und Unternehmenszentralen – sind durch Skyways von mehr als sieben Meilen Länge vernetzt, wobei jedes einzelne Segment von den Firmen (oder Regierungsbehörden) erworben, erbaut und gewartet wird, deren Gebäude die „Himmelsstraßen" verbinden. Sie sind mit Werbung zugepflastert, die größtenteils von CityLites USA stammt – dem selbsternannten Spezialisten für „Skyway-Werbung", der sich rühmt, mit seinem „hintergrundbeleuchteten Werbeprogramm [in Minneapolis] jede Woche bis zu 1 000 000 Top-Entscheidungsträger zu erreichen".

Urbane Tunnel und Skywalks sind genau wie die Einkaufszentren in den Vorstädten ein für öffentliche Interaktionen entworfener und benutzter Raum, der sich aber in privater Hand befindet, zumeist im Besitz großer Konzerne, die bestimmen, wie ihr Terrain gestaltet wird und wer es betreten darf. Sicherheitskräfte und Überwachungsgeräte sind allgegenwärtig, weil die Besitzer ein verkaufsförderndes Ambiente aufrechterhalten müssen; das erfordert den Ausschluß von Personen und Aktivitäten, „die nicht ins Konzept passen" – zum Beispiel Streikposten, Demonstranten, Verteiler von Flugblättern oder Werbezetteln und Obdachlose. Da Einkaufszentren, Tunnel und Skywalks Privateigentum sind, kann das Recht der Bürger auf Rede- und Versammlungsfreiheit hier leichter beschnitten werden als in einem vergleichbarem Raum, der sich in öffentlicher Hand befindet.[20] Außerdem orientieren sich Ausstattung und Architektur ausschließlich am Geschmack von Verbrauchern der Mittelschicht und Kunden mit gehobenen Ansprüchen.

Was die Wohngebiete betrifft, so haben sich inzwischen sage und schreibe vier Millionen Menschen in den USA in eingefriedeten Vierteln verschanzt, durch Mauern von der Umgebung abgeschottet und durch ein ganzes Netzwerk von vertraglichen Regelungen über Nutzung und Dienstleistungen abgesichert. Sie repräsentieren, so eine Studie, „einen Trend, der von zunehmender staatlicher Kontrolle über die Nutzung des Landes und die staatliche Bereitstellung von Dienstleistungen wegführt und zu privat organisierten Kontrollen und Dienstleistungsangeboten hinführt". Und weiter heißt es: „Damit hat man eine neue und wirksamere Möglichkeit, unerwünschte Personen und Nutzungen aus dem Umfeld derer auszuschließen, die reich genug sind, um sich die verstärkte Kontrolle und Privatsphäre in solchen Erschließungsprojekten leisten zu können."[21]

Der öffentliche Raum wird offenkundig kommerzialisiert, wenn städtische Straßen durch private Tunnel und Gehwege, Vorstadtzentren mit Einkaufspalästen und abgeschottete Wohnviertel ersetzt werden. Es gibt jedoch auch verdeckte Formen der Kommerzialisierung, von denen einige so subtil sind, daß man oft nicht weiß, wie einem geschieht.

Stellen Sie sich vor, Sie wandern auf einem abgelegenen Pfad durch ein Naturschutzgebiet. Eine Gruppe junger Leute steht am Wegrand und unterhält sich laut und angeregt. Sie können nicht umhin mitzuhören. „Die unterhalten sich über die Vorzüge ihres Rucksacks", sagt Jonathan Ressler, CEO der Marketingfirma Big Fat. „Wie der Rücken [bei anderen Modellen] nach 84 000 Meilen schmerzt ... aber dieser Rucksack hat ein spezielles Tralala ... wirklich bequem. Und siehe da, schon haben sie die Werbebotschaft rübergebracht – denn das war eine getarnte Verkaufsveranstaltung von professionellen Schauspielern, die für Big Fat arbeiten."

Einem solchen Undercover-Marketing ist man laut Ressler, der diese trickreiche Strategie ersonnen hat, auf Schritt und Tritt ausgesetzt: „In Bars, bei Fußballspielen, in Einkaufszentren, im Kino ... Wenn die Darsteller ihre Sache gut machen, merkt es kein Mensch – ich weiß, das klingt beängstigend, aber das passiert fortwährend um uns herum." Dem Undercover-Marketing entgeht niemand", meint Ressler. „Bis Sie abends zu Bett gehen, haben Sie acht oder neun verschiedene Werbebotschaften in verdeckter Form erhalten. Wenn Sie in einem Wohnblock leben und morgens das Haus verlassen, sehen Sie vielleicht einen ganzen Stapel Pakete von einer Online-Firma oder einem Versandhaus in der Eingangshalle, direkt neben dem Wachmann. ‚Da bestellen aber viele Leute', denken Sie. Doch das ist ein Trugschluß. Wir haben den Türsteher nämlich dafür bezahlt, daß er an einer gut sichtbaren Stelle leere Pakete plaziert", sagt Ressler.

„Und während Sie auf den Bus warten, unterhalten sich ein paar Leute laut über ein Musikstück, reichen die Kopfhörer hin und her und schwärmen: ‚Klasse! Ich habe gehört, daß die CD fast überall vergriffen ist, aber im Laden X gibt es sie allem Anschein noch zu kaufen.'

Dann fahren Sie zur Arbeit und stellen fest, daß der Kühlschrank im Büro ausschließlich mit Mineralwasser einer bestimmten Marke gefüllt ist. Sie trinken ein Glas. ‚Schmeckt gut', denken Sie", sagt Ressler. „Aber wer weiß? Vielleicht wurde es von jemandem hineingestellt, der eine bestimmte Absicht damit verfolgt. In der Mittagspause gehen Sie in den Park und setzen sich auf eine Bank. Nebenan", so Ressler, „unterhalten sich Leute über ... ein neues Restaurant, ein brandheißer Tip, und Sie überlegen: ‚Hmm, wir wollten doch Freitagabend essen gehen. Vielleicht sollten wir es mal ausprobieren.'

Wenn Sie in Ihren Wohnblock zurückkehren und den Müll runterbringen, entdecken Sie einen anderen Stapel Pakete von besagter Online-Firma. ‚Die Leute bestellen dort ja wie verrückt', denken Sie."

„Sie gehen aus, in eine Bar", fährt Ressler fort. „Während Sie vor der Tür Schlange stehen, fällt Ihnen auf, daß sämtliche Türsteher Softdrinks der Marke X trinken und an die Wartenden verteilen. Nachdem Sie eingelassen wurden, stellen Sie sich an die Theke, um etwas zu trinken zu bestellen. Ein ‚Vorbeuger', wie wir sie nennen – Barbesucher, die wegen des Gewimmels an der Theke in der zweiten Reihe stehen –, tippt Ihnen auf die Schulter. ‚Wären Sie so nett, mir einen Drink Marke X zu bestellen?', fragt die Dame. Menschen sind von Haus aus neugierig, und deshalb fragen Sie: ‚Was ist denn Marke X? Habe ich nie gehört.' Und schon verbreitet sich die Botschaft, daß Marke X Spitze ist, wie ein Lauffeuer, mit Ihnen beginnend. Drei Vorbeuger in einer rappelvollen Bar, und innerhalb einer Stunde bestellt jeder das Getränk."

„Der ganze Witz des Undercover-Marketing ist, daß niemand weiß, daß es gerade stattfindet", sagt Ressler. Diese Taktik beruht ausschließlich auf Tarnen und Täuschen, und deshalb müssen die verdeckt arbeitenden Akteure einen Vertrag unterschreiben, der sie zu strikter Geheimhaltung verpflichtet – sollte jemand das Spiel durchschauen und fragen, ob sie mit Undercover-Marketing befaßt sind, „müßten sie theoretisch leugnen", sagt Ressler, der stolz darauf ist, daß Big Fat großen Wert auf Ehrlichkeit legt. „Was wir Ihnen erzählen, stimmt", sagt er.

Ressler scheint das Undercover-Marketing, das auf Täuschung basiert, durch eine rosarote Brille zu betrachten, aber in Wirklichkeit zeigt es einmal mehr, wie Unternehmen in ihrem Streben nach Profit über die Stränge schlagen – nicht nur Resslers Agentur Big Fat, sondern auch die Firmen, die ihn engagieren. Darüber hinaus machen solche Methoden deutlich, wie weit die Kommerzialisierung der Gesellschaft bereits reicht.

„Die großen Konzerne haben die Kirche ersetzt, was den Einfluß auf die Identität der Menschen betrifft", sagt Edison-Schools-Finanzier Michael Moe. „Beide zielen darauf ab ... sie in folgsame Schäfchen zu verwandeln, die ... ihren Obulus entrichten und den Regeln und Geboten gehorchen." Doch die menschliche Natur ist weder statisch noch universal. Sie neigt dazu, die jeweilige gesellschaftliche Ordnung widerzuspiegeln, in die Menschen eingebunden sind. Seit Anbeginn der Geschichte haben die herrschenden Institutionen Rollen und Identitäten für ihre „Untertanen" geschaffen, die mit ihren eigenen institutionellen Eigenschaften, Bedürfnissen und Interessen konform gingen: gottesfürchtige Gläubige für die Kirche, Herren und Knechte für die Feudalgesellschaften, Bürger für demokratische Regierungen.

Seit die Konzerne auf dem besten Weg sind, die Gesellschaft zu beherrschen – nicht zuletzt durch Privatisierung und Kommerzialisierung –, erhält auch ihre Idealvorstellung von der menschlichen Natur Leitbildcharakter. Die Aussicht ist beklemmend. Konzerne sind schließlich bewußt darauf ausgerichtet, psychopathische Verhaltensmuster zu entwickeln: ausschließlich auf die eigenen Interessen fixiert, unfähig zur Sorge für andere, ohne Moral und Gewissen – in einem Wort: unmenschlich. Ihr Ziel besteht darin, wie Noam Chomsky erklärt, „sicherzugehen, daß die Menschen, mit denen sie in einer Wechselbeziehung stehen, ebenfalls unmenschliche Züge entwickeln. Es gilt, ihnen natürliche Regungen auszutreiben, wie Fürsorglichkeit, Mitgefühl oder Solidarität ... Ideal wären Menschen, die sich innerlich völlig abschotten, sich um niemanden scheren ... deren Selbstbild und Selbstwertgefühl sich auf die Frage beschränkt: ‚Wie viele geweckte Wünsche kann ich befriedigen? Wie hoch kann ich mich ungestraft verschulden, wenn ich diese Wünsche befriedige?' Ideal wäre eine Gesellschaft, deren kleinste Einheit ein Mensch ist, der in einer Röhre lebt, ohne Verbindung zu seinesgleichen."

Chomsky sagt, die Triebfeder hinter der Privatisierung sei nicht nur „der Gewinn für Wall Street", sondern auch das Bestreben der Konzerne, ein ganz bestimmtes Menschenbild zu untermauern und ein gefährliches Prinzip des sozialen Sicherheitssystems in den USA zu unterlaufen: „Menschen ist es nicht gleichgültig, ob die Witwe von nebenan etwas zu essen hat. Doch das darf nicht sein. Man soll nur danach trachten, den eigenen Wohlstand zu mehren, alles zu vergessen, bis auf die eigenen Belange ... Das gilt auch für Schulen. Mit der Privatisierung unterwandert man die Solidarität der Gesellschaft, auf die sich das öffentliche System stützt, nach dem Motto: Es hat mich nichts anzugehen, ob der Junge von nebenan zur Schule geht. Jeder kämpft für sich und für niemanden sonst."

„Aus der Warte der Konzerne ist der ideale Bürger ein maßlos habgieriger Verbraucher", fügt der Philosoph Mark Kingwell hinzu, „getrieben von reinem Eigeninteresse, das psychopathische Züge aufweist." Eineinhalb Jahrhunderte nach seiner Geburt ist der Konzern moderner Prägung, eine Rechtsperson, künstlich geschaffen nach dem Ebenbild eines menschlichen Psychopathen, nun bestrebt, Menschen aus Fleisch und Blut nach *seinem* Ebenbild zu formen.

Chris Barett sagte, für seine Bank sei er bereit, alles zu tun. „Seine" Bank ist die First USA, die ihn und seinen Freund Luke McCabe sponsert. Und Luke erklärte, er hätte sich das First-USA-Logo eintätowieren lassen, wenn seine Wohltäterin es verlangt hätte. Ein solches Tattoo „ist eine gute Sache, wenn man später Kinder hat, die fragen: ‚Daddy, was bedeutet das?'", fügte Chris hinzu. „Dann könnten wir mit unserer Sponsorgeschichte aufwarten wie unsere Eltern, die uns etwas aus ihrer Jugend erzählt haben." Auf die Frage, an welcher Stelle er sich tätowieren lassen wolle, erwiderte Luke, das müsse die Bank entscheiden.

Chris und Luke sind die ersten Menschen, die als „wandelnde Werbeträger" von einem Konzern gesponsert werden. Die beiden jungen Männer hätten gerne die University of San Diego besucht, erfuhren aber vor Ort, daß sich die Studiengebühr dort auf 40 000 Dollar im Jahr belief. Entmutigt kehrten sie in ihr Hotelzimmer zurück und schalteten den Fernseher ein, eine Sportsendung: Tiger Woods spielte Golf, mit seinem Markenzeichen, der Nike-Kappe. „Wahrscheinlich kassiert er Millionen, wenn er sie bei Pressekonferenzen und dergleichen trägt", dachte Luke, was ihn auf eine Idee brachte. Chris und er beschlossen, einen Schritt weiterzugehen als Tiger Woods. Sie konnten einem Unternehmen, das bereit war, sie zu sponsern, mehr als Golf anbieten, nämlich sich selbst, mit Haut und Haaren.

Die beiden entwarfen eine Website, ChrisAndLuke.com, auf der sie sich als wandelnde Werbeträger für das Unternehmen anboten, das bereit wäre, ihre College-Ausbildung zu finanzieren. Mehr als fünfzehn buhlten um ihre Gunst. Chris und Luke entschieden sich für First USA, ein Bank-One-Ableger und der größte Visacard-Anbieter der Welt. College-Studenten sind ein lukrativer Markt für das Unternehmen.

Als Gegenleistung für die finanzielle Unterstützung mußten Chris und Luke bei den Studenten auf dem Campus die Werbetrommel für die Kreditkarten der Bank rühren – ihnen beibringen, wie Chris sagte, „daß jeder eine Kreditkarte braucht und lernen sollte, damit umzugehen“. Darüber hinaus waren die beiden vertraglich verpflichtet, sich nichts zuschulden kommen zu lassen und einen passablen Notendurchschnitt zu erzielen. Außer dem Vertrag gab es noch die eine oder andere stillschweigende Übereinkunft, zum Beispiel hinsichtlich der Teilnahme an konzernfeindlichen Demonstrationen. Chris erklärte: „Da wir von einem Konzern gesponsert werden ... sollten wir ihm ebenfalls unter die Arme greifen und unseren Kommilitonen ... sagen, daß er nicht so schlecht ist wie sein Ruf.“ „Genau“, fügte Luke hinzu. „Diese Leute, die bei den Aktionen gegen die Konzerne mitmachen, sehen oft nur ein oder zwei böse Sachen und nicht, was sie Gutes für die Gesellschaft tun.“

Chris und Luke haben keine Lust, gegen Konzerne zu demonstrieren, deshalb ist es unwahrscheinlich, daß sie durch ihren Pakt in einen Gewissenskonflikt geraten. Ganz im Gegenteil, seit sie von einem gesponsert werden, halten sie diese Institution in Ehren.

Luke: Ich habe großes Vertrauen in die Welt der Konzerne; es wird sie immer geben, und deshalb kann man ihnen genausogut vertrauen, denn sonst wäre das nicht gut.

Chris: Die Leute müssen einfach verstehen, daß die Konzerne ihr Bestes versuchen, denke ich. Sie geben sich die größte Mühe, die Kommune und jedes Land zu unterstützen, in dem sie ansässig sind.
Luke: Ich bin der Meinung, es ist eine gute Sache, wenn Konzerne ein bißchen Geld hier und dort investieren, um jungen Leuten bei der Finanzierung ihrer Ausbildung zu helfen. Oder Menschen, die bedürftig sind ... Ich finde es Klasse, wenn sie etwas für wohltätige Zwecke spenden oder die Ausbildung von Jugendlichen unterstützen.

Chris findet, daß Luke und er „einen positiven Beitrag" zur „Übernahme" der Gesellschaft durch die Großunternehmen beigetragen haben. Das Sponsoring der Konzerne stellt in seinen Augen eine Möglichkeit dar, soziale Probleme aller Art zu lösen, selbst die Obdachlosigkeit. Ein Beispiel: Er hatte in New York City einen Obdachlosen gesehen, der an seinem Stammplatz auf der Straße einen Fernseher aufgestellt hatte und fernsah. Die Passanten blieben neugierig stehen. Einige ließen sich mit ihm photographieren. Chris fand, das sei eine echte Chance: Die Firma Polaroid könnte beispielsweise für ihre Kameras werben und einen Photographen engagieren, der die Bilder aufnimmt. Der Obdachlose würde ein Entgelt bekommen und die Passanten ein kostenloses Photo. Chris und Luke sind der Ansicht, daß sich Obdachlose und andere von ihrer Geschichte inspirieren lassen sollten, weil sie zeigt, „daß jeder etwas aus sich machen kann, solange er den Mumm und den Wunsch hat, sein Ziel beharrlich zu verfolgen und sein Bestes zu tun".

Chris und Luke „sind ein Symbol für die zunehmende Normalisierung und Akzeptanz der Kommerzialisierung in buchstäblich allen Lebensbereichen", sagen die Buchautoren Alex Molnar und Joseph Reaves.[22] Die Vorstellung, daß einige Gesellschafts- und Lebensbereiche zu kostbar, verletzlich, geheiligt oder für das öffentliche Interesse zu wichtig sind, um kommerziell ausgebeutet zu werden, scheint zu verblassen. Die

Wahrnehmung, daß es dieses öffentliche Interesse *überhaupt* gibt, ein Gemeinwohl, das über dem individuellen Eigeninteresse steht, schwindet.

Das kommerzielle Potenzial wird immer mehr, so heißt es, zum Maß aller Dinge; es sollte Unternehmen freistehen, Gewinne um jeden Preis zu erzielen, denn Menschen seien ausschließlich von Eigennutz und materialistischen Wünschen geprägt. Das sind die Elemente einer im Entstehen begriffenen, neuen Ordnung, die genauso gefährlich werden könnte wie jede Art von Fundamentalismus, die von der Geschichte hervorgebracht wurde. Denn in einer Welt, in der nichts und niemand vor Inbesitznahme, Manipulation und Ausbeutung gefeit ist, werden die Konzerne auch vor nichts und niemandem Halt machen.

6. BILANZ

Im Verlauf des zwanzigsten Jahrhunderts bahnte sich die Welt mühsam ihren Weg zu mehr Demokratie und Menschlichheit, taumelnd und immer wieder innehaltend. Neue Nationen begrüßten die demokratischen Ideale, während die Regierungen in bestehenden Demokratien ihren Zugriff auf Gesellschaft und Wirtschaft erweiterten. Soziale Programme und ein Katalog staatlicher Regulierungen – wie Roosevelts New Deal und spätere Initiativen in den Vereinigten Staaten – wurden Mitte des Jahrhunderts als Teil einer breit angelegten Strategie westlicher Regierungen geschaffen, um ihre Bürger vor den Versäumnissen des Marktes und der Ausbeutung durch die Unternehmen zu schützen.

In der zweiten Hälfte des Jahrhunderts zogen sich die Regierungen jedoch zurück. Unter dem Druck der Wirtschaftslobby und der ökonomischen Globalisierung wandten sie sich einer vom Neoliberalismus geprägten Politik zu. Die Deregulierung befreite die Konzerne aus gesetzlichen Zwängen, und die Privatisierung ermächtigte sie, auch solche Bereiche der Gesellschaft zu erobern, die früher tabu für sie waren. Gegen Ende des Jahrhunderts hatten sie sich bereits zur weltweit herrschenden Institution entwickelt.

Doch die Geschichte pflegt Institutionen, die sich selbst erhöhen, eine Lektion in Sachen Demut zu erteilen. Mächtige Imperien wie die Kirche, die Monarchie oder die kommunistischen Parteien Osteuropas wurden ausnahmslos gestürzt, auf Normalmaß gestutzt oder von neuen Ordnungen übernommen. Es ist unwahrscheinlich, daß die Konzerne die erste herrschende Institution sein könnten, der es gelingt, dem Lauf der Geschichte zu trotzen. Sie haben es nicht einmal geschafft, einige der dringlichsten Probleme der Welt zu lösen, sondern sie sogar noch verschlimmert: Armut, Krieg, Umweltzerstörung, Krankheiten. Und immer mehr Menschen – Aktivisten, Durchschnittsbürger, die Armen und Entrechteten dieser Welt und sogar Führungskräfte – gelangen zu der Überzeugung, daß die rationalisierte Habgier und die gesetzlich verordnete Selbstsucht humaneren Werten weichen sollten. Obwohl der Zusammenbruch des Kapitalismus nicht unmittelbar bevorsteht, wächst die Unzufriedenheit mit diesem System. Die Gretchenfrage lautet: Was machen wir mit den mächtigen Konzernen – oder gegen die Geister, die wir riefen?

Am 25. November 1997 beobachtete ich durch das Fenster meines Büros, wie Tausende von Studenten aus den Hörsälen und Wohnheimen strömten, über den Campus der University of British Columbia marschierten und sich einer geballten Polizeimacht gegenübersahen, die eine undurchdringliche Mauer bildete. Die Demonstration richtete sich gegen den APEC-Gipfel (Asia Pacific Economic Corporation), eine Konferenz der Staats- und Regierungschefs, unter ihnen auch Bill Clinton und der seither in Ungnade gefallene indonesische Präsident Suharto, die bei diesem Treffen die Freihandelsagenda der wirtschaftlichen Globalisierung voranbringen wollten. Ich wagte mich ins Freie – ein Exemplar der Verfassung in der einen, die Mitgliedskarte der Bibliothek in der anderen Hand (die mich als Juraprofessor der Universität auswies) –, um die Bürgerrechte der Studenten vor dem Übereifer der Ordnungshüter zu schützen. Meine Bemühungen waren vergeblich, was mich nicht verwunderte.

Erstaunlich war, daß die Protestkundgebung überhaupt stattfand. Ich hatte das Gefühl gehabt, daß sich die amerikanischen Studenten Mitte der 1990er Jahre für ihre Aktiendepots interessierten statt für gesellschaftliche Bewegungen. Aber sie waren zur Stelle, zu Tausenden, trotzen Pfefferspray und Polizeiknüppeln, um für ihre Ideale zu kämpfen. Noch ungewöhnlicher war, daß die Studenten Front gegen Konzerne machten – gegen ihre hemmungslose Umweltzerstörung, Ausbeutung von Arbeitnehmern und Menschenrechtsverletzungen. Zum ersten Mal seit der Weltwirtschaftskrise und nach Jahren im Schatten anderer Themen – Bürgerrechte, Vietnamkrieg, Rassendiskrimierung und Kampf um die Gleichstellung der Frauen – standen die Konzerne wieder im Rampenlicht der Öffentlichkeit.

Während der letzten Jahre des ausklingenden Jahrhunderts und zu Beginn des neuen wurde den Architekten der ökonomischen Globalisierung eingeheizt, wo immer sie auftauchten. Kurz nach dem APEC-Protest in Vancouver breitete sich der Flächenbrand auch auf Seattle aus – die „Schlacht von Seattle", wie es in den Medien hieß; Auslöser war ein Treffen der WTO (World Trade Organization). Ähnliche Protestkundgebungen folgten in ganz Nordamerika und Europa, unter anderem 2003 während des G8-Treffens in Genf.

Obwohl einige Unternehmensführer die Globalisierungsgegner als notorische Unruhestifter abtaten, begriffen die meisten, daß die Demonstrationen, bei denen Abertausende von Teilnehmern Verletzungen und sogar ihr Leben riskierten, Ausdruck einer tief verwurzelten Frustration waren, die in der Gesellschaft um sich greift. „Es wäre ein schwerwiegender Fehler, die Unruhen zu bagatellisieren, die wir in den letzten Jahren in Seattle, Washington und Prag beobachten konnten", warnte *Business Week*. „Es mag sein, daß viele der Radikalen, die eine führende Rolle bei den Protestkundgebungen spielen, zu einer politischen Randgruppe gehören ... Doch wenn die Probleme des globalen Kapitalismus nicht endlich angegangen werden, könnte die Reaktion darauf noch heftiger werden."[1]

Ira Jackson, ein ehemaliger Bostoner Banker und Leiter der John F. Kennedy School des Government`s Center for Business and Government in Harvard, hält die Kampagnen der Globalisierungsgegner für ein Zeichen, daß die Konzerne ihr Blatt überreizt haben. „Wir haben zwar gesiegt", sagt er, bezugnehmend auf den Triumph des Kapitalismus über den Kommunismus, doch der wachsende Groll gegenüber den Konzernen könnte sich zu einem Schneeballsystem ausweiten, zu einer Machtprobe, die „weit über die unrühmlichen Ereignisse in den Straßen von Seattle, Davos und Prag hinausgeht". Den Sieg an die große Glocke zu hängen sei fehl am Platz. Obwohl „der Kapitalismus keine Konkurrenz hat und Kapitalismus herrscht ... bleiben viele auf der Strecke". Das könnte „heimlichen Groll und Vergeltungsmaßnahmen" fördern.[2]

Da die Hälfte der Weltbevölkerung in Armut lebt und die Erde einer ökologischen Katastrophe entgegensteuert, wird sich Karl Marx' Prophezeiung, daß sich die Kapitalisten mit ihren Exzessen am Ende ihr eigenes Grab schaufeln, irgendwann bewahrheiten, meint Jackson, es sei denn, die Konzerne würden sich grundlegend ändern. Das „Kommunistische Manifest" von Marx und Engels sei, wie die Bibel, eine moralische Abhandlung und daher verführerisch. Das Problem mit dem Kapitalismus bestehe darin, daß es sich um eine globale Theorie ohne Moralkodex, ohne „Heilige Schrift" handele. „Und das ist gefährlich", warnt er. „Wir sind nicht in der Lage, in einem globalen Kontext zu existieren, wenn wir uns wie die Axt im Walde aufführen." Der Kapitalismus brauche eine moralische Entsprechung zum „Kommunistischen Manifest", sagt er, „ein Manifest für den Kapitalismus".

Vor dem Zusammenbruch von Enron und der Welle von Unternehmensskandalen, die folgte, erklärte Professor Joe Badaracco von der Harvard Business School, daß die Protestaktionen der Globalisierungsgegner, so bedeutsam sie auch waren, noch „keine Resonanz ... im amerikanischen Mittelstand gefunden haben. Falls es weitere Skandale gibt, in die Politiker und Unternehmen verwickelt sind, könnte sich das allerdings ändern." Die Skandale sind da, und das Mißtrauen der Menschen gegenüber den Konzernen wächst, ist möglicherweise schon genauso groß wie zur Zeit der Weltwirtschaftskrise.

Um Abhilfe zu schaffen, tüftelten drei der weltweit führenden Wirtschaftstheoretiker – Robert Simons (Harvard), Henry Mintzberg (McGill) und Kunal Basu (Oxford) – ein Manifest für die Unternehmen aus. „Der Kapitalismus sieht sich einer Krise gegenüber", sagten sie. Die Wall-Street-Skandale seien lediglich die Spitze eines Eisbergs, unter der sich eine zunehmend „von Selbstsucht geprägte Kultur" verberge. Sie drohe die Wirtschaft zu zerstören, „genau das, was uns lieb und teuer ist". CEOs haben nach Ansicht der drei Wirtschaftsweisen gelernt, wie ein Mantra herunterzubeten, daß Unternehmen allein zu dem Zweck existieren, den *Shareholder-Value* zu maximieren; sie seien darauf trainiert zu glauben, das Eigeninteresse „sei das erste Gebot im Geschäftsleben". Und der Hinweis, daß „bei einsetzender Flut alle Boote angehoben werden", sei nur eine Rechtfertigung für das selbstsüchtige Verhalten und ein Vergleich, der obendrein hinke (die drei Professoren weisen darauf hin, daß „auf dem Höhepunkt eines ökonomischen Booms, der seit einem Jahrzehnt anhält, jedes sechste amerikanische Kind laut Statistik in Armut lebt, 26 Prozent der Arbeitnehmer sich mit ihren Löhnen am Existenzminimum bewegen ... und mehr als 30 Prozent der amerikanischen Haushalte ein Nettovermögen – Haus und Wertpapiere eingeschlossen – von weniger als 10 000 Dollar besitzen"). Die jüngste Protestwelle gegen die Globalisierung läßt sich nach Meinung der Professoren in nicht unerheblichem Maß auf die Versprechen des Kapitalismus zurückführen, die für die Armen in den Hungerleiderländern unerfüllt geblieben sind – für jene, „deren Boot nicht angehoben wurde".[3]

Viele Leute aus der Wirtschaft teilen die Ansichten der Professoren. Aber welches Heilmittel gibt es gegen die Probleme, an denen die Konzerne derzeit kranken? Früher, zumindest während des vergangenen Jahrhunderts, wandten sich die Menschen an „Vater Staat", wenn sie das Vertrauen in die Unternehmen verloren. Heute erklären viele mit Nachdruck, daß die staatliche Regulierung keine Lösung mehr sei, um den Schaden einzudämmen, den Unternehmen anrichten. Sie halten den Markt für den fähigsten und angemessensten Regulator unternehmerischen Verhaltens.

„Wir brauchen nicht mehr staatliche Intervention", sagt Ira Jackson. „Wenn sich der Staat auf dem Rückzug befindet, wenn das Vertrauen der Öffentlichkeit in die öffentlichen Institutionen schwindet, wenn Kapitalismus und Konzerne übermächtig sind", könne die Lösung nur beim Markt und nicht bei der Regierung liegen. „Kunde, Verbraucher und Mitarbeiter sind die Könige und Königinnen des neuen Kapitalismus, und wir müssen endlich beginnen, unsere Autorität und Chancen verantwortlich zu nutzen." Unternehmensführer seien „keine verkappten Sozialisten", wenn sie das Konzept der gesellschaftlichen Verantwortung begrüßen, noch reagierten sie so, „weil die Regierung ihnen die Pistole auf die Brust setzt oder weil sie plötzlich ein Buch über transzendentale Meditation und globale Moralvorstellungen gelesen haben". Sie hätten vielmehr begriffen, daß „die Märkte Verantwortlichkeit fordern und dieses Konzept Wettbewerbsvorteile bringt". Deshalb ist BP-Chef John Browne für Jackson ein idealer CEO: „Er geht weder mit seinen ethischen Grundsätzen hausieren, noch reitet er ein moralisches Steckenpferd. Und er glaubt nicht, daß BP geschaffen wurde, um mit jedem Tag ein bißchen wohltätiger zu werden. Der Grund dafür, daß er und andere diese neuen Prinzipien [der gesellschaftlichen Verantwortung] begrüßen und umzusetzen bestrebt sind, ist, daß sich der Markt geändert hat."

Browne und andere sozial verantwortungvoll handelnde Unternehmensführer haben begriffen, daß Gewinn und Gewissen sich nicht widersprechen müssen, meint Jackson, daß eine Synergie zwischen beiden besteht – „die Chance, daß eins plus eins fünf oder sieben oder neun ergibt".

Viele Angehörige der Unternehmenseliten teilen Jacksons Meinung. Chris Komisarjevsky, CEO von Burson-Marsteller, sagt: „Die gesellschaftliche Verantwortung ist ein Mandat, das Unternehmen heute haben. Ihnen bleibt gar keine andere Wahl.

Wenn man die Analysen betrachtet, unsere eigenen und andere, stellt man fest, daß die ‚Meinungsmacher' den Unternehmen predigen: ‚Ihr sollt ja eine Rendite erzielen, aber auf vertretbare Weise. Auf verantwortliche Weise. Wir wollen nicht, daß ihr Schindluder mit der Umwelt treibt. Wir wollen nicht, daß ihr euch über ethische Grundsätze hinwegsetzt. Wir wollen nicht, daß ihr euch über die Menschenrechte hinwegsetzt. Ihr sollt rechtschaffen handeln, und wir ziehen euch für euer Verhalten zur Verantwortung.'"

Pfizer-Chef Hank McKinnel pflichtet ihm bei. „Wenn man seine Aufgabe darin sieht, den Gewinn auf Kosten der Allgemeinheit zu maximieren, dann stellt man in den Augen ‚der Allgemeinheit' ein Problem dar." John Browne von BP glaubt, daß sich die Angst der Menschen vor den Konzernen – ein „Monster, das sich in die öffentliche Befindlichkeit eingeschlichen hat" – durch die Bereitschaft der Unternehmen, gesellschaftliche Verantwortung zu übernehmen, zügeln läßt. „Wenn wir die Akzeptanz und das Vertrauen der Öffentlichkeit zurückgewinnen wollen, müssen wir progressiv sein", sagt er.

Auch Robert Monks ist der Ansicht, daß man Lösungen beim Markt und nicht in einer weiteren staatlichen Regulierung suchen sollte. „Es besteht keine Notwendigkeit für eine Intervention der Regierung, weil der Markt angemessen reagieren kann und wird, wenn er über die richtigen Informationen verfügt." Doch er ist der Meinung, daß die Aktienmärkte ein verläßlicheres Instrument als die Verbrauchermärkte sind, um dem Machtmißbrauch der Konzerne Paroli zu bieten.[4] Da heute viele Leute Aktien besitzen, in aller Regel durch ihre Pensionskassen, wären die Aktionäre geeignete „Stellvertreter für das Gemeinwohl" und könnten ihre Macht als Eigentümer nutzen, um Gesellschaft und Umwelt vor dem Fehlverhalten der Konzerne zu schützen.

„Die beiden [Pensionskassen-Aktionäre und die breite Öffentlichkeit] sind zunehmend identisch ... In einem überaus realen Sinn

> *sind* die Pensionskassen-Aktionäre die Öffentlichlichkeit. Wie alle anderen Sterblichen haben auch Pensionäre den Wunsch, nicht nur angemessene Zahlungen zu erhalten, die ihnen einen adäquaten Lebensstandard ermöglichen, sondern darüber hinaus auch in einer zivilen, sauberen und sicheren Welt zu leben."

Deshalb können Aktionäre, so Monks' Vorschlag, als „wirksame, gut informierte, kompetente Gegenkraft, die vom Management Rechenschaft fordert", viel von dem erreichen, was die Bürger sonst durch den politischen Prozeß in Angriff nehmen müßten. Diese Option, von Monks „treuhänderischer Kapitalismus" genannt, ist „eine Wiedereinführung der traditionellen Werte des Besitztums, das den Kapitalgesellschaften als Unternehmensform vorausging, Werte, die ihnen in der langen modernen Ära allem Anschein nach abhanden gekommen sind".

Ob die Aktionäre nach Monks' Entwurf nun als „Stellvertreter für das Gemeinwohl" dienen oder diese Rolle vom Verbraucher übernommen wird, wie in Jacksons Modell, der grundlegende Gedanke ist der gleiche: Unternehmen können und sollten zumindest bis zu einem gewissen Grad von den Märkten und nicht von staatlichen Aufsehern kontrolliert werden. Die Entscheidungen der Leute, welche Produkte oder Aktien sie kaufen, haben im Rahmen dieser beiden Modelle einen *politischen* Charakter: Sie repräsentieren das öffentliche Interesse und verweisen als solches das unternehmerische Verhalten in seine Schranken. Die beiden Modelle – Jacksons und Monks' Empfehlungen sind Beispiele für zwei breiter angelegte Konzepte, „Verbraucherdemokratie" und „Aktionärsdemokratie" genannt – entbehren nicht einer gewissen Logik. Unternehmen ändern bisweilen ihr Verhalten auf positive Weise, um die Aktionäre zu befriedigen oder zu beschwichtigen. Der Haken ist jedoch, daß diese Modelle keinen effektiven und verläßlichen Ersatz für die staatliche Regulierung zu bieten haben.

In einer Demokratie sind alle Menschen gleich, zumindest als Staatsbürger in der politischen Sphäre. Jeder verfügt über eine Stimme, ungeachtet seiner finanziellen Lage oder gesellschaftlichen Position. Im Unternehmenskontext hieße das: Jeder Bürger hat ein Wörtchen mitzureden, wie sich diese mächtigen Organisationen verhalten sollten. Die Verlagerung der Regulierung von der staatlichen auf die Marktebene macht die Konzerne immun gegen die Auswirkungen der Teilhabe von Bürgern am politischen Prozeß und überläßt ihre Kontrolle einer Institution, die jedem *Dollar* – und nicht jedem Menschen – eine Stimme zuerkennt.

„In einer Demokratie ist jeder Mensch gleich, zumindest formal", sagt die Volkswirtschaftlerin Elaine Bernard, Leiterin des Trade Union Program der Harvard University. „Jeder Bürger, ob arm oder reich, hat nur eine Stimme. Doch wenn wir diese Macht auf den Markt übertragen, entsteht ein Ungleichgewicht zwischen arm und reich. Der eine besitzt so große Macht, daß er den anderen buchstäblich damit zermalmen kann. Nicht zuletzt deshalb hatten wir im Lauf der Geschichte immer das Gefühl, die Märkte regulieren zu müssen."

Wenn man, wie Jackson, die Herrscherrolle im neuen Kapitalismus den Verbrauchern zuspricht, ignoriert man bequemerweise, daß ein Großteil der Weltbevölkerung zu arm ist, um überhaupt eine Rolle in der Verbraucherökonomie zu spielen – ein Argument, auf das Jackson selber mit der Bemerkung verwies, daß „drei Milliarden Menschen immer noch in Armut leben". Und selbst diejenigen, die an den Verbrauchermärkten partizipieren, haben wahrscheinlich unterschiedliche verfügbare Einkommen, was im Klartext bedeutet, daß auch die Anzahl der „Stimmen" unterschiedlich ist – wohl kaum ein Erfolgsrezept für etwas, was den Namen Demokratie beansprucht.

Darüber hinaus spricht einiges gegen Jacksons Annahme, daß Verbraucher bei ihren Kaufentscheidungen gesellschafts- oder umweltrelevante Interessen im Auge haben. Charles Kernaghan beschreibt einen typischen Fall aus der Spielwarenabteilung von Wal-Mart. Er wollte von einer Kundin wissen, ob es für sie von Belang sei, wo und wie das Spielzeug hergestellt wird, und sie antwortete: „Ich fühle mich nicht besonders wohl dabei ... man hört ja schreckliche Geschichten; aber was soll ich machen, meine Kinder wollen es unbedingt haben."

Die Expertin Debora Spar von der Harvard Business School bestätigt Kernaghans Erfahrung; nach ihrer Einschätzung gibt es keinen Anhaltspunkt dafür, daß „die Leute ihre Kaufgewohnheiten beim Betreten eines Geschäfts ändern", weil gesellschafts- und umweltrelevante Themen plötzlich an erster Stelle stehen.

Wie Jackson geht auch Monks davon aus, daß ein Dollar (bzw. ein Anteil) mit einer Stimme gleichzusetzen sei, wenn er empfiehlt, sich auf die Aktionäre als „Stellvertreter des Gemeinwohls" zu verlassen. Und obwohl es zutreffen mag, daß in den Vereinigten Staaten ungefähr die Hälfte der Bevölkerung Aktien besitzt und somit an der „Aktionärsdemokratie" teilhaben könnte, wäre die andere Hälfte entrechtet. Und selbst diejenigen, die über Aktien und somit über eine „Stimme" verfügen, haben meistens nur wenige Anteile, was bedeutet, daß ihre Stimme kaum ins Gewicht fällt. Zieht man die Entwicklungsländer in Betracht, wo nur ein verschwindend geringer Anteil der Bevölkerung Aktien besitzt, verliert das Argument für die Aktionärsdemokratie weiter an Boden.

Hinzu kommt, daß Aktienbesitzer sich zwar für Gesellschafts- und Umweltbelange interessieren können, jedoch bei ihren Entscheidungen, Aktien zu kaufen, zu halten oder zu verkaufen, in erster Linie ihre eigenen Interessen wahren. Fakt ist, daß sich sogar Monks' eigene Tätigkeit als „Aktionärsaktivist" ausschließlich an den langfristigen Finanzinteressen seiner Klientel ausrichtet. Auf die Frage, ob er durch seine Hilfestellung bei der Reform zahlreicher Firmen Schäden verringern konnte, die durch unternehmerische Externalitäten verursacht worden waren, antwortete er schlicht: „Nein."

Und selbst wenn eine beträchtliche Anzahl von Verbrauchern und Aktionären bereit wäre, bei ihren Entscheidungen gesellschafts- und umweltrelevante Belange zu berücksichtigen, bleibt ein großes Problem: Wie gelangt man in den Besitz aller dazu nötigen Informationen? Unternehmen fühlen sich nicht zu einem öffentlichen Sündenbekenntnis bemüßigt, und die Nichtregierungsorganisationen, die ihre Aktivitäten überwachen, haben – trotz mutiger Bemühungen und erhöhter Effektivität, seit es das Internet gibt – kein Geld und keine rechtliche Handhabe, um die Unternehmen zur Offenlegung von Informationen zu zwingen. Sie sind kein Ersatz für staatliche Regulatoren, die über die erforderlichen Ressourcen und Befugnisse verfügen, um Standorte zu inspizieren, eine Offenlegung anzuordnen und Standards durchzusetzen.

Laut Harvard-Expertin Debora Spar kommen durch die Aktivitäten der NGOs und der Medien zwar hin und wieder Unternehmensverfehlungen ans Licht, aber die Nachforschungen bleiben zu sporadisch und unzureichend, eher mit einem Suchscheinwerfer als mit einem Flutlicht zu vergleichen. „Wir brauchen eine Kombination aus moralischen und Marktnormen und *formalen staatlichen Sanktionen*", sagt sie. Letztendlich „sollte man sich nicht darauf verlassen, daß Medien und Öffentlichkeit den Unternehmen Druck machen und sagen, was sie zu tun und zu lassen haben".

Charles Kernaghan, der die Mülldeponien in den Entwicklungsländern nach Hinweisen auf Ausbeuterfabriken absucht, ist sich als Leiter des National Labor Committee der Grenzen von NGOs bewußt. Er glaubt ebenfalls, daß formale staatliche Sanktionen unabdingbar und wirksame Regulierungsmaßnahmen die einzige Hoffnung sind, dem Machtmißbrauch der Konzerne Einhalt zu gebieten. Seine Organisation und andere, ähnlich geartete, können den demokratischen Prozeß ergänzen, aber nicht ersetzen, sagt er. Sie können Bürger durch Aufklärung und die Bereitstellung von Informationen befähigen, Gesetze gegen den Machtmißbrauch von der Regierung zu fordern. Aber das ultimative Ziel muß die Einführung und Verankerung dieser Gesetze sein. „Ohne durchsetzbare Menschen- und Arbeitsrechtsnormen können wir der globalen Ausbeuterindustrie nicht das Handwerk legen", sagt er. „Auf freiwilliger Basis, durch Verhaltensmaßregeln, Privatisierung und Überwachung wird sich nichts ändern. Nie und nimmer. Es müssen Gesetze her."

Viele Aktivisten stimmen Kernaghan zu, daß vollstreckbare Gesetze, von der Regierung erlassen – Regulierungen eben –, den Kern jeder wirksamen Strategie bilden müssen, dem eigenmächtigen Treiben der Konzerne ein Ende zu setzen. Für Simon Billeness von Boston Trillium Asset Management – eine Investmentfirma mit sozialer Orientierung, die unlängst den Schulterschluß mit Greenpeace und anderen Umweltschutzgruppen herstellte, um einen Aktionärsbeschluß voranzubringen, der die Probebohrungen von BP an der Küste Alaskas stoppen will – sind die Eingriffsmöglichkeiten von Nichtregierungsorganisationen als Ersatz für eine staatliche Regulierung „Hirngespinste". Aktionärsbeschlüsse sind zwar nützlich, um das Augenmerk der Öffentlichkeit auf das Fehlverhalten von Unternehmen zu lenken, sagt er, aber kein Ersatz für eine wirksame staatliche Regulierung. „Sozial denkende Aktionäre und andere Aktivisten können Druck machen", aber letzten Endes müssten die Konzerne einer „demokratischen Kontrolle unterliegen, einer Regulierung, wenn Sie so wollen".

Als Richter Louis Brandeis vom Obersten Gerichtshof der Vereinigten Staaten die Konzerne 1933 mit „Frankenstein-Monstern" verglich, da lag mehr in dieser Beobachtung als nur Rhetorik. Regierungen erschaffen Unternehmen, die ihrer Kontrolle nun auf ähnliche Weise zu entgleiten drohen wie dem Dr. Frankenstein das Monster. Das regulatorische System sollte das Monster an die Kette legen, um Unheil zu verhindern, wie Richter Brandeis in seinem Spruch erklärte.[5]

Regulierungen wie die Gesetze zum Schutz von Umwelt, Arbeitskräften und Verbrauchern schreiben den Unternehmen verantwortungsbewußtes Handeln vor, statt darauf zu hoffen und zu vertrauen, daß sie aus eigenem Antrieb Wohlverhalten zeigen. Sie spiegeln Entscheidungen über angemessene Verhaltensregeln wider, von einer Institution entwickelt – der Regierung –, deren einziger Zweck darin besteht, das öffentliche Interesse zu schützen und zu fördern, im Gegensatz zu den Unternehmen. Die staatliche Regulierung kann, im Gegensatz zu marktgestützten Lösungen, Autorität, Befähigung und demokratische Legitimation in die Waagschale werfen, um Bürger vor unternehmerischen Untaten zu schützen. Sie ist ein Instrument zur Realisierung gesellschaftlicher Werte – wie Demokratie, soziale Gerechtigkeit, Gesundheit und Wohlergehen der Bürger, Integrität der Umwelt, kulturelle Identität –, die über die niedrige Meßlatte des Eigennutzes und der Wohlstandsmaximierung hinausgehen, an denen sich das Verhalten von Unternehmen und Märkten ausrichtet.

Milton Friedman, der glaubt, daß „wir erheblich mehr Deregulierung brauchen", ist, wie er sich brüstet, „bekannt für den Satz, es gibt nichts umsonst". Das trifft auch hier zu: Die Entstaatlichung hat ihren Preis. Durch die Regulierung entstehen zweifellos Kosten, und die Beseitigung dieser Kosten im Zuge einer Deregulierung hat den einen oder anderen Vorteil. Unternehmen können ihre Gewinne erhöhen, wenn sie von den regulatorischen Hemmnissen befreit sind, die sie hindern, ihre Kosten auf andere abzuwälzen; die Verbraucher kommen bisweilen in den Genuß von Preissenkungen; Regierung und Steuerzahler sparen Geld, wenn die Budgets der Aufsichtsbehörden gekürzt werden können. Doch in den meisten Fällen tauchen die eingesparten Kosten an anderer Stelle wieder auf – wovon die Opfer unternehmerischer Verfehlungen ein Lied singen können.

Sie wären vielleicht vor ihrem Schicksal bewahrt worden, wenn es eine wirksame Regulierung gegeben hätte: zum Beispiel Norma Kassi und das Volk der Gwichin, Patricia Anderson und ihre Familie, Wendy Diaz und die anderen jungen Frauen in der Ausbeuterfabrik, Don Shugak, die Quecreek-Bergleute, die

Arbeiterinnen in den Sweatshops von New York und Los Angeles, die Kinder, die durch die Fernsehwerbung für Junk Food krank oder fettleibig werden.[6]

Regulierungsmaßnahmen sollen Unternehmen zwingen, Kosten zu internalisieren – das heißt, selber zu zahlen –, die sie sonst auf Gesellschaft und Umwelt abwälzen würden. Wenn diese Auflagen wirksam sind und durchgesetzt werden, können sie Unternehmen daran hindern, Einzelpersonen, Kommunen und Umwelt zu schaden und auszubeuten. Deregulierung oder Entstaatlichung ist in Wirklichkeit eine Form der *Entdemokratisierung*, weil sie „dem Volk" das Recht vorenthält, durch seine demokratischen Repräsentanten in der Regierung zu handeln, das einzige offizielle politische Instrument, über das es derzeit verfügt, um das Verhalten der Konzerne zu kontrollieren.

Doch staatliche Lösungen finden nicht nur bei Unternehmensführern, sondern auch bei Aktivisten wenig Anklang. Sie glauben mit einer gewissen Berechtigung, daß der Staat seine Fähigkeit eingebüßt hat, die Macht der Unternehmen zu dekkeln. Sie sind der Meinung, die Menschen sollten offen Front gegen die Konzerne machen, auf den Straßen und durch NGOs und lokale Bündnisse, und sich nicht darauf verlassen, daß Vater Staat es schon richten wird. „Wir sollten mit dem Finger auf die Unternehmen zeigen, statt die Regierung zu behelligen", sagt Anita Roddick, deren Ansicht von vielen geteilt wird, auch von Naomi Klein, Aktivistin der Antiglobalisierungsbewegung: „Konzerne sind die mächtigsten politischen Einheiten unserer Zeit, und wir reagieren als Bürger auf sie, Bürger einer politischen Organisation ... Die Konzerne sind zur neuen Arena für Proteste geworden."

Obwohl die Bewegung gegen die Herrschaft der Konzerne ohne strapazierfähige NGOs, lokale Initiativen und politische Opposition unmöglich, ja sogar sinnlos wäre, werden sie fälschlicherweise oft als *Ersatz* und nicht als notwendige Ergänzung für die staatliche Regulierung betrachtet. Viele Angehörige der Unternehmenseliten und ihre Fürsprecher würden „Halleluja" singen, wenn ihre aktivistischen Widersacher die Regierung aus dem Spiel lassen würden. Schließlich ist es genau das, was sich viele Unternehmensführer wünschen: die staatliche Hand durch das freie Spiel der Marktkräfte zu ersetzen, vielleicht noch ergänzt durch die Aufsicht von Nichtregierungsorganisationen (ohne Rechtsbefugnis) und die Forderungen gewissenhafter Verbraucher und Aktionäre (ohne große Auswirkung). In diesem Szenario würden Unternehmen die Vollstreckungsmacht und sämtliche Ressourcen des Staates erhalten, während sich die Bürger mit den NGOs und der unsichtbaren Hand des Marktes begnügen müßten – also Sozialismus für die Reichen und Kapitalismus für die Armen, um bei einem Satz von George Bernard Shaw Anleihe zu nehmen.

In einem System, das sich auf die Marktkräfte und Nichtregierungsorganisationen stützt, um sozial verantwortliches Verhalten der Konzerne zu fördern, gibt es wenig Demokratie. Wohltätige Unternehmen sind, wie wohltätige Tyrannen, vielleicht besser als böswillige, aber wie Noam Chomsky beobachtete, ist es „besser zu fragen, warum wir überhaupt eine Tyrannei dulden, als zu überlegen, ob sie wohltätig sein kann". Konzerne sind keine demokratischen Institutionen – ihre Vorstände und Manager müssen ausschließlich den Aktionären Rede und Antwort stehen, denen sie ihr täglich Brot verdanken. Die Vorstellung, unternehmerische Wohltätigkeit und gesellschaftliche Verantwortung ließen sich allein durch Marktkräfte erreichen, die staatliche Regulierung letztendlich überflüssig macht, ist gefährlich, weil sie die Bedeutung der Demokratie mindert. Demokratische Regierungen sind trotz aller Fehler und Mängel zumindest in der Theorie für die ganze Gesellschaft verantwortlich.

Zugegebenermaßen reicht das regulatorische System in der Praxis nicht an die demokratischen Ideale heran, an denen es sich ausrichtet. Die „Eroberung der Ordnungspolitik", wie der Ökonom George Stigler in den 1960er Jahren die wachsende Einflußnahme der Unternehmen auf die Regulierungsbehörden mittels Lobbying und selektiver Weitergabe von Informationen beschrieb, ist inzwischen gang und gäbe; Gesetzesverstöße sind bei vielen Konzernen an der Tagesordnung, weil sie davon ausgehen, nicht erwischt zu werden, und wenn doch, rechnen sie sich allemal, weil die finanziellen Vorteile letztendlich größer sind als die verhängten Geldbußen. Die Regulierungsbehörden, in der Regel personell unterbesetzt, nicht rechenschaftspflichtig und von Bürokraten bevölkert, verstehen sich eher als Partner und weniger als Aufseher der regulierten Branchen, aus denen sie oft rekrutiert wurden. Und die Standards, die durch regulatorische Gesetze verankert werden, sind oft reagierende Maßnahmen, keine präventiven, und als solche zu schwach, um Konzerne daran zu hindern, Menschen und Umwelt schweren Schaden zuzufügen.[7]

Allgemein gesagt, erweist das demokratische System als Ganzes den Idealen, die es beseelen, einen schlechten Dienst. Eine Selbstverwaltung des Volkes auf breiter Basis fehlt, da die Teilhabe auf den gelegentlichen Gang zur Wahlurne beschränkt bleibt, und etwa die Hälfte der Bevölkerung rafft sich nicht einmal dazu auf. Die Politiker geraten durch das Geld der Konzerne ungebührlich unter Druck und werden zunehmend ihrer Macht beraubt, ihnen durch wirksame Entscheidungen auf die Finger zu klopfen, da ihnen durch Deregulierung und Privatisierung die Hände gebunden sind. Die öffentliche Sphäre schrumpft, und die soziale Ungerechtigkeit nimmt überhand. Trotz alledem erklärt Chomsky: „Was immer man von den Regierungen auch halten mag, sie sind in gewissem Ausmaß, in begrenztem Ausmaß, öffentlich verantwortlich. Die Verantwortlichkeit der Unternehmen ist dagegen gleich Null ... Daß die Propaganda Stimmung gegen den Staat macht, ist nicht zuletzt darauf zurückzuführen, daß er die einzige Institution ist, an der die Leute bis zu einem gewissen Grad teilhaben und mit der sie eine tyrannische, unverantwortliche Macht in ihre Schranken weisen können."

Obwohl das derzeit vorhandene regulatorische System und das politische System generell unvollkommen sind und den demokratischen Idealen, auf denen sie basieren, nicht immer gerecht werden, sind sie doch demokratische Steuerungsmechanismen – was man von einer kombinierten Lenkung aus Unternehmen, Markt und NGOs nicht behaupten kann. Deshalb ist es an der Zeit, die demokratischen Institutionen zu stärken, statt sie über Bord zu werfen, und sie zu einem ehrlicheren Nachdenken über die Ideale zu zwingen, auf denen sie gründen.

Aber ist es dafür nicht bereits zu spät? Wird die Regierung in solchem Maß von den Unternehmen geknechtet, daß sie nie mehr imstande sein wird, die Kontrolle zurückzugewinnen? Manchmal hat es den Anschein. Anzeichen für ihre Dominanz findet man allenthalben: die schiere Größe der Konzerne, von denen manche mit ihrer Ökonomie sogar kleinere Nationen in den Schatten stellen, ihr Aktionsradius, der Ländergrenzen überschreitet, ihre Kontrolle über die Gesellschaft und ihr Einfluß auf die Regierung. Die Vorstellung, daß sich die Konzerne durch die Globalisierung und ihre Machtstellung dem Zugriff des Staates entzogen haben, möglicherweise für immer, ist nicht abwegig. Doch dabei ignoriert man einen wichtigen Faktor – daß ihre Existenz ausschließlich vom Staat abhängt und sie sich daher, zumindest theoretisch, immer unter staatlicher Kontrolle befinden.

Die Kapitalgesellschaft war ursprünglich als öffentliche Institution konzipiert, die nationalen Interessen dienen und das Gemeinwohl fördern sollte. Während des siebzehnten Jahrhunderts wurden Handelsgesellschaften wie die Hudson Bay Company und die East India Company von der Krone beauftragt, Staatsmonopole in den Kolonien des britischen Empire zu errichten. Auch während des achtzehnten und zu Beginn des neunzehnten Jahrhunderts wurden sie überwiegend zu öffentlichen Zwecken wie Kanalisation und Wasserversorgung gegründet. Die moderne gewinnorientierte Kapitalgesellschaft, einzig darauf programmiert, die *privaten* Interessen ihrer Besitzer voranzubringen, unterscheidet sich grundsätzlich von früheren Versionen dieser Institution. Doch in einem wichtigen Punkt ist alles beim alten geblieben: Sie sind, sie waren immer ein Produkt der Politik, eine *Schöpfung* des Staates.

Der Staat ist die einzige Institution der Welt, die Unternehmen zum Leben erwecken kann. Er allein gewährt ihnen grundlegende Rechte, wie die Behandlung als Rechtsperson und die Haftungsbeschränkung, und er zwingt sie, die Gewinne stets an die erste Stelle zu setzen. Er stellt Ordnungs- und Streitkräfte auf, baut Gerichte und Gefängnisse (alle zwangsfinanziert von den Bürgern), um die Eigentumsrechte der Unternehmen durchzusetzen – Rechte, die vom Staat geschaffen wurden. Und nur der Staat kann, in Verbindung mit anderen Staaten, internationale Handelsvereinbarungen treffen und globale Institutionen wie die WTO (World Trade Union) schaffen, die wiederum seine Möglichkeiten beschneiden, die von ihm aus der Taufe gehobenen Unternehmen und Eigentumsrechte zu regulieren.

Ohne den Staat ist das Unternehmen nichts. Buchstäblich nichts.

Deshalb wäre es ein Fehler zu glauben, daß der Staat geschwächt wurde, seit die Unternehmen an Stärke gewonnen haben. Die Globalisierung und Deregulierung haben die Möglichkeiten des Staates gemindert, das öffentliche Interesse zu schützen (beispielsweise durch Arbeits-, Umwelt- und Verbraucherschutzgesetze) und ihm mehr Möglichkeiten an die Hand gegeben, die Interessen der Konzerne zu fördern, ihnen die Realisierung ihrer gewinnorientierten Ziele zu erleichtern (beispielsweise durch Unternehmensgesetze, Eigentums- und Vertragsrecht, Urheberrecht und internationale Handelsgesetze). Doch unter dem Strich wurde die Macht des Staates nicht geschmälert. Sie wurde umverteilt, enger an die Bedürfnisse und Interessen der Unternehmen statt an das öffentliche Interesse gekoppelt.

Deshalb ist es nur die halbe Wahrheit, wenn man wie Daniel Yergin und Joseph Stanislaw in *The Commanding Heights* behauptet, daß „die generelle Abkehr von der traditionellen staatlichen Kontrolle über die Kommandozentralen (der Wirtschaft) ein Trend ist, der diese Kontrolle zunehmend dem Einfluß der Märkte überläßt". Während diese Aussage die schwindende Rolle des Staates beim Schutz der Bürger vor den Unternehmen berücksichtigt, ignoriert sie die wachsende Rolle des Staates beim Schutz der Unternehmen vor den Bürgern.

Die Frage ist nicht, *ob* der Staat die Konzerne reguliert – das tut er immer –, sondern *wie* und in wessen Interesse. Geblendet von der Vorstellung von den Unternehmen als einer „natürlichen Einheit", einer *unabhängigen* Rechtsperson, übersehen wir leicht, daß sie vollständig vom Staat *abhängig* sind, was ihre Gründung und ihren Machtstatus betrifft. Das wiederum zerstört „jedwede Grundlage für eine staatliche Regulierung des Unternehmens, das sein Leben dem Staat verdankt", wie der Historiker Morton Horwitz die ideologische Wirkung der Theorie von der „natürlichen Einheit" beschreibt.[8]

Die Architekten des New Deal wußten um diesen Zusammenhang. Ihnen war klar, daß die Theorie von der natürlichen Einheit und die damit verbundenen Laissez-faire-Doktrinen die Rechtmäßigkeit der Regulierungsmaßnahmen untergruben, die das öffentliche Interesse fördern sollten. Deshalb ließen sie diese Ideen fallen und griffen auf ältere Vorstellungen von Unternehmen und Märkten als staatliche Schöpfung zurück. „Die Freiheit von staatlichen Eingriffen, wie sie die Laissez-faire-Jünger verlangen, ist nachweislich weder vorhanden noch überhaupt denkbar", schrieb ein New-Deal-Befürworter 1935. „Verhandlungsmacht läßt sich einzig daraus ableiten, daß die ausgehandelten Eigentumsrechte staatlich geschützt sind und staatlicher Kontrolle unterliegen, wie es sich geziemt."[9]

Solche Vorstellungen gab es auch schon vor dem New Deal. Robert Hale erklärte 1922: „Die zumindest teilweise Abhängigkeit der derzeitigen ökonomischen Umstände von der früheren Politik der Regierung hinsichtlich der Verteilung des Volkseigentums liegt auf der Hand. *Laissez-faire* ist ein utopischer Traum, der nie verwirklicht wurde, noch je verwirklicht werden kann."[10] Im Norris-LaGuardia Act, dem wichtigsten Element des New-Deal-Arbeitsrechts, heißt es in der Präambel als Rechtfertigung für die Einschränkung der Eigentumsrechte von Arbeitgebern:

> „Wogegen unter den gegebenen ökonomischen Bedingungen, *entwickelt mit Hilfe staatlicher Behörden für Eigentümer, die sich in Unternehmens- und anderen Eigentümerverbänden zusammenschließen*, der einzelne Arbeiter im allgemeinen machtlos und unfähig ist, Gebrauch von seiner Vertragsfreiheit zu machen und seine Rechte zu schützen, um annehmbare Vertrags- und Arbeitsbedingungen zu erreichen."

Unternehmen und Märkte können ohne den Staat nicht existieren. Deregulierung stuft nicht die staatliche Einflußnahme zurück, sondern verändert schlicht deren Natur.

*

Als Schöpfung des Staates muß sich die Kapitalgesellschaft an einer Norm messen lassen, die auf jede Regierungspolitik anwendbar sein sollte, nämlich an der Frage: Dient sie dem öffentlichen Interesse? Die Richter und Gesetzgeber im neunzehnten Jahrhundert, die das Unternehmen in eine eigennützige Institution zurückverwandelten, legten diesen Gedanken nie ganz ad acta. In einer Ära, in der Laissez-faire-Ideen vorherrschten, entwickelten sie eine neue Vorstellung davon, was eigentlich im öffentlichen Interesse lag. Ihm wäre am besten gedient, fanden sie, wenn jedes Individuum, die Rechtsperson Unternehmen eingeschlossen, seinen eigenen Interessen ohne staatliche Einmischung nachgehen könnte.

Aus dieser Annahme entwickelte sich eine Art Zirkelschluß, der heute noch existiert und die staatliche Förderung von Unternehmensinteressen rechtfertigt. Man glaubt, wenn die Förderung der Unternehmensinteressen dem Gemeinwohl dient, wird das Gemeinwohl gefördert, wenn man den Unternehmensinteressen dient. Oder, wie Charles Wilson, ehemaliger Firmenchef von General Motors und US-Verteidigungsminister, einem Unterausschuß des Senats in den 1930er Jahren erklärte: „Was gut für General Motors ist, ist auch gut für das Land."

Kürzlich stellte Dr. Harriet Smith Windsor, Ministerin in Delaware, einem Bundesstaat, dessen wichtigste Industrie die Massenproduktion von Kapitalgesellschaften ist (die Hälfte der Fortune-500- und an der New Yorker Börse notierten Unternehmen sind dort gegründet worden; 27 Prozent des jährlichen Steueraufkommens von 2,3 Milliarden Dollar wird von diesen Kapitalgesellschaften erbracht), ähnliche Überlegungen an: „Unsere Gesetze sind darauf ausgerichtet, Unternehmen zu unterstützen, ihren Bedürfnissen entgegenzukommen." Und ihr Stellvertreter Rick Geisenberger fügte hinzu: „Wir machen unsere Gesetze so, daß sie den Unternehmen die Möglichkeit bieten, zu florieren, und den Leuten, an Kapital heranzukommen." Das kann ein guter Grundsatz staatlicher Politik sein – sofern das beste Interesse der Unternehmen und das beste Interesse der Öffentlichkeit identisch sind, eine Annahme, die heutzutage häufig die staatliche Politik bestimmt.

Daß sich Unternehmensrecht und Unternehmenspolitik auf die *Konzeption* des Gemeinwohls stützen, wenn auch nur auf eine sehr enge, bestätigt nur, daß das *Konzept* des Gemeinwohls nach wie vor das ultimative Maß für den institutionellen Wert und die Legitimität der Unternehmen darstellt. Die meisten Statuten im Unternehmensrecht spiegeln diesen Ansatz wider: Sie enthalten Bestimmungen, die der Regierung gestatten, eine Kapitalgesellschaft aufzulösen oder eine entsprechende richterliche Verfügung zu erwirken, falls der dringende Verdacht besteht, daß sie gegen das öffentliche Interesse verstoßen hat. Das Recht des Staates, eine erteilte Konzession wieder zu entziehen, war immer Teil des Unternehmensrechts. Daß eine Regierung ein Unternehmen genauso leicht zerstören wie schaffen kann, symbolisiert eine Idee, die auf der Hand liegt, aber häufig in Vergessenheit gerät: In einer Demokratie ist die Existenz von Unternehmen ausschließlich vom Willen des Volkes abhängig und der Souveränität des Volkes unterworfen. Wie der New Yorker Generalstaatsanwalt Eliot Spitzer bemerkte: „Wenn eine Aktiengesellschaft wegen wiederholter Kapitalverbrechen verurteilt wird, die Menschenleben schaden oder gefährden oder unsere Umwelt zerstören, sollte man sie auslöschen und ihre unternehmerische Existenz beenden, ihre Vermögenswerte konfiszieren und in öffentlichen Auktionen versteigern."[11]

Das Recht auf Widerruf der Konzession ist ein „gut gehütetes Geheimnis", wie Rechtsprofessor Robert Benson meinte, der unlängst beim Generalstaatsanwalt von Kalifornien beantragte, die Union Oil Company of California (Unocal) durch Anwendung eben dieses Rechts aufzulösen:

> „Die Leute gehen irrtümlich davon aus, es sei unsere Aufgabe, die Wiederholungstäter unter den Konzerngiganten laufend zu kontrollieren, jedes einzelne Leck, jede einzelne Entlassung, jede einzelne Menschenrechtsverletzung. Doch das Gesetz hat dem Generalstaatsanwalt immer gestattet, vor Gericht zu gehen, um ein Unternehmen wegen seiner Verfehlungen einfach aufzulösen und seine Vermögenswerte an andere zu veräußern, die im Einklang mit dem öffentlichen Interesse handeln."[12]

Benson listete Unocals mutmaßliche Gesetzesübertretungen in einem 127 Seiten langen Antrag an den Generalstaatsanwalt auf: Die Ölgesellschaft hatte bei einem Pipeline-Projekt mit dem verpönten burmesischen Militärregime zusammengearbeitet, das offenbar Sklavenarbeit einsetzte und ganze Dörfer zur Umsiedlung zwang; außerdem wurde ihm zur Last gelegt, bei Projekten in Afghanistan gemeinsame Sache mit dem früheren Taliban-Regime gemacht zu haben, das für seine Menschenrechtsverletzungen berüchtigt war, bevor die USA ihm den Krieg erklärten;

und es hatte sich, wie es in der Eingabe hieß, fortwährend über die Umwelt- und Arbeitsschutzbestimmungen in Kalifornien hinweggesetzt. Der Antrag wurde fünf Tage nach Eingang vom Büro des Generalstaatsanwalts abgelehnt.

Benson hatte nicht wirklich erwartet, mit seinem Antrag durchzukommen. Obwohl sich Regierungen oft auf ihr Widerrufsrecht berufen, um kleinere Firmen wegen technischer Verfehlungen und ähnlicher Delikte aus dem Verkehr zu ziehen (Kalifornien suspendierte 58 000 Unternehmen, die 2001/02 keine ordnungsgemäße Steuererklärung abgegeben und Steuern hinterzogen hatten, während Delaware im selben Zeitraum ungefähr halb so viele Konzessionen einkassierte), wird diese Maßnahme nicht angewendet, um schwerwiegende Gesetzesverstöße von Großunternehmen zu ahnden. Selbst Enron blieb die „Todesstrafe" erspart und darf als Rechtsperson weiterleben.

„Meines Erachtens wurde der größte Vorteil der Klagen auf Konzessionsentziehung noch nie realisiert, nämlich die Möglichkeit, Unocal oder einem besonderen Missetäter das Handwerk zu legen", sagt Benson. „Aber trotzdem haben sie den Vorteil, daß sie das Klima der öffentlichen Meinung verändern, die zunehmend Front gegen die Verfehlungen der Unternehmen macht, und ich denke, dabei haben wir geholfen." Das Widerrufsrecht symbolisiert in seinen Augen die Tatsache, daß Unternehmen unsere Schöpfungen sind und daß wir – das Volk – auch heute noch nach die Macht haben, sie zu kontrollieren.

Es ist an der Zeit, diese Macht zu nutzen, nicht nur durch Aktivierung des Rechts auf Widerruf der Konzession, sondern dadurch, daß wir die Konzerne generell robusten demokratischen Kontrollen unterwerfen. Sie sind keine unabhängige „Person" mit eigenen Rechten, Bedürfnissen und Wünschen, auf die Regulatoren Rücksicht nehmen müssten. Sie sind ein vom Staat geschaffenes Instrument, das die Sozial- und Wirtschaftspolitik eines Landes fördern soll. Als solches haben sie nur einen einzigen institutionellen Zweck: dem öffentlichen Interesse zu dienen (und nicht einem Zirkelschluß, der das öffentliche Interesse mit den Interessen der Konzerne gleichsetzt). Wir müssen dafür sorgen, daß sie genau das tun. Doch wie bringen wir eine psychopathische Institution wie die Konzerne dazu, das öffentliche Interesse zu respektieren und zu fördern?

Die Frage, was mit den Geistern geschehen soll, die wir riefen, ist eine der dringlichsten und schwierigsten unserer Zeit. Es gibt keine leichten Antworten, keine Blaupause für den Wandel, und wir sollten uns vor denen hüten, die Patentlösungen anbieten. Das Problem ist hausgemacht. Wir haben es selber geschaffen. Wir haben während der letzten dreihundert Jahre eine bemerkenswert leistungsfähige Wohlstandsmaschinerie konstruiert, die nun nicht mehr steuerbar ist. Obwohl Problemlösungen letztlich demokratisch gefunden werden müssen, „vom Volk", und nicht von einem Rechtsprofessor, der vor seinem Computer sitzt, möchte ich ein paar allgemeine Gedanken über mögliche Wege aus dem Dilemma beisteuern.

Zunächst einmal reicht es nicht aus, mit der Corporate Governance – der Unternehmensführung und -kontrolle – zu experimentieren. Obwohl nach dem Enron-Debakel Reformvorschläge und Maßnahmen wie die im Sarbanes-Oxley Act festgeschriebenen dazu angetan scheinen, die Verantwortung der Führungs- und Aufsichtsgremien gegenüber den Anlegern zu verstärken, tragen sie wenig dazu bei, die Verantwortung der Unternehmen gegenüber der Gesellschaft als Ganzes zu verbessern. Breiter angelegte Reformen, beispielweise strengere Auflagen bei Akquisitionen und Fusionen, Vertretung der Aktionäre in den Aufsichtsräten (z.B. Vertreter der Gewerkschaften) und Gesetze, die gestatten oder fordern, daß Führungskräfte die Interessen der Anleger in ihren Geschäftsentscheidungen berücksichtigen (sogenannte konstituierende Statuten) mögen wünschenswert sein, fallen aber kaum ins Gewicht, wenn es gilt, die Unternehmen in die Pflicht zu nehmen.

Am anderern Ende der Skala lassen Vorschläge, die auf einer konzernlosen Zukunft basieren, das Problem ungelöst, was wir *jetzt* mit den großen Kapitalgesellschaften anfangen sollen. Auch wenn „Millionen von Menschen behaupten, daß wir sie nicht brauchen, daß wir Systeme schaffen sollten, die unserer Erde und den Menschen gleichermaßen zugute kommen", wie Aktivistin Vandana Shiva erklärt, ist eine konzernlose Zukunft derzeit eine viel zu weit hergeholte Möglichkeit, um sie konkret zu planen. Wie Harvard-Experte Joe Badaracco sagt: „Diese Institution, die Kapitalgesellschaft, wird uns lange erhalten bleiben. Sie mag ein oder zwei Jahrzehnte lang schweren Zeiten entgegensehen – wie vor ein oder zwei Jahrzehnten, was allerdings umstritten ist –, aber sie hat ihre Widerstandsfähigkeit bewiesen und ausnehmend gute Chancen, noch an Stärke zu gewinnen." Man darf getrost davon ausgehen und einkalkulieren, daß die Konzerne – obwohl verletzlich wie alle herrschenden Institutionen im Lauf der Geschichte – zumindest mittelfristig in der Gesellschaft präsent und mächtig bleiben werden.

Was wäre, wenn man die Konzerne neu gestalten, sie in eine nicht-psychopathische Einheit umwandeln würde? Dieses Ziel streben die Befürworter sozialer Verantwortung und ethischen Managements erklärtermaßen an. Doch trotz oft bester Absichten werden sie grundsätzlich gehindert von den Unternehmen, die das Mandat haben, ausnahmslos die eigenen Interessen zu verfolgen. Für eine nachhaltige Reform der Kapitalgesellschaften müßte dieses Mandat geändert werden. Es gilt, die Unternehmen derart umzustrukturieren, daß sie noch anderen Bereichen der Gesellschaft dienlich, förderlich und verantwortlich sind als sich selbst und ihren Aktionären. Solche Unternehmen gibt es bereits. U.S. Postal Service, ein Unternehmen, das sich im alleinigen Besitz der US-Bundesregierung befindet, ist dafür ein Beispiel, wie sein rechtlich verankerter Firmenzweck erkennen läßt:

> „Der Postal Service wird in seiner grundlegenden Funktion die Verpflichtung haben, postalische Dienste bereitzustellen, um die Nation zusammenzuschließen durch die persönliche, informative,

> literarische und geschäftliche Korrespondenz ihrer Menschen. Er wird Kunden in allen Bereichen unverzügliche, verläßliche und effiziente Dienste anbieten und allen Kommunen postalische Dienste zur Verfügung stellen.“

Gemeinnützige Unternehmen sind auch in vielen anderen Dienstleistungsbereichen der öffentlichen Hand tätig – Transport, Versorgung, Rundfunk- und Fernsehübertragung, Sicherheits- und Rettungsdienste, um nur einige wenige zu nennen. Sie sind, wie in Kapitel 4 erläutert, den gewinnorientierten Unternehmen vorzuziehen, weil sie wichtige öffentliche Programme und Dienste anbieten.

Aber sollten alle Konzerne gemeinnützig sein? Wäre das ein Heilmittel für die Probleme, an denen sie kranken? Eine solche Lösung ist, selbst wenn sie wünschenswert wäre, im Augenblick noch reine Utopie. Vielleicht werden wir eines Tages wissen, wie wir die ökonomischen Verhältnisse wirklich demokratisieren können, und die Verbreitung gemeinnütziger Unternehmen könnte eine Schlüsselrolle dabei übernehmen. Doch in der Zwischenzeit und in absehbarer Zukunft – im Hinblick darauf, was wir heute, nächste Woche, nächstes Jahr tun können – ist die Annahme realistischer, daß die Konzerne weitgehend bleiben, was sie sind: eigennützig bis zur Psychopathie. Es sollte in diesem Zusammenhang wohl erwähnt werden, daß sie lediglich ein institutionelles Spiegelbild der Prinzipien des Laissez-faire-Kapitalismus sind. Sie zu ändern muß folglich als Teil eines größeren ökonomischen Umbauprojekts verstanden werden.

Wir sehen uns heute der Herausforderung gegenüber, Mittel und Wege zu finden, um die Konzerne zu kontrollieren – ihnen demokratische Zügel anzulegen und die Bürger vor ihren gefährlichen Neigungen zu schützen –, auch wenn wir hoffen und langfristig danach streben, eine Wirtschaftsordnung zu schaffen, die insgesamt menschlicher und demokratischer ist. Die Legitimität, Wirksamkeit und Verantwortlichkeit der staatlichen Regulierung zu verbessern ist im Augenblick die beste oder zumindest eine realistische Strategie, um dieses Ziel zu erreichen. In diesem Sinne könnten die folgenden Empfehlungen hilfreich sein:

VERBESSERUNG DES REGULIERUNGSSYSTEMS

- Die staatliche Regulierung sollte überdacht und neu legitimiert werden, als grundlegendes Mittel, um Konzerne unter demokratische Kontrolle zu bringen und zu gewährleisten, daß sie die Interessen von Bürgern, Kommunen und Umwelt respektieren.
- Die Regulierungsmaßnahmen sollten effektiver werden, durch eine realistische Aufstockung des Personals in den Vollzugsbehörden, durch Geldbußen, deren Höhe eine abschreckende Wirkung auf Unternehmen hat, welche gegen die Bestimmungen verstoßen, durch Verstärkung der Haftbarkeit von Aufsichts- und Führungsgremien bei gesetzwidrigem Verhalten, durch den Ausschluß von Wiederholungstätern bei der Vergabe öffentlicher Aufträge und durch Widerruf der Konzession, wenn Unternehmen das öffentliche Interesse flagrant und wiederholt verletzen.
- Regulierungsmaßnahmen zum Schutz der Umwelt und der Gesundheit und Sicherheit von Menschen sollten sich auf das Präventionsprinzip stützen, das Verhaltensweisen verbietet, die unter Umständen Schaden anrichten könnten, selbst wenn es keine hieb- und stichfesten Beweise gibt, daß ein solcher Schaden eintreten wird.
- Das Regulierungssystem sollte reformiert werden, um die Verantwortlichkeit zu verbessern und sowohl die „Eroberung der Behörden“ durch die Lobbys als auch die zentralisierten und bürokratischen Neigungen derzeitiger und früherer Systeme zu vermeiden. Lokale Regierungsgremien wie Stadträte oder Schul- und Parkausschüsse sollten eine größere Rolle im Regulierungssystem spielen, da sie für die Bürger oft leichter zugänglich sind als Bundes- und einzelstaatliche Behörden und eher bereit und befähigt, Bündnisse zwischen

Bürgergruppen mit bestimmten Anliegen zu schmieden (wie es ihnen unter anderem mit Initiativen gegen die Werbung in Schulen, gegen den Wildwuchs der Städte und der Briefkastenfirmen und gegen umweltschädliche Unternehmenspraktiken gelungen ist).

- Die Rolle der Gewerkschaften und anderer Arbeitnehmerverbände, die mit der Überwachung und Regulierung des Verhaltens von Konzernen befaßt sind, sollte geschützt und ausgebaut werden; das gilt auch für Umwelt-, Verbraucher- und Menschenrechtsorganisationen als Repräsentanten von Interessen und gesellschaftlichen Gruppierungen, die durch die Aktivitäten der Konzerne beeinträchtigt wurden.

DIE POLITISCHE DEMOKRATIE STÄRKEN

- Wahlen sollten von der öffentlichen Hand finanziert, politische Spenden der Konzerne ausgemerzt und striktere Bestimmungen für Lobbying und den regen Personalwechsel zwischen Regierung und Wirtschaftsunternehmen eingeführt werden. Wenn auch die Unternehmen ein Forum haben sollten, um der Regierung ihr Anliegen vorzutragen und bei politischen Initiativen mit ihr zusammenzuarbeiten, so gefährdet der Sonderstatus, den sie derzeit als „Partner" der Regierung genießen, aber den demokratischen Prozeß. Zumindest sollte ihr Einfluß auf ein Maß heruntergeschraubt werden, das sich mit dem anderer Organisationen vergleichen läßt, zum Beispiel Gewerkschaften, Umwelt-, Verbraucher- und Menschenrechtsorganisationen.[13]
- Wahlreformen, die neue Stimmen in das politische System einbinden und desillusionierte Bürger veranlassen würden, sich wieder an Wahlen zu beteiligen. Zum Beispiel könnte man ein Verhältniswahlrecht in Betracht ziehen.

EINE STABILE ÖFFENTLICHE SPHÄRE SCHAFFEN

- Soziale Gruppierungen und Interessen, die für das Gemeinwohl wichtig sind oder als zu kostbar, verletzlich oder moralisch unantastbar gelten, um der Gefahr unternehmerischer Ausbeutung ausgesetzt zu sein, sollten unter ein öffentliches Aufsichts- und Schutzsystem gestellt werden. Über das Ausmaß der Immunität, die einzelnen Maßnahmen und die Gruppierungen und Interessen, die als schutzwürdig gelten sollen, wird man noch diskutieren müssen. Die Gedanken- und Vorstellungswelt von Kindern, die Schulen und Universitäten, kulturelle Institutionen, Wasser- und Stromversorgung, Gesundheits- und Wohlfahrtseinrichtungen oder der öffentliche Raum sind Anwärter mit guten Chancen. Solche Debatten sind weit gesünder als die um sich greifende Annahme, daß kein öffentliches Interesse an Themen besteht, die über die bestehenden finanziellen Interessen einzelner Kapitalgesellschaften, Verbraucher und Anleger hinausgehen.

DEN INTERNATIONALEN NEOLIBERALISMUS IN FRAGE STELLEN

- Nationen sollten Hand in Hand arbeiten, um die Ideologien und Praktiken internationaler Institutionen zu verändern, zum Beispiel von WTO, IMF (Internationaler Währungsfonds) und Weltbank. Es gilt, eine Abkehr vom Marktfundamentalismus und der damit einhergehenden Deregulierung und Privatisierung zu erreichen. Die derzeitige ideologische Marschrichtung dieser Institutionen ist nicht bis in alle Ewigkeit festgeschrieben. Ihr ursprüngliches Mandat, in Bretton Woods formuliert, bezog sich auf die Wirtschaftstheorien von John Maynard Keynes und hatte somit eine völlig andere Orientierung als heute.

Am wichtigsten ist jedoch, daß wir uns an eine subversive Wahrheit erinnern, die immer noch die allergrößte Hebelwirkung besitzt: Unternehmen sind unsere Schöpfungen. Sie haben kein Eigenleben, keine Macht und keine Befähigungen über diejenigen hinaus, die wir ihnen durch unsere Regierungen verleihen.

„Wir leben in einer Welt voller Angst, Menschen fürchten sich vor der Dunkelheit, Menschen fürchten, ihren Arbeitsplatz zu verlieren, Menschen fürchten sich, den Mund aufzumachen, ihre Meinung zu äußern, Menschen fürchten sich, die Initiative zu ergreifen", sagt Oscar Olivera, Gewerkschaftsfunktionär und führender Kopf der Demonstrationen gegen die Privatisierung des Wassersystems in der bolivianischen Stadt Cochabamba, an der viele Menschen teilnahmen. „Es ist an der Zeit, daß wir über unsere Angst hinauswachsen ... und die Fähigkeit entwickeln, uns zusammenzuschließen, uns zu organisieren und wieder an uns selbst und andere zu glauben." Genau das haben Olivera und die Bewohner von Cochabamba getan.

Es begann damit, daß die bolivianische Regierung unter dem Druck der Weltbank das öffentliche Wassersystem von Cochabamba, einer wasserarmen Region in Zentralbolivien, im Zuge der geforderten Privatisierung an die Aguas del Tunari verkaufte, deren größter Aktionär die International Water Ltd. ist, eine Tochter des US-Wasserversorgers Bechtel. Das öffentliche Wassersystem in Cochabamba war alt, verrottet und außerstande, die ländlichen Gebiete zu versorgen, wo viele Bauern lebten. Prompt erhöhte Aguas del Tunari die Preise, teilweise um das Dreifache, und stellte den Bauern das Wasser in Rechnung, das sie ihren eigenen Brunnen entnahmen.

Die Regierung erließ, gemäß dem Vertrag mit dem Unternehmen, ein Gesetz, das die Entnahme von Wasser aus Lagunen, Flüssen und Deltas, ja sogar die Verwendung von Regenwasser unter Strafe stellte. Aguas del Tunari konfiszierte entschädigungslos die alternativen Wassersysteme der Bevölkerung und übernahm die Kontrolle. All diese Maßnahmen, die Preiserhöhung eingeschlossen – laut Olivera gerieten dadurch viele Menschen, die sich das privatisierte Wasser nicht mehr leisten konnten, in Not –, wurden von dem Unternehmen als notwendig bezeichnet, um die vertraglich vereinbarten Gewinnmargen zu erzielen.

Olivera und andere riefen die Bevölkerung in der Stadt und auf dem Lande zu Demonstrationen auf; sie verlangten den Rückzug des Unternehmens und erreichten schließlich ihr Ziel, aber erst nach blutigen Auseinandersetzungen, bei denen Polizei und Militär zum Einsatz kamen. „Viele Jugendliche wurden dabei verletzt, junge Leute, sechzehn oder siebzehn Jahre alt, verloren Arme oder Beine, trugen Lähmungen und Schäden am Gehirn oder Nervensystem davon, und ein junger Bursche, Víctor Hugo Daza, wurde getötet ... und auf dem Land kamen fünf Menschen ums Leben", erinnert sich Olivera. „Der Sieg hatte einen hohen Preis."

Dennoch war es ein Sieg auf ganzer Linie, nicht nur im „Wasserkrieg" von Cochabamba, sondern „im Kampf um Gerechtigkeit, Demokratie und bessere Lebensbedingungen der Bevölkerung", erklärte Olivera.

> „Die Bereitschaft der Menschen, sich zu organisieren, zusammenzuschließen und ihre Solidarität zu beweisen, war unglaublich ... Bis zu Hunderttausend gingen auf die Straße, aus allen Bereichen der Gesellschaft, reich und arm, Bauern, Frauen, Alte, Junge. Sie begannen zu spüren, daß sie Macht besaßen, die Macht, Entscheidungen zu treffen. Und das taten sie, was das Wasser anging. Aber nicht nur das: Zum ersten Mal seit langer Zeit bekamen Junge und Alte einen Vorgeschmack auf das, was Demokratie bedeutet, konnten sie wirklich auskosten, denn Demokratie hat immer mit der Frage zu tun, wer entscheidet ... In einer Demokratie liegt alle Macht beim Volk, und bei niemandem sonst."

Der Wasserversorger wurde ent-privatisiert und rekommunalisiert – also der Bevölkerung von Cochabamba zurückgegeben. Olivera träumt nun davon, ihn in ein gemeinnütziges Unternehmen zu verwandeln, das die Menschen an Entscheidungen und Problemlösungen beteiligt. Er sagt: „Eine Organisation ohne Erwerbscharakter, mit einem Aufsichtsgremium, das sich aus Leuten der örtlichen

Verwaltung und Vertretern der Gewerkschaften und Berufsgenossenschaften zusammensetzt, ist nicht nur transparent, sondern gerechter, effizienter und dazu angetan, Menschen zu ermutigen, sich an der Lösung ihrer eigenen Probleme zu beteiligen."

Die Herrschaft der Konzerne ist nicht unantastbar. Wenn Menschen sich organisieren und Vertrauen in die eigene Stärke haben, kann ihre Unzufriedenheit eine machtvolle Bedrohung für Unternehmen und die Regierungen darstellen, die ihnen Unterstützung und Macht verleihen. Die Unternehmen sind ein nicht zu unterschätzender Gegner, meint Olivera, „doch überall auf der Welt werden kleine Schlachten gewonnen", wie in Cochabamba. Die Wiedereinsetzung demokratischer Kontrolle der Unternehmen auf breiter Front ist eine große Schlacht, aber es führt kein Weg an ihr vorbei.

Die Herrschaft der Konzerne muß herausgefordert werden, um die Werte und Praktiken wiederzubeleben, denen sie sich widersetzt: Demokratie, soziale Gerechtigkeit, Gleichheit und Solidarität. Konzerne und die Ideologie, auf der sie basieren, werden von einem verengten Menschenbild bestimmt, viel zu verzerrt und einfallslos, um auf Dauer in unseren politischen Vorstellungen Fuß zu fassen. Auch wenn Eigeninteresse und Konsumwünsche ein Schlüsselmerkmal unserer Identität sind und nichts, dessen wir uns schämen müßten, machen sie nicht den ganzen Menschen aus.

Wir sind soziale Wesen, und als solche befähigt, tiefe innere Bindungen und Verpflichtungen einzugehen, zu erkennen, daß wir ein gemeinsames Schicksal und die gleichen Hoffnungen auf eine bessere Zukunft haben. Wir wissen, daß unsere Wertvorstellungen, Fähigkeiten, unser ästhetisches Empfinden, unser Lebens- und Gerechtigkeitssinn nicht zuletzt durch die Einbindung in ein Gemeinwesen entwickelt und gefördert werden. Wir glauben, daß manche Dinge zu verletzlich, kostbar und wichtig sind, um ausgebeutet zu werden, nur wegen des Profits. „Wir müssen uns nicht primär als raffgierige Hersteller und Verbraucher von Waren sehen, getrieben von Konkurrenzdenken und Eigennutz", sagt der Philosoph Mark Kingwell. „Menschen haben sich über weite Strecken der Evolution in sozialen Organisationen zusammengefunden, die wir als Zivilisation bezeichnen."

Das beste Argument gegen die Vormachtstellung der Konzerne ist der Hinweis, daß wir einen Blick auf unsere wahre Identität werfen und erkennen sollten, wie unzulänglich die Unternehmensdogmen sie widerspiegeln. „Wir sind grundsätzlich fühlende, empathische Wesen", sagt die britische Biochemikerin und Menschenrechtsaktivistin Dr. Mae-Wan Ho. „Wenn andere leiden, leiden wir mit. Wir streben eine sichere, unparteiische, gerechte und einfühlsame Welt an, weil das für uns eine Frage von Leben und Tod ist."

Die Ökologin und Bürgerrechtlerin Dr. Vandana Shiva sagt, daß sich die Menschen in jeder geschichtlichen Epoche gegen Systeme zur Wehr gesetzt haben, die auf dem Fundament „rechtswidriger Maßnahmen" beruhen und ihnen „das Recht und die Freiheit verwehren ... in Würde zu leben und zu überleben". Keine gesellschaftliche oder ideologische Ordnung, die wesentliche Elemente der menschlichen Natur unterdrückt, hat auf Dauer Bestand – eine Tatsache, die für die Unternehmensordnung ebenso gilt wie für die gefallene kommunistische Ordnung. Wenn wir uns vor Augen führen, wer wir wirklich sind und über welche Fähigkeiten wir als Menschen verfügen, offenbart sich, wie gefährlich und verzerrt eine Unternehmensordnung ist, deren Tunnelblick sich ausschließlich auf das Ego richtet.

„Was ist unter Volksherrschaft zu verstehen?", fragt Richard Grossman vom Bostoner Program on Corporations, Law and Democracy. „Ich meine, hier geht es nicht um Konzerne, sondern um uns, um die Menschen ... um unsere Rolle auf dem Planeten Erde, unsere Vergänglichkeit, unsere Lebensspanne, um den Sinn unseres Daseins; um die gesellschaftlichen Strukturen, in die wir eingebunden sind ... darum, daß wir in Harmonie mit anderen Geschöpfen auf der Erde leben, mit der Erde selbst, mit künftigen Generationen ... einschließlich der Kinder von Männern und Frauen, die in Konzernen arbeiten. In Wirklichkeit geht es um uns."

Deshalb bin ich optimistisch – weil es in Wirklichkeit um uns geht.

BIBLIOGRAPHIE

Aharoni, Yair: *The Evolution and Management of State Owned Enterprises.* Ballinger Publishing Company, Melrose, Mass. 1986.

Archer, Jules: *The Plot to Seize the White House.* Hawthorn Books, New York 1973.

Bagdikian, Ben H.: *The Media Monopoly*, 6. Ausgabe. Beacon Press, Boston 2000.

Bakan, Joel: „Beyond Censorship: An Essay on Free Speech and Law." In: *Interpreting Censorship in Canada.* Hrsg. Klaus Petersen und Allan C. Hutchinson. University of Toronto Press, Toronto 1999.

Bakan, Joel: *Just Words: Constitutional Rights and Social Wrongs.* University of Toronto Press, Toronto 1997.

Bakan, Joel: „The Significance of the APEC Affair." In: *Pepper in Our Eyes: the* APEC *Affair.* Hrsg. Wes Pue. University of British Columbia Press, Vancouver 2000.

Balanya, Belen, Ann Doherty, Olivier Hoedemann, Adam Ma`anit und Erik Wesselius: *Europe Inc.: Regional and Global Restructuring and The Rise of Corporate Power.* Pluto Press, London 2000.

Barker, Debi und Jerry Mander: „Invisible Government. The World Trade Organization: Global Governance for the New Millennium?" International Forum on Globalization, San Francisco, Oktober 1999Barlow, Maude und Tony Clarke: *Blue Gold: The Fight to Stop the Corporate Theft of the World`s Water.* New Press, New York 2003.

Barlow, Maude und Heather Jane-Robertson: *Class Warfare: The Assault on Canada`s Schools.* Key Porter Books, Toronto 1994.

Basu, Kunal, Henry Mintzberg und Robert Simons: „Memo to; CEOs." Abdruck in: *Fast Company* 59, April 2002, S. 117.

Beattym Jack, Hrsg.: *Colossus: How the Corporation Changed America.* Broadway Books, New York 2002.

Berle, Adolf A. und Gardiner C. Means: *The Modern Corporation and Private Property.* Harcourt, Brace & World, New York 1968.

Black, Edwin: *IBM und der Holocaust.* Ullstein, Berlin 2001.

Blair, Margaret: *Ownership and Control: Rethinking Corporate Governance for the Twenty-first Century.* Brookings Institution Press, Washington, D.C. 1995.

Blair, Margaret M. und Lyan A. Stout: „Trust, Trustworthiness, and the Behavioral Foundations of Corporate Law." In: *University of Pennsylvania Law Review* 149 (2001), S. 1735-1810.

Blumberg, Phillip: *The Multinational Challenge to Corporation Law: The Search for a New Corporate Personality*. Oxford University Press, New York 1993.

Bollier, David: *Public Assets, Private Profits: Reclaiming the American Commons in an Age of Market Enclosure*. New America Foundation, Washington, D.C. 2001.

Bonsignore, John: *Law and Multinationals: An Introduction to Law and Political Economy*. Prentice Hall, Englewood Cliffs, N.J. 1994.

Bowman, Scott: *The Modern Corporation and American Political Thought: Law, Power and Ideology*. Pennsylvania State University Press, University Park, Pa. 1996.

Bracey, Gerald W.: „*The Market in Theory Meets the Market in Practice: The Case of Edison Schools*." Education Policy Research Unit, College of Education, Arizona State University, Februar 2002.

Brummer, James J.: *Corporate Responsibility and Legitimacy: An Interdisciplinary Analysis*. Greenwood Press, New York 1991.

Cadman, John W.: *The Corporation in New Jersey*. Harvard University Press, Cambridge, Mass. 1949.

Carswell, John: *The South Sea Bubble*. Cresset Press, London 1960.

Cassels, Jamie: *The Uncertain Promise of Law: Lessons from Bhopal*. University of Toronto Press, Toronto und London 1993.

Chandler, Afred D. Jr., Hrsg.: *The Railroads: The Nation`s First Big Business*. Harcourt, Brace & World, New York 1965.

Chappell, Tom: *The Soul of Business: Managing for Profit and the Common Good*. Bantam Books, New York 1993.

Clarkson, Max B. E., Hrsg.: *The Corporation and Its Stakeholders: Classic and Contemporary Readings*. University of Toronto Press, Toronto 1998.

Clawson, Marion: *New Deal Planning: The National Resources Planning Board*. John Hopkins University Press, Baltimore 1981.

Colclough, Christopher und James Manor, Hrsg.: *States or Markets?: Neoliberalism and the Development Policy Debate*. Oxford University Press, Oxford 1995.

Colvin, E.: „Corporate Personality and Criminal Liability". In: *Criminal Law Forum* 6 (1995) S. 1-44.

Cossman, Brenda und Judy Fudge, Hrsg.: *Privatization, Law, and the Challenge to Feminism*. University of Toronto Press, Toronto 2002.

Court, Jamie: *Corporateering: How Corporate Power Steals Your Personal Freedom ... And What You Can Do About It*. Tarcher/Putnam, New York 2003.

Crawford, Margaret: „The World is a Shopping Mall." In: *Variations on a Thema Park*. Hrsg. Michael Sorkin. Noonday Press, New York 1992.

Cray, Charlie: „Chartering a New Course: Revoking Corporation`s Right to Exist". In: *Multinational Monitor* 23, Nr. 10 und 11, Oktober-November 2002.

Crespi, Gregory Scott: „Rethinking Corporate Fiduciary Duties: The Inefficiency of the Shareholder Primacy Norm." In: *Southern Methodist Law Review* 55 (2002), S. 141-155.

Crooks, Harold: *Giants of Garbage: The Rise of the Global Waste Industry and the Politics of Pollution Control.* Lorimer, Toronto 1993.

Curlo, Eleonore und Allen Strudler: „Cognitive Pathology and Moral Judgement in Managers." In: *Business Ethics Quarterly* 7 (Oktober 1997), S. 4.

Damm, Kenneth W.: *The GATT: Law and International Ecnomic Organization.* University of Chicago Press, Chicago 1970.

Davis, Mike: „Fortress Los Angeles: The Militarization of Urban Space." In: *Variations on a Theme Park.* Hrsg. Michael Sorkin. Noonday Press, New York 1992.

Deetz, Stanley: *Democracy in an Age of Corporate Colonization: Developments in Communications and the Politics of Everyday Life.* State University of New York Press, Albany 1992.

Derber, Charles: *Corporation Nation: How Corporations Are Taking Over Our Lives and What We Can Do About It.* Griffin Trade, New York 2000.

Derber, Charles: *People Before Profit: The New Globalization in an Age of Terror, Big Money and Economic Crisis.* St. Martin`s Press, New York 2002.

Dobbin, Murray: *The Myth of the Good Corporate Citizen: Democracy Under the Rule of Big Business.* Stoddart, Toronto 1998.

Dodd, Edwin Merrick: *American Business Corporations Until 1860.* Harvard University Press, Cambridge, Mass. 1954.

Dodd, Edwin Merrick: „For Whom Are Corporate Managers Trustees?" In: *Harvard Law Review* 45 (1932).

Downs, Alan: *Beyond the Looking Glass: Overcoming the Seductive Culture of Corporate Narcism.* Amacom, New York 1997.

Drucker, Peter F.: *Concept of the Corporation.* John Day, New York 1946.

Drucker, Peter F.: *The New Society: The Anatomy of the Industrial Order.* Harper & Brothers, New York 1950.

Easterbrook, Frank H. und Daniel R. Fischel: „Limited Liability and the Corporation." In: *University of Chicago Law Review* 52 (1985).

Easterbrook, Frank H. und Daniel R. Fischel: „Antitrust Suits by Targets of Tender Offices." In: *Michigan Law Review* 80 (1982), S. 1177.

Enron: *„Corporate Responsibility Annual Report."* Houston 2000.

Estes, Ralph: *Tyranny of the Bottom Line: Why Corporations Make Good People Do Bad Things.* Berett-Koehler, San Francisco 1996.

Everling, Clark: *Social Economy: The Logic of Capitalist Development.* Routledge, London 1997.
Feigenbaum, Harvey: *Shrinking the State: The Political Underpinnings of Privatization.* Cambridge University Press, Cambridge, Mass. 1998.
Fones-Wolf, Elizabeth A.: *The Selling of Free Enterprise: The Business Assault on Labor and Liberalism 1945-1960.* University of Illinois Press, Urbana 1994.
Fort, T.L.: „Corporate Constituency Statutes: A Dialectical Interpretation." In: 15. *Journal of Law and Commerce* 257 (1957).
Fox, D.R.: „The Law Says Corporations Are Persons, But Psychology Knows Better." In: *Behavioural Sciences and the Law* 14 (Sommer 1996), S. 339.
Frank, Thomas: *One Market Under God: Extreme Capitalism, Market Populism, and The End of Econmic Democracy.* Anchor Books, New York 2001.
Friedman, Milton: *Kapitalismus und Freiheit.* Eichborn, Berlin 2002.
Friedman, Milton: „The Social Responsibility of Business Is to Increase Its Profits." In: *The New York Times Magazine*, 13. September 1979.
Friedman, Thomas L.: *The Lexus and the Olive Tree.* Farrar, Straus and Giroux, New York 2000.
Friedrichs, David: *Trusted Criminals: White Collar Crime in Contemporary Society.* Wadsworth Publishing Company, Belmont, Calif. 1996.
Fudge, J. und H.J. Glasbeek: „A Challenge to the Inevitability of Globalization: Repositioning the State as the Terrain of Contest." In: *Gobal Justice, Global Democracy.* Hrsg. Jay Deydyk und Peter Penz. Society for Socialist Studies/Fernwood, Winnipeg 1997.
Galambos, Louis: *The Public Image of Big Business in America, 1880-1940.* John Hopkins University Press, Baltimore 1975.
Galbraith, John Kenneth: *The Affluent Society.* Houghton Mifflin, Boston 1959.
Galbraith, John Kenneth: *American Capitalism: The Concept of Countervailing Power.* Houghton Mifflin, Boston 1952.
Galbraith, John Kenneth: *The Socially Concerned Today.* University of Toronto Press, Toronto 1998.
Giddens, Anthony: *Die entfesselte Welt.* Suhrkamp, Frankfurt 2004.
Giddens, Anthony und Will Hutton, Hrsg.: *On the Edge: Living with Global Capitalism.* Jonathan Cape, London 2000.
Glasbeek, H.J.: „The Corporate Social Responsibility Movement: The Latest in Maginot Lines to Save Capitalism." In: *Dalhousie Law Journal* 11 (1988).
Glasbeek, Harry: *Wealth by Stealth: Corporate Crime, Corporate Law, and the Perversion of Democracy.* Between the Lines, Toronto 2002.

Goldman, Robert und Steven Papson: *Sign Wars: The Cluttered Landscape of Advertising*. Guilford Press, New York 1996.

Gray, John: *False Dawn: The Delusions of Global Capitalism*. Granta Books, London 1998.

Gray, Rob: *Accounting for the Environment*. Markus Wiener Publishing, Princeton N.J. 1993.

Greenwood, Daniel: „Fictional Shareholders: For Whom Are Corporate Managers Trustees?" In: *Southern California Law Review* 69 (1996).

Greider, William: *One World, Ready or Not: The Manic Logic of Global Capitalism*. Simon & Schuster, New York 1997.

Hadden, Tom: *Company Law and Capitalism*. Weidenfeld and Nicolson, London 1972.

Hardt, Michael und Antonio Negri: *Empire*. Campus, Frankfurt 2002.

Hawkins, Mary F.: *Unshielded: The Human Cost of the Dalkon Shield*. University of Toronto Press, Toronto 1997.

Hawkens, Paul: *The Ecology of Commerce*. HarperCollins, New York 1993.

Heilbroner, Robert: *Twenty-first Century Capitalism*. Norton, New York 1992.

Herman, Edward: *Corporate Control, Corporate Power.* Cambridge University Press, Cambridge, England 1981.

Herman, Edward S. und Noam Chomsky: *Manufacturing Consent: The Political Economy of the Mass Media*. Pantheon Books/Random House, New York und Toronto 1988.

Hertz, Noreena: *Silent Takeover: Global Capitalism and the Death of Democracy*. Free Press, New York 2002.

Hicks, A. R.: „Corporate Form: Questioning the Unsung Hero." In: *Journal of Business Law* (1997), S. 306-30.

Hinkley, Robert: „How Corporate Law Inhibits Social Responsibility." In: *Business Ethics*, Januar-Februar 2002.

Hirst Paul und Graham Thompson: *Globalization in Question: The International Economy and the Possibilities of Governance*. Blackwell, Cambridge, Mass. 1996.

Horwitz, Morton J.: „Santa Clara Revisited: The Development of Corporate Theoriy." In: *Corporations and Society: Power and Responsibility*, Hrsg. Warren Samuels und Arthur Miller. Greenwood Press, New York 1987.

Horwitz, Morton J.: *The Transformation of American Law, 1780-1860*. Harvard University Press, Cambridge, Mass. 1977.

Hawkins, M. F.: *Unshielded: The Human Cost of the Dalkon Shield*. University of Toronto Press, Toronto 1997.

Hunt, B.C.: *The Development of the Business Corporation in England, 1800-1867*. Harvard University Press, Cambridge, Mass. 1936.

Hurst, J.W.: *The Legitimacy of the Business Corporation in the Law of the United States, 1780-1970.* University of Virginia, Charlottesville 1970.

Ireland, Paddy: „Capitalism Without the Capitalist: The Joint Stock Company Share and the Emergence of the Modern Doctrine of Separate Corporate Personality." In: *Journal of Legal History* 17 (1996) S. 63.

Ireland, Paddy: „Corporate Governance, Stakeholding and the Company: Toward a Less Degenerate Capitalism?" In: *Journal of Law and Society* 23 (1996).

Ireland, Paddy, Ian Grigg-Spall und Dave Kelly: „The Conceptual Foundations of Modern Company Law." In: *Journal of Law and Society* 14 (1987), S. 149.

Irwin, Douglas A.: *Against the Tide: An Intellectual History of Free Trade.* Princeton University Press, Princeton, N.J. 1996.

Jones, Barry J.: *The World Turned Upside Down?: Globalization and the Future of the State.* Manchester University Press, Manchester, England 2000.

Karliner, Joshua: *The Corporate Planet: Ecology and Politics in the Age of Globalization.* Sierra Book Clubs, San Francisco 1997.

Kayden, Jerold S.: *Privateley Owned Public Space: The New York City Experience.* New York City Department of City Planning, Municipal Art Society of New York: John Wiley & Sons, New York 2000.

Kelly, Marjorie: *The Divine Right of Capital: Dethroning the Corporate Aristocracy.* Berrett-Koehler, San Francisco 2001.

Keynes, John Maynard: „The End of Laissez-Faire." In: *The Collected Writings of John Maynard Keynes. Bd. 9: Essays in Persuasion.* Macmillan, London 1936.

Keynes, John Maynard: *Allgemeine Theorie der Beschäftigung, des Zinses und des Geldes.* Duncker & Humblot, Berlin 2002.

Kingwell, Mark: *The World We Want: Virtue, Vice, and the Good Citizen.* Viking, Toronto 2000.

Klein, Naomi: *No Logo.* Goldmann, München 2005.

Korten, David C.: *The Post-Corporate World: Life After Capitalism.* Berrett-Koehler, San Francisco 2000.

Korten, David C.: *When Corporations Rule the World.* 2. Ausg. Berrett-Koehler, San Francisco 2001.

Mitchell, Lawrence E.: *Corporate Irresponsibility: America`s Newest Export.* Yale University Press, New Haven, 19. Februar 2002.Pearce, Frank und Laureen Snider: „Regulating Capitalism." In: *Corporate Crime: Contemporary Debates.* Hrsg. von F. Pearce und L. Snider. University of Toronto Press, Toronto 1995.

Mokhiber, Russell und Robert Weissman: *Corporate Predators: The Hunt for Mega-Profits and the Attack on Democracy.* Common Courage Press, Monroe, Maine 1999

Monks, Robert: *The Emperor`s Nightingale: Restoring the Integrity of the Corporation in the Age of Shareholder Activism*. Addison-Wesley, Reading, Mass. 1998

Pearce, Frank und Steve Tombs: *Toxic Capitalism: Corporate Crime and the Chemical Industry*. Canadian Scholars` Press, Toronto 1999.

Pickering, Murray A.: „Company as a Separate Legal Entity." In: *Modern Law Review* 31 (1968).

Public Citizen: „Blind Faith: How Deregulation and Enron`s Influence over Government Looted Billions from Americans." Washington, D.C., Dezember 2001.

Ramanadam, V.V., Hrsg.: *Privatization and Equity*. Routledge, London 1995.

Reason Public Policy Institute: *Privatization 2002: Putting the Pieces Together, 16th Annual Report in Privatization*. Reason Public Policy Institute, Los Angeles 2002.

Rebick, Judy: *Imagine Democracy*. Stoddart, Toronto 2000.

Rifkin, Jeremy: *The Age of Access: The New Culture of Hypercapitalism Where All of Life Is a Paid-for Experience*. Tarcher/Putnam, New York 2000.

Rodengen, Jeffrey L.: *The Legend of Goodyear: The First 100 Years*. Write Stuff Syndicate, Fort Lauderdale, Fla. 1997.

Rodrik, Dani: *Grenzen der Globalisierung*. Campus, Stuttgart 2000.

Romano, Roberta, Hrsg.: *Foundations of Corporate Law*. Oxford University Press, New York 1993.

Rosenberg, Hilary: *A Traitor to His Class: Robert A.G. Monks and the Battle to Change Corporate America*. John Wiley & Sons, New York 1999.

Rosoff, Stephen M., Henry N. Pontell und Robert Tillman: *Profit Without Honor: Whitecollar Crime and the Looting of America*. Prentice Hall, New Jersey 1998.

Ross, Andrew, Hrsg.: *No Sweat: Fashion, Free Trade and the Rights of Garment Workers*. Verso, New York 1997.

Roy, William G.: *Socializing Capital: The Rising of the Large Industrial Corporations in America*. Princeton University Press, Princeton N.J. 1997.

Sassen, Saskia: *Globalization and Its Discontents: Essays on the New Mobility of People and Money*. New Press, New York 1998.

Sassen, Saskia: *Losing Control? Sovereignity in an Age of Globalization*. Columbia University Press, New York 1996.

Savan, Leslie: *The Sponsored Life: Ads, TV, and American Culture*. Temple University Press, Philadelphia 1994.

Schiller, Herbert: *Culture Inc.: The Corporate Takeover of Public Expression*. Oxford University Press, New York 1989.

Schlesinger, Arthur M.: *The Coming of the New Deal*. Houghton Mifflin, Boston 1958.

Schlosser, Eric: *Fast Food Gesellschaft*. Bertelsmann, Gütersloh 2003:
Sclar, Elliot D.: *You Don`t Always Get What You Pay For: The Economics of Privatization*. Cornell University Press, Ithaka, N.Y. 2001.
Scott, Walter: *The Waverley Novels: The Bethroted*, Bd. 19. John Morris & Co, Philadelphia 1892.
Seavoy, Ronald E.: *The Origins of American Business Corporation, 1784-1855: Broadening the Concept of Public Service During Industrialization*. Greenwood Press, Westport, Conn. 1982.
Sennett, Richard: *The Corrosion of Charakter: The Personal Consequences of Work in the New Capitalism*. Norton, New York 1998.
Shiva, Vandana: *Waters War: Privatization, Pollution, and Profit*. South End Press, Boston 2002.
Shorris, Earl, Hrsg.: *A Nation of Salemen: The Tyranny of the Market and the Subversion of Culture*. Avon Books, New York 1994.
Simon, David R.: *Elite Deviance*. 7. Ausg. Allyn & Bacon, Boston 2001.
Simpson, Sally S.: *Corporate Crime, Law, and Social Control*. Cambridge University Press, Cambridge, England 2002.
Singer, P.W.: *Corporate Warriors: The Rise of the Privatized Military Industry*. Cornell University Press, Ithaca, N.Y. 2003.
Smith, Adam: *Der Wohlstand der Nationen*. dtv, München 1999.
Smith, D. Gordon: „The Shareholder Primacy Norm." In: *The Journal of Corporation Law* 23 (1998), S.277.
Smith, Toby M.: *The Myth of Green Marketing: Tending Our Goats at the Edge of Apocalypse*. University of Toronto Press, Toronto 1998.
Smith, Thomas A.: „The Efficient Norm for Corporate Law: A Neo-traditional Interpretation of Fiduciary Duty." In: *Michigan Law Review* 98 (1999-2000), S. 214-268.
Snell, Bradford C.: „American Ground Transport: A Proposal for Restructuring the Automobile, Truck, Bus and Rail Industries." Bericht an das Committee of the Judiciary, Subcommittee on Antitrust and Monopoly, United States Senate, 26. Februar 1974, Washington, D.C.: U.S. Government Printing Office 1974.
Soros, George: *Der Globalisierungsreport*. Rowohlt, Reinbek 2003.
Stiglitz, Joseph E.: *Globalization and Discontents*. W. W. Norton and Company, New York 2002.
Stuart, D.: „Punishing Corporate Criminals with Restraint." In: *Criminal Law Forum* 6 (1995), S. 219.
Shuleiman, Ezra N.: *Dismantling Democratic States*. Princeton University Press, Princeton, N.J. 2003.
Sunstein, Cass: *The Partial Constitution*. Harvard University Press, Cambridge, Mass. 1993.
Swope, Gerard: *The Swope Plan: Details, Criticisms, Analysis*. Business Bourse, New York 1931.

Symposium „Is the Good Corporation Dead?“ In: *Business and Society Review* 87 (Herbst 1993), S. 9.

Tabb, William K.: *The Amoral Elephant: Globalization and the Struggle for Social Justice in the Twenty-first Century*. Monthly Review Press, New York 2001.

Tedlow, Richard S.: *Giants of Enterprise: Seven Business Innovators and the Empires They Built*. HarperCollins, New York 2001.

Teeple, Gary: *Globalization and the Decline of Social Reform: Into the Twenty-first Century*. Garamond Press, Aurora, Ont. 2000.

Testy, Kellye Y.: „Linking Progressive Corporate Law with Progressive Social Movements.“ In: *Tulane Law Review* 76 (2002) S. 1227-1252.

Tonelson, Alan: *The Race to the Bottom: Why a Worldwide Worker Surplus and Uncontrolled Free Trade Are Sinking American Living Standards*. Westview Press, Boulder, Col. 2000.

Tysbine, Alex: *Water Privatization: A Broken Promise*. Public Citizen, Washington, D.C. 2001.

Useem, Michael: *The Inner Circle: Large Corporations and the Rise of Business Political Activity in the US and UK*. Oxford University Press, New York 1984.

Vogel, David: *Kindred Strangers: The Uneasy Relationship Between Politics and Business in America*. Princeton University Press, Princeton, N.J. 1996.

Wallach, Lori und Michelle Sforza: *The WTO: Five Years of Reasons to Resist Corporate Globalization*. Seven Stories Press, New York 2000.

Weaver, Paul H.: *The Suicidal Corporation*. Simon & Schuster, New York 1988.

Weiss, Barbara: *The Hell of English: Bankruptcy and the Victorian Novel*. Bucknell University Press, Lewisburg, Pa. 1986.

Welling, Bruce: *Corporate Law in Canada*, 2. Ausg. Butterworths, Toronto 1991.

Wells, Celia: *Corporations and Criminal Responsibility*, 2. Ausg. Oxford University Press, Oxford 1993.

Wolff, M.: „On the Nature of Legal Persons.“ In: *Law Quarterly Review* 54 (1938).

Yergin, Daniel und Joseph Stanislaw: *The Commanding Heights: The Battle for the World Economy*. Simon & Schuster, New York 1998.

Zunz, Oliver: *Making America Corporate, 1870-1920*. University of Chicago Press, Chicago 1990.

DANKSAGUNG

Mark Achbar hatte besonders großen Einfluß auf dieses Buch. Ich lernte ihn bei einem Empfang am kalten Büfett kennen, wo es uns durch den gemeinsamen Appetit auf Eiersalat hinzog. Wir machten uns miteinander bekannt und plauderten. Ich erzählte ihm von dem Buch, das ich zu schreiben plante. Er wollte einen Dokumentarfilm über die Globalisierung drehen. Das war der Beginn unserer Freundschaft und Zusammenarbeit an einem Film und einer TV-Serie, die sich auf Ideen aus diesem Buch stützten. Von den zahlreichen Gesprächen, die Achbar und ich im Laufe der Jahre führten, und von der Unterstützung, die er und seine Firma Big Picture Media mir vor allem bei den Interviews angedeihen ließen, habe ich ungemein profitiert. Danken möchte ich auch Jennifer Abbot, Koproduzentin des Films und der Fernsehserien, für ihre Ideen und Erkenntnisse, und anderen Beteiligten an der Produktion, vor allem Bart Simpson, Dawn Brett und Tom Shandel. Und mein Dank gilt allen, die sich großzügig zu einem Interview für das Projekt bereit erklärten; für die Interpretation und Beurteilung ihrer Worte zeichne ich allein verantwortlich.

Danken möchte ich Cynthia Good für ihr Engagement, als das Projekt kaum mehr als eine Idee war, und für ihre Freundschaft und unablässige Ermutigung. Und meiner Agentin Ellen Geiger für ihren Glauben an das Vorhaben, ihre unerschütterliche Geduld und Begeisterung.

Ich danke meiner Familie für die Liebe sowie die greifbare und emotionale Unterstützung, vor allem meinen Eltern Rita und Paul Bakan, Laura Bakan, Michael und Megan Bakan, Carol und Terry Kline, Ronnie Kline und Ruth Buckwold, und Sandy Kline.

Es gibt einige Menschen, ohne die dieses Buch nie entstanden wäre. Myim Bakan Kline, mein Sohn, beflügelte mich mit seinem gnadenlosen Optimismus und seinem angeborenen Sinn für Fairneß. Ich hoffe, mit diesem Buch einen kleinen Beitrag zu leisten, um für ihn und kommende Generationen eine bessere Welt zu errichten.

Marlee Kline, der dieses Buch gewidmet ist, inspirierte und forderte mich heraus, ermutigte und glaubte an mich – liebte mich und ich sie – in unseren fünfundzwanzig gemeinsamen Jahren. Während der Anfangsphasen des Projekts nutzte Marlee, obwohl bereits schwer krank, ihren brillanten Verstand, um mir begreiflich zu machen, was ich sagen wollte und wie ich es sagen sollte. Sie hatte in vieler Hinsicht einen nachhaltigen Einfluß auf dieses Buch. Ich wünschte nur, sie könnte es sehen.

ANMERKUNGEN

Einführung

1. Interview mit Hank McKinnel und Joe Badaracco.
2. Die Interviews wurden für den Dokumentarfilm *The Corporation* aufgezeichnet, der auf diesem Buch basiert. Das Drehbuch stammt von mir und Mark Achbar, der auch Koproduzent (mit Bart Simpson) und Ko-Regisseur ist (mit Jennifer Abbot). Die Interviews wurden von Mark Achbar, Dawn Brett (einer der Mit-Produzenten) oder mir selbst geführt. Ich möchte mich an dieser Stelle bei Achbar, Abbott, Brett, Simpson und Big Pictures Media bedanken, der Firma, die den Film produziert hat, und bei den Sendern, Agenturen und anderen Investoren, die ihn finanziert haben.
3. Lawrence E. Mitchell: *Corporate Irresponsibility: America`s Newest Export.* Yale University Press, New Haven, 19. Februar 2002.

1. Der Aufstieg an die Macht

1. Tom Hadden: *Company Law and Capitalism.* Weidenfeld and Nicholson, London 1972, S. 14.
2. John Carswell: *The South Sea Bubble.* Cresset Press, London 1960, S. 42, S. 55.
3. Vor allem in den Hightech-Firmen, wo Aktienbezugsrechte weitgehend als Sachlohn für Mitarbeiter dienen, werden die ausgewiesenen Erträge durch den fehlenden Nachweis ungebührlich aufgebläht, manchmal um mehrere hundert Millionen Dollar. Doch trotz der Kritik von Investorengruppen, Rechnungsprüfungsgesellschaften oder Alan Greenspan, Warren Buffett etc. scheint die US-Bundesregierung zu zögern, dieser Praxis einen Riegel vorzuschieben. Zwar weisen inzwischen viele große Konzerne – Coca-Cola, General Electric, Home Depot, Dow Chemical Company und General Motors – freiwillig Aktienbezugsrechte als Arbeitsentgelt aus, aber bei ihnen kommt dieser Fall auch nicht so häufig vor. Problemlösungsbemühungen des Financial Accounting Standards Board (für die Entwicklung von Bilanzierungsstandards zuständig) wurden Anfang der 1990er Jahre von Unternehmensverbänden abgeblockt.
4. Der Sarbanes-Oxley Act wurde am 30. Juli 2002 vom Präsidenten abgesegnet und Gesetz. Er schränkt unter anderem das Ausmaß ein, in dem eine Rechnungsprüfungsgesellschaft für ein und dasselbe Unter-

nehmen auch beratend tätig werden darf. Diese Praxis, die bekanntlich zur Komplizenschaft von Arthur Anderson in der Enron-Affäre führte, schafft einen unverkennbaren Interessenkonflikt. Eine Rechnungsprüfungsgesellschaft, die ihre lukrativen Verträge mit einem Unternehmen behalten möchte, ist hochradig motiviert, bei der Vorlage der Abschlüsse zu kooperieren, statt aufzupassen; es liegt auf der Hand, daß dadurch ihre Fähigkeit beeinträchtigt wird, objektiv zu prüfen. Der Sarbanes-Oxley Act und die damit verbundenen, von der Börsenaufsichtsbehörde SEC (Securities and Exchange Commission) entwickelten Bestimmungen, können trotz aller Unzulänglichkeiten und Schlupflöcher einiges bewirken, um das Problem zu beheben, indem sie Firmen verbieten, Buchprüfungen bei Unternehmen vorzunehmen, die sie auch beraten. Außerdem stärken sie die Befugnisse von firmeninternen Prüfungsausschüssen und verlangen von CEOs und CFOs – den Finanzvorständen –, die Jahresabschlüsse zu bestätigen (und bis zu zehn Jahre Haft als „Mitwisser" bzw. zwanzig Jahre als „Anstifter" zu gewärtigen, wenn die Angaben falsch sind). Es gibt jedoch Punkte, welche die Wirksamkeit des Gesetzes einschränken. Erstens ist die SEC befugt, einer Rechnungsprüfungsfirma zu gestatten, auch beratend für einen Klienten tätig zu werden, solange man „vernünftigerweise davon ausgehen kann, daß die Ergebnisse dieser Beratung nicht den Prüfungsmaßnahmen unterworfen sind". Zweitens stehen bestimmte Dienstleistungen nicht auf der Schwarzen Liste, zum Beispiel die Routinevorbereitung der Steuererklärungen, die eindeutig eine Auswirkung auf die Jahresabschlüsse hat. Drittens ist die SEC chronisch knapp bei Kasse, wie Paul Krugman in seinem Artikel „Business as Usual", erschienen am 22. Oktober 2002 in *The New York Times,* anmerkt, und folglich nicht besonders gut gerüstet, sich zu vergewissern, daß Unternehmen dieser Verordnung Folge leisten. Und viertens hat die SEC, Kritikern zufolge, die Bestimmungen verwässert (siehe auch Fulcrum Financial Requiry: „Through Rule-Making, SEC Continues to Weaken Sarbanes-Oxley", 27. Januar 2003; erhältlich unter www.fulcruminquiry.com.

5. 1825 berichtete Scott, diese Aussage stamme von dem Teilnehmer eines fingierten Unternehmertreffens in einer schottischen Schenke. Walter Scott: *The Waverley Novels – The Betrothed, Bd. 19.* John Morris & Co, Philadelphia 1892.
6. Die Geschichte der amerikanischen Kapitalgesellschaften aus der Zeit vor der Revolution ist untrennbar mit der Geschichte der englischen Kapitalgesellschaften verbunden. Wie Chief Justice John Marshall 1819 im Fall *Trustees of Dartmouth College v. Woodward* erklärte: „Unsere Vorstellungen von einer Kapitalgesellschaft, ihren Sonderrechten und Unzulänglichkeiten, leiten sich vollständig aus dem englischen Recht her."

7. Select Committee on the Law of Partnership, 1851. In: B.P.P., Bd. VII vi (zitiert in Rob McQueen: „Company Law in Great Britain and the Australian Colonies 1854-1920: A Social History." Ph.D.-Arbeit, Griffith University, S.137). Weiteres über die Beziehung zwischen beschränkter Haftung und Investitionskapital der Mittelklasse siehe Ronald E. Seavoy: *The Origins of the American Business Corporation 1784-1855: Broadening the Concept of Public Service During Industralization.* Greenwood Press, Westport, Conn. 1982; Philip Blumberg: *The Multinational Challenge to Corporation Law: The Search for a New Corporate Personality.* Oxford University Press, Oxford 1993; „Report of the Select Committee in Investments for the Savings of the Middle and Working Classes, 1850. In: B.P.P. Bd. XIX, S. 169.
8. Juraprofessor Arthur W. Machen von der University of Chicago; Zit. in Horwitz: „Santa Clara Revisited", S. 51.
9. *St. Clara County v. Southern Pacific Railroad,* 118 U.S. 394 (1886). Zwischen 1890 und 1910 riefen die Unternehmensinteressen den Fourteenth Amendment Act ganze 288mal auf den Plan, verglichen mit 19 Gerichtsverfahren, die von Afroamerikanern angestrengt wurden, wie Mary Zepernick vom Program on Corporations, Law, and Democracy in einem Interview erklärte. Und im Namen des Fourteenth Amendment Act, beginnend mit der Entscheidung im Fall *Lochner v. New York,* legte der Oberste Gerichtshof einen Urteilsspruch vor, der in den nächsten drei Jahrzehnten Staaten an der Einführung verschiedener regulatorischer Maßnahmen hinderte, etwa einer Arbeitszeitbegrenzung oder von Mindestlöhnen. 1937 erzwang Präsident Roosevelt eine Änderung der Rechtsprechung, indem er drohte, den Oberste Gerichtshof mit fünf neuen Richtern zu bestücken, allesamt Anhänger des New Deal. Doch inzwischen haben die Gerichte abermals begonnen, die verfassungsmäßigen Rechte der Konzerne anzuerkennen und Bestimmungen zu verwerfen, die nach ihrer Ansicht dagegen verstoßen.
10. Gerard Swope: *The Swope Plan: Details, Criticism, Analysis.* Business Bourse, New York 1931; Zitiert in E. Merriock Dodd: „For Whom Are Corporate Managers Trustees?" In: *Harvard Law Review* 45 (1932), S.1145-1163. Dodd zitiert auch die ironische Bemerkung des Wirtschaftshistorikers Charles Bears über Swope und seinen Plan: „Mr. Swope sprach als Sachverständiger, als Vorstand der General Electric Company. Keinerlei akademisches Vorurteil trübte seine Äußerungen; kein Verdacht auf ungebührliche Begeisterung umwölkte sein Produkt. Wie die Priesterkönige in primitiven Gesellschaften die Gesetze erließen, so konnte ein Industriekapitän in den Vereinigten Staaten einen neuen Kurs vorschlagen, ohne den Hohn der Weisen oder den Spott der Praktiker herauszufordern" (S. 1155).

11. Adolf A. Berle und Gardiner D. Means: *The Modern Corporation and Private Property*. Harcourt, Brace & World, New York 1968. Dodd: „For Whom Are Corporate Managers Trustees?“, S. 1157. Das Prestige des Unternehmens wurde teilweise durch den Ausbruch des Zweiten Weltkriegs wiederhergestellt. Viele glaubten, die Unternehmen hätte eine Schlüsselrolle im Kampf gegen den Faschismus gespielt; sie wurden damals „Waffenarsenal der Demokratie“ genannt, weil sie ihre Produktion umrüsteten, um den Bedürfnisse der Nation in Kriegszeiten zu entsprechen. Der Krieg hatte außerdem die Beziehung zwischen den Arbeitnehmern und den Institutionen gestärkt, von denen sie Schutz erwarteten: Regierung und Gewerkschaften, die nun mächtiger waren als je zuvor. Als Antwort darauf inszenierten die Unternehmen in der Nachkriegszeit eine gut organisierte, einflußreiche politische Präsenz. Lobbytätigkeit und die Finanzierung von Wahlkampagnen trugen dazu bei, ein politisches Klima zu fördern, in dem sich Unternehmen als wohltätige, verantwortungsbewußte Institutionen darstellten, die keiner staatlichen Aufsicht bedurften. Eine breit angelegte PR-Kampagne, angeführt von der National Association of Manufacturers, sollte die Amerikaner davon überzeugen, daß Individualismus, Wettbewerb und freies Unternehmertum ein Synonym für den „American Way“ waren. Siehe Elizabeth A. Fones-Wolf: *The Selling of Free Enterprise: The Business Assault on Labor and Liberalism 1945-1960*. University of Illinois Press, Urbana 1994. Die Kampagne kam jedoch erst in den 1970er Jahren richtig in Schwung; siehe 4. Kapitel.
12. Siehe Anthony Giddens: *Runaway World: How Globalization Is Running Our Lives*. Profile Books, London 1999; Joseph E. Stiglitz: *Globalizations and Its Discontents*. W.W. Norton and Company, New York 2002; Alan Tonelson: *The Race to the Bottom: Why a Worldwide Worker Surplus and Uncontrolled Free Trade Are Sinking American Living Standards*. Westview Press, Boulder, Col. 2000; Saskia Sassen: *Losing Control: Sovereignity in an Age of Globalization*. Columbus University Press, New York 1996; William K. Tabb: *The Amoral Elephant: Globalization and the Struggle for Social Justice in the Twenty-first Century*. Monthly Review Press, New York 2001; Gary Teeple: *Globalization and the Decline of Social Reform: Into the Twenty-first Century*. Garamond Press, Aurora, Ont. 2000; William Greider: *One World, Ready or Not: The Manic Logic of Global Capitalism*. Simon & Schuster, New York 1997.
13. Siehe auch Stiglitz: *Globalizations and Its Discontents*. W.W. Norton and Company, New York 2002; Charles Derber: *People Before Profit: The New Globalization in an Age of Terror, Big Money and Economic Crisis*. St. Martin`s Press, New York 2002; Noreena Hertz: *Silent Take-*

over: Global Capitalism and the Death of Democracy. Free Press, New York 2002.

14. WTO Presseverlautbarung: „WTO Adopts Disciplines on Domestic Regulation for the Accountary Sector“ (14. Dezember 1998); erhältlich unter www.wto.org (WTO News: Press Releases 1998).
15. Ebd., Artikel III. Die genannten „legitimen Ziele“ sind Verbraucherschutz, Dienstleistungsqualität, fachliche Kompetenz und fachliche Integrität.
16. Siehe auch Debi Barker und Jerry Mander: „Invisible Government. The World Trade Organization: Global Governance for the New Millennium?“ International Forum on Globalization, San Francisco, Oktober 1999; Lori Wallach und Michelle Sforza: *The WTO: Five Years of Reasons to Resist Corporate Globalization*. Seven Stories Press, New York 2000; Derber: *People before Profit*; Hertz: *Silent Takeover*.
17. Siehe WTO Appellate Body Report: „United States, Import Prohibition of Certain Shrimp and Shrimp Products: Recourse to Article 21.5 of the DSU by Malaysia“. 22 Oktober 2001, erhältlich unter www.wto.org (Dok. Nr. 01-5166).
18. Beispiele in Ralph Nader: „Notes from Nader: The Chill Factor: Consumer Safeguards Under Fire“. In: *World Trade Observer*, Seattle, Wash. 1999; erhältlich unter depts.washington.edu/wtohist/world_trade_obs/issue3/nader.htm.
19. Helmut Maucher: „Ruling by Consent“. In: *Financial Times*, 6. Dezember 1997, S. 2; zitiert in Balanya, Belen, Ann Doherty, Olivier Hoedemann, Adam Ma`anit und Erik Wesselius: *Europe Inc.: Regional and Global Restructuring and The Rise of Corporate Power*. Pluto Press, London 2000, S. 136.
20. Interview mit William Niskanen, Ira Jackson und Sam Gibara. Robert Monks sagt: „Vor allem seit dem Wegfall der Berliner Mauer im Jahr 1989 ist ziemlich klar, daß die führenden Köpfe der großen Konzerne größeren Einfluß auf unser Leben und das der Bürger in aller Welt haben als die Regierung irgendeines Landes.“
21. Interviews mit Chris Komisarjevsky und Clay Timon. Siehe auch Naomi Klein, *No Logo*. Goldmann, München 2005. Die Vorstellung, das Kapitalgesellschaften Rechtspersonen – Individuen – sind, hat im Verlauf der Geschichte stets dem Zweck gedient, die Tatsache zu verschleiern, daß sie die *kollektive* ökonomische Macht einer großen Anzahl von Aktionären innehaben und folglich wesentlich einflußreicher sind als alle anderen.

2. Kapitel: Business as usual

1. Interview mit Tom Kline. Die Dokumentarfilm-Crew stammte aus Mark Achbars Firma Big Picture Media und drehte die Filmversion dieses Buches.
2. Interview mit Hank McKinnell; www.pfizer.com
3. Carol Gelderman: *Henry Ford*: The Wayward Capitalist. Dial Press, New York 1981, S. 83. Gelderman berichtet, daß E.G. Pipp, Chefredakteur von *The Detroit News*, aus Fords Zeugenaussage im Fall Dodge vs. Ford zitiert hat; zitiert in D. Gordon Smith: „The Shareholder Primacy Norm." In: *The Journal of Corporation Law* (1998), S. 277.
4. In einem Interview beschrieb Rechtswissenschaftlerin Dr. Janis Sarra die Beziehung zwischen dem Prinzip des besten Interesses und der gesellschaftlichen Verantwortung der Konzerne wie folgt: „In Nordamerika wurde das beste Interesse der Kapitalgesellschaft als das beste Interesse der Aktionäre definiert. Gerichte betrachten in der Regel nur die Wohlstandsmaximierung der Aktionäre als Bezugsbasis für die Frage, ob die Mitglieder der Leitungs- und Kontrollorgane im besten Interesse des Unternehmens handeln. Deren Aktivitäten sind folglich durch eine Reihe äußerst wirksamer gerichtlicher Entscheidungen eingeschränkt. Solange dieses Prinzip mit der Wohlstandsmaximierung der Aktionäre gleichgesetzt wird, müssen alle echten Initiativen, die Überlegungen und Entscheidungen zu Umwelfragen oder anderen gesellschaftlich relevanten Belangen verlangen, sehr, sehr eingeschränkt bleiben. So wie die Unternehmensgesetzgebung derzeit konstruiert ist, müssen die Mitglieder der Leitungs- und Kontrollorgane jede sozial verantwortliche Aktivität unter dem Deckmantel oder mit dem Ziel einer kurz- oder langfristigen Wohlstandsmaximierung der Aktionäre rechtfertigen. Ebenso werden die Anteilseigner immer wieder daran gehindert, ihrem Interesse an Themen wie soziale Verantwortung, Schutz der Menschenrechte oder Umweltverträglichkeit Ausdruck zu verleihen, es sei denn, es läßt sich als Wohlstandsmaximierung der Aktionäre deklarieren."
5. Robert Hinkley: „How Corporate Law Inhibits Social Responsibility." In: *Business Ethics: Corporate Social Responsibility Report*, Januar-Februar 2002, erhältlich unter www.commondreams.org/views02/0119-04.htm.
6. *Hutton v. West Cork Railway Company*. 23. Chancery Division 654 (1883) (C.A.).
7. American Bar Association, Committee on Corporate Laws: „Other Constituencies Statutes: Potential for Confusion." In: *The Business Lawyer* 45 (1990), S. 2261; Zitiert in Smith: „The Shareholder Primacy Norm."

8. Interview mit Chris Komisarjevsky. Unternehmensphilanthropie wird oft als „strategische Philanthropie" beschrieben, um zu verdeutlichen, daß Wohltätigkeit häufig eine Strategie darstellt, die den eigenen Interessen der Konzerne dient.
9. Sir John Browne, Rede bei Earth Day Awards Ceremony im UN-Hauptquartier, New York, anläßlich der Verleihung des Award for Individual Environmental Leadership durch UN Environmental Programme and Earth Day, New York, 22. April 1999, erhältlich unter www.bp.com.
11. Briefe an Präsident Clinton, 11. Dezember 2000, und Präsident Bush, 20. März 2001, von Wissenschaftler-Gruppen; Kenneth Whitten vom Alaska Department of Fish and Game gab am 11. Juli 2001 in einer Anhörung eine schriftliche Zeugenaussage zum Energie-Gesetzesentwurf der Republikaner ab: *U.S. Energy Security Act of 2001: Hearing on H.R. 2436 Before the House Committee on Ressources: 107th Cong.* (Washington, D.C.: U.S. Government Printing Office 2002).
12. Sir John Browne: „The Case for Social Responsibility", Präsentation vor der Annual Conference of Business for Social Responsibility. Boston, 10. November 1998.
13. Das Unternehmen vertrat die Position, daß es keinen Bohrplan erstellen könne, solange das Naturschutzgebiet nicht für Bohrungen freigegeben sei. Gleichzeitig hat es sich aber geweigert, auf Bohrungen zu verzichten. Siehe auch www.bpamoco.com/alaskaqanda/qanda.htm
14. Aus folgenden Reden von Sir John Browne: „International Relations"; „Public Pressure and Strategic Choice". Weltwirtschaftsforum, Davos, Schweiz, 2. Februar 1998; „The Case for Social Responsibility"; „Mobility and Choice". Detroit Economic Club, 25. Januar 1999.
15. BP Presseverlautbarung: „BP Beats Greenhouse Gas Target by Eight Years and Aims to Stabilize Net Future Emissions." 11. März 2002, erhältlich unter www.bp.com (unter Press Center Archives).
16. Sir John Browne: „International Relations".
17. Sir John Browne: „Mobility and Choice"; „International Relations".
18. Interview mit Rachel Cohen. Cohen weist außerdem darauf hin, daß mit dem „kostenlosen" Arzneimittel-Programm viele versteckte Kosten verbunden sind. „Medikamente an Entwicklungsländer zu verschenken erzeugt viele versteckte Kosten. Unter anderem muß das öffentliche Gesundheitssystem einen Weg finden, um das Spendenprogramm einzubinden, muß Ressourcen für die Verwaltung des Programms bereitstellen ... Unter Umständen ist sogar der doppelte Personalbestand nötig. Und wir reden über Länder mit äußerst begrenzten Gesundheitsbudgets. Die Kosten für das öffentliche Gesundheitssystem sind in den Ländern, die Medikamentenspenden empfangen, enorm hoch, aber davon hört man wenig."

19. Alisdair MacIntyre: „Utilitarianism and Cost-Benefit-Analysis: An Essay on the Relevance of Moral Philosophy to Bureaucratic Theory". In: *Values in the Electric Power Industry*, Hrsg. von Kenneth Sayre. University of Notre Dame Press, Notre Dame, Ind. 1977, S. 217-37. Interview mit Sam Gibara.
20. Enron, Corporate Responsibility Annual Report, Houston 2000.
25. Die Bush-Administration ist bestrebt, das Arctic National Wildlife Refuge für Bohrungen freizugeben. Im März 2003 lehnte der Senat den Plan in einer Budgetabstimmung ab. Doch am 11. April 2003 gestattete das Repräsentantenhaus die Bohrungen im ANWR.

3. Kapitel: Die Externalisierungsmaschine

1. Die Erzeugung von Externalitäten durch die Konzerne steht in direktem Zusammenhang mit der Gesetzesvorschrift, daß Unternehmen stets in ihrem eigenen besten Interesse handeln müssen, das heißt, bestrebt sein müssen, den Wohlstand der Anteilseigner zu maximieren. Wie Janis Sarra, Experte für Unternehmensrecht, erklärte: „Das Unternehmensrecht, so wie es derzeit in den anglo-amerikanischen Paradigmen gestaltet ist, verlangt von den Führungen, daß sie die kurz- und langfristigen Kosten *für das Unternehmen* berücksichtigen, und keine anderen. Alles, was nicht unter diese Kosten fällt, wird als Externalität behandelt, und das schließt die Kosten der Schäden ein, die das Unternehmen verursacht und die von den Arbeitnehmern, kleinen Gläubigern, Verbrauchern oder Nachbarn getragen werden. Wenn ein Unternehmen eine Entscheidung fällt, die der Umwelt oder den Fischfanggewässern der Menschen in den Ländern der Ersten Welt schaden oder zur Kontamination der Umwelt führen, handelt es sich um externe Kosten, die bei der Unternehmensentscheidung nicht ins Kalkül gezogen werden müssen. Diese Externalitäten müssen in den Bilanzen des Unternehmens nicht als Kosten auftauchen, weil nur der Gewinn ausgewiesen wird, aber nicht die Kosten für andere."
2. „Record $4,9 Billion Award Against GM for Dangerous Fuel Tanks". www.cnn.com 9. Juli 1999; Milo Geyelen: „How a Memo Written 26 Years Ago Is Costing General Motors Daily". In: *The Wall Street Journal*, 29. September 1999, S. 1.
3. Der Betrag $6,19 stammt aus anderen GM-Dokumenten, nicht dem Ivey-Bericht. Siehe „GM Fuel Tanks", www.safetyforum.com; Public Citizen: „Profits Over Lifes – Long-Hidden Documents Reveal GM Cost-Benefit Analyses Led to Severe Burn Injuries; Disregard for Safety Spurred Large Verdict." 19. Juli 1999, erhältlich unter www.citizen.org/congress/civjus/tort/
4. *Patricia Anderson v. General Motors*, Bericht der Chamber of Commerce der Vereinigten Staaten als *amicus curiae* zur Unterstützung

der Antragstellerin, California Court of Appeal for the Second Appellate District – Division Four.

5. Meiring de Villiers: „Technological Risk and Issue Preclusion: A Legal and Policy Critique." In: *Cornell Journal of Law and Public Policy* 9 (2000), S. 523; Zitiert in: Bericht der Chamber of Commerce, S. 9.
6. MacIntyre: „Utilitarianism and Cost-Benefit-Analysis.", S. 218.
7. Bericht der Chamber of Commerce. Zitiert in Gary R. Schwartz: Deterrence and Punishment in the Common Law of Punitive Damages: A Comment (1982) 56 5, Cal.L.Rev. 133, S. 152.
8. Dexter Roberts und Aaron Bernstein: „Inside a Chinese Sweathop: ‚A Life of Fines and Beating.'" In: *Business Week Online*, 2. Oktober 2000. In dem Bericht heißt es: „Seit 1992 verlangt Wal-Mart von seinen Lieferanten, einen Kodex mit grundlegenden Arbeitsstandards zu unterschreiben. Mitte der 1990er Jahre, nach Berichten über Ausbeutungspraktiken in Fabriken, die Kathie-Lee-Produkte für die Kette herstellen, engagierten Wal-Mart und Kathie Lee externe Prüfer, um die Fertigungsstätten der Zulieferer in Augenschein zu nehmen und sicher zu gehen, daß sie dem Kodex entsprechen. Viele andere Unternehmen, die Waren in Billiglohnländern produzieren oder verkaufen, sind zu einer ähnlichen Selbstkontrolle übergegangen, von Toys' R' Us bis zu Nike und Gap. Obwohl kein Unternehmen behauptet, sein Kontrollsystem sei perfekt, sagen die meisten, daß sie größere Ausbeuterpraktiken aufdecken und die Lieferanten entweder zwingen, Lösungen zu suchen oder die Produktion sofort einzustellen." Siehe auch Website des National Labor Committee, www.nlcnet.org; sie enthält vollständige und aktuelle Informationen über Sweatshops in den Entwicklungsländern, die im Dienste großer US-Unternehmen stehen. Hier findet man auch Beispiele für den erfolgreichen Widerstand gegen diese Ausbeuterbetriebe.
9. Interview mit Robert Monks. Siehe auch Robert Monks: *The Emperor`s Nightingale: Restoring the Integrity of the Corporation in the Age of Shareholder Activism*. Addison-Wesley, Reading, Mass. 1998; Hilary Rosenberg: *A Traitor to His Class: Robert A.G. Monks and the Battle to Change Corporate America.* John Wiley & Sonds, New York 1999.
10. Das Buch war von Paul Hawkens: *The Ecology of Commerce,* HarperCollins, New York 1993; der Autor zitiert darin E. O. Wilson`s Ausdruck „Tod der Geburt".
11. Weitere Beispiele für Externalitäten siehe Russell Mokhiber und Robert Weissman: *Corporate Predators: The Hunt for Mega-Profits and the Attack on Democracy*. Common Courage Press, Monroe, Maine 1999; M. F. Hawkins: *Unshielded: The Human Cost of the Dalkon Shield.* University of Toronto Press, Toronto 1997.

12. Der Fall ereignete sich am 31. Januar 2000. Eine genaue Schilderung findet sich bei Bob Port: „Fear and Fire in a Deadly Mix". In: *Daily News* (New York), 9. Juli 2001; erhältlich unter www.sweatshopwatch.org/swatch/headlines/2001/fearfire_jul01.html
13. Bob Port: „Sweat and Tears Still in Fashion in City: Clothing Factories Skirt Laws, Exploit Immigrants." In: *Daily News* (New York), 8. Juli 2001; erhältlich unter www.sweatshopwatch.org/swatch/headlines/2001/fearfire_jul01.html. Siehe auch Associated Press: „Fire in Bangladesh Garment Plant Kills at Least 45, Injures over 100." In: *The Wall Street Journal,* Interactive Edition, 27. November 2000, erhältlich unter www.sweatshopwatch.org/headlines/2000/bangfire_nov00
14. In einer Erhebung des U.S. Department of Labor (DOL) wurde festgestellt, daß nur 35 Prozent der 93 Bekleidungshersteller in New York City sich an das geltende Arbeitsrecht hielten. Siehe www.dol.gov/opa/media/press/opa99300
15. U.S. Department of Labor: „Only One-third of Southern California Garment Shops in Compliance with Federal labors Laws." In: Pressemittelung, USDL-112, 25. August 2000; erhältlich unter www.dol.gov/esa/media/press/whd/sfwh112.htm. Siehe auch Andrew Gumbel: „Fashion Victims: Inside the Sweathops of Los Angeles." In: *The Independent* (London); erhältlich unter www.sweatshopwatch.org/swatch/headlines/2001/fashionvictims_aug01.html.
16. Diskussionen über Unternehmensverfehlungen siehe Harry Glasbeek: *Wealth by Stealth: Corporate Crime, Corporate Law, and the Perversion of Democracy.* Between the Lines, Toronto 2002; E. Colvin: „Corporate Personality and Criminal Liability." In: *Criminal Law Forum* 6 (1995), S. 1, D. Stuart: „Punishing Corporate Criminals with Restraint." In: *Criminal Law Forum* 6 (1995), S. 219; S. M. Rosoff, S.M., H.N. Pontell und R. Tillman: *Profit Without Honor: Whitecollar Crime and the Looting of America.* Prentice Hall, New Jersey 1998; D. O, Friedrichs: *Trusted Criminals: White Collar Crime in Contemporary Society.* Wadsworth, Kalifornien 1996; R. Mokhiber und R. Weissman: „No Mind, No Crime?" In: *Multinational Monitor*, 2. Dezember 1998; F. Pearce und L. Snider, Hrsg.: *Corporate Crime: Contemporary Debates.* University of Toronto Press, Toronto 1995; R. Paehlke: „Environmental Harm and Corporate Crime." In: *Corporate Crime: Contemporary Debates*, Hrsg. F. Pearce und L. Snider, S. 305.
17. „GE: Decades of Misdeeds and Wrongdoing". In: *Multinational Monitor*, 22, Nr. 7 und 8, Juli-August 2001.
18. Bruce Welling: *Corporate Law in Canada.* 2. Aufl. Butterworths, Toronto 1991, S. 165.
19. Zitiert in einem Brief von Charles Hamel im Auftrag von BP-Technikern in Prudhoe Bay an Bewährungshelferin Mary Frances Bar-

nes, United States Probation Officer, 16. Juli 2001; erhältlich unter www.anwrnews.com

20. Zitiert in Jim Carlton: „BP Amoco Question Safety of Drilling Systems Bush Touts for Refuge." In: *The Wall Street Journal*, 13. April 2001, S. 1.
21. *United States of America v. BP Exploration (Alaska) Inc.* Plea Agreement, U.S. Dist. Ct (Alaska), Nr. A99-0141C 12 (KS), 23. September 1999.
22. Aussage von William Burkett, Techniker, vor Chairman Joseph Lieberman und Chairman Bob Graham. Siehe auch Carlton: „BP Amoco Technicians."
23. Jim Carlton: „Are Alaska's Many Oil Fields Safe?" In: *The Wall Street Journal*, 10. Juli 2001. Nach der Veröffentlichung dieses Artikels versprach der Gouverneur von Alaska, Tony Knowles, die Mittel für die Überwachung der Ölfelder zu erhöhen.

4. Kapitel: Die Grenzen der Demokratie

1. Samuel Rosenman, Hrsg.: *The Public Papers and Addresses of Franklin D. Roosevelt, Bd. 2: The Year of Crisis, 1933*. Random House, New York 1938; Zitiert in Cass Sunstein: *The Partial Constitution*. Harvard University Press, Cambridge, Mass. 1993, S. 57.
2. Folgende Erzählung stützt sich überwiegend auf Jules Archer: *The Plot to Seize the White House*. Hawthorne Books, New York 1973.
3. National Archives: „U.S. Strategic Bombing Surveys" 243/190/62-Box 696, 14. August 1944, Box 697, 23. August 1945; Box 946. Die Ford- Werke, die deutsche Tochter der Ford Motor Company, trugen ebenfalls zu den Kriegsanstrengungen der Nazis bei, indem sie der deutschen Wehrmacht annähernd ein Drittel der Lkws lieferte. Siehe auch Bradford C. Snell: „American Ground Transport: A Proposal for Restructuring the Automobile, Truck, Bus and Rail Industries." Bericht an das Committee of the Judiciary, Subcommittee on Antitrust and Monopoly, United States Senate, 26. Februar 1974. Washington, D.C.: Government Printing Office 1974, S. 16-24; Michael Dobbs: „Ford and GM Scrutinized for Alleged Nazi Collaboration." In: *The Washington Post*, 30. November 1998.
4. Interview mit Edwin Black. Siehe auch Edwin Black: *IMB and the Holocaust: The Strategic Alliance Between Nazi Germany and America`s Most Powerful Corporation*. Crown Publishers, New York 2001.
5. Interviews mit Edwin Black und Peter Drucker. Zitiert in Dobbs: „Ford and GM Scrutinized", der folgendes berichtet: „Weniger als drei Wochen nach der Besetzung der Tschechoslowakei durch die Nazis im Jahre 1939 verteidigte GM-Vorstand Alfred P. Sloan seine Strategie

[daß GM seine deutschen Vermögenswerte nicht zu veräußern plane] als gesundes Geschäftsgebaren angesichts der Tatsache, daß die deutschen Geschäfte „ungemein profitabel" seien. „Die Innenpolitik Nazideutschlands geht das Management von General Motors nichts an", erklärte Sloan in einem Schreiben vom 6. April 1939 an einen besorgten Aktionär. „Wir müssen uns [in Deutschland] wie eine deutsche Firma verhalten ... wir haben kein Recht, das Werk zu schließen."

6. David Jessup, Executive Director des New Economy Information Service, einer Organisation, deren Umfrageergebnisse die beunruhigende Neigung von US-Unternehmen, in Diktaturen zu investieren, belegen, sagte: „Ich bezweifle, ob ein Unternehmensführer an das Thema Demokratie-oder-nicht-Demokratie denkt, wenn er eine Investitionsentscheidung trifft. Aber vielleicht besteht eine unbewußte Vorliebe [für autoritär geführte Staaten]." Zitiert in R.C. Longworth: „Globalization Survey Reveals U.S. Corporations Prefer Dicatorships", 19. November 1999: erhältlich unter www.globalexchange.org Das *Wall Street Journal* berichtete unlängst, daß 86 Unternehmen, darunter Ikea, Goodyear, First Union Bank und CAN Financial, seit 1998 gemäß dem *Trading with The Enemy Act* zu Geldbußen verurteilt wurden. Das Gesetz stellt den Handel mit bestimmten Länder unter Strafe, die als feindlich gelten und auf einer Schwarzen Liste stehen, unter anderem Iran, Irak, Kuba, Nordkorea und Afghanistan unter dem Taliban-Regime. Als Vizepräsident Dick Cheney im Jahre 2000 CEO von Halliburton war, eröffnete das Unternehmen eine Niederlassung in Teheran, wurde aber nicht mit einer Geldbuße belegt. Siehe auch Stephanie M. Horvath: „U.S. Slaps 86 Firms with Fines for Deals Made with ‚Enemies'." In: *The Wall Street Journal*, 3. Juli 2002. Am 23. Juli 2001 berichtete ABN News, daß die meisten von der UN genehmigten irakischen Ölexporte von US-Ölgesellschaften mit Hilfe russischer Mittelsmänner gekauft und in Raffinerien in Louisiana und Texas aufbereitet wurden. Siehe John K. Cooley: „Trading With the Enemy: U.S. Refiners Reportedly Buying Most of Iraq`s Oil." 20. Juni 2002, erhältlich unter http://abcnews.go.com; weitere Beispiele siehe Guy Dinmore und Najmeh Bozorgmehr: „US Companies Skirt Ban on Trade with Iran." In: *Financial Times*, 27. Februar 2002.
7. Butlers Zeugenaussage vor dem House Un-American Activities Committee; Zitiert in Archer: *The Plot*, S.153.
8. Geschichte des U.S. Department of Labor, Mine Safety and Health Administration, Geschichte der Mine Safety and Health Legislation; erhältlich unter www.msha.gov/mshainfo/mshainf2.htm.
9. Interview mit Main; siehe auch AFL-CIO: „The Bush Administration`s FY 2004 Budget"; erhältlich unter www.aflico.org/issuespolitics/bushwatch

10. Paul Van Osdol von WTAE-TV: „Team 4: Senate Has Mining Safety Concerns“, 26. Juli 2002, erhältlich unter www.thepittsburghchannel.com/news. Main bestätigte uns diese Beobachtung in einem Interview.
11. Siehe Natural Resources Defense Council: „There He Goes Again: Bush Budget Bashes the Environment.“; erhältlich unter www.nrdc.org/legislation/abudget04.asp: „Einer der größten Verlierer im Haushaltsplan des Präsidenten ist die Evironmental Protection Agency. Die Mittel für die Umweltschutzbehörde wurden zwischen 2002 und 2004 um eine halbe Milliarde Dollar gekürzt – von $ 8,1 Milliarden auf $ 7,6 Milliarden.“
12. Das OSHA-Budget wurde von $ 462 Mio. auf $ 450 Mio. gekürzt und 77 Stellen wurden gestrichen.
13. Paul Krugman: „Business as Usual.“ In: *The New York Times*, 22. Oktober 2002.
14. Zitiert in Public Citizen: „Blind Faith: How Deregulation and Enron's Influence over Government Looted Billions from Americans.“ Washington. D.C., Dezember 2001; erhältlich unter www.citizen.org/documents/Blind_Faith.pdf.
15. Die nachfolgende Geschichte basiert hauptsächlich auf Public Citizen: „Blind Faith“. Siehe auch Kenneth Bredemeier: „Memo Warned of Enron`s Calif. Strategy: West Coast Senators Complain About Market Manipulation During Power Crisis.“ In: *The Washington Post*, 16. Mai 2002, S. A4; Ellen Nakashima: „Army Secretary Defends Support from Enron.“ In: *The Washington Post*, 5. April 2002, S. A2; Mike Allen und Dan Morgan: „White House-Enron Ties Detailed.“ In: *The Washington Post*, 24. Mai 2002; Bethany McLean: „Monster Mess.“ In: *Fortune*, 4. Februar 2002; und „Why Enron Went Bust.“ In: *Fortune*, 24. Dezember 2001; Andrew Wheat: „System Failure: Deregulation, Political Corruption, Corporate Fraud and the Enron Debacle.“ In: *Multinational Monitor*, Nr. 1 und 2 (Januar-Februar 2002).
16. Interview mit Anne Wexler. Business Roundtable: „History of the Business Roundtable“; erhältlich unter www.brt.org
17. Der Einfluß der Unternehmen auf die Regierung war in der Ära nach dem Zweiten Weltkrieg und auch vorher weitverbreitet in der US-Politik. Siehe Elizabeth A. Fones-Wolfs: *The Selling of Free Enterprise: The Business Assault on Labor and Liberalism 1945-1960*. University of Illinois Press, Urbana 1994. Diese Einflußnahme gab es dann auch schon vor den 1970er Jahren, aber er hat seither beträchtlich zugenommen. Siehe Morton Mintz und Jerry Cohen: *America, Inc.: Who Runs and Operates the United States*. Dial Press, New York 1971.
18. Die Konzerne haben nicht nur Lobbys, sondern auch einen direkten Draht zu Regierung und Verwaltung, mehr als jede andere gesellschaft-

liche Gruppierung. Das liegt an der unverhältnismäßig großen Zahl hochrangiger Regierungsmitglieder, die früher Topmanager waren – Andy Card beispielsweise, Stabschef des Weißes Hauses, war früher Lobbyist für die Autoindustrie und GM-Führungskraft. Umgekehrt hatten viele Lobbyisten früher hohe Positionen in der Regierung, wie Anne Wexler, die das Office of Liaison im Weißen Haus unter Bill Clinton leitete. Und nicht zu vergessen die Querverbindungen zwischen Regulierungsbehörden und den Unternehmen, die sie regulieren. Wie Robert Monks in einem Interview sagte: „Es gibt einen Ausdruck, der die Beziehung zwischen Regulierungsbehörden und Regulierten beschreibt. Man nennt das *Drehtür* ... Eines der hartnäckigsten Merkmale der Regulierung ist, daß Leute, die ihre Karriere als junge, ehrgeizige Führungskräfte in der Regierung beginnen, dort ihre Zeit abdienen. Und dann wechseln sie in den privaten Sektor über und arbeiten für die Unternehmen, denen genau diese Behörde auf die Finger sieht."

19. The Center for Responsive Politics: „Top Contributors: Coal Mining"; erhältlich unter www.opensecrets.org/industries/conrtob.asp?Ind0E1210
20. Cat Lazaroff: „USA: Energy Task Force Documents Show Industry Influence." 22. Mai 2002, erhältlich unter www.corpwatch.org/news/PND.jsp?articleid-2613
21. Richard Oppel, Jr.: „Documents Show Parties Often Mix Fund-Raising and Policy." In: *The New York Times*, 7. Dezember 2002.
22. Siehe Dan Morgan: „Homeland Bill Rider Aids Drugmakers: Measure Would Block Suits over Vaccines; FBI Powers Also Would Grow." In: *The Washington Post*, 15. November 2002; Jonathan Weissman: „A Homeland Security Whodunit: In Massive Bill, Someone Buried a Clause to Benefit Drug Maker Eli Lilly." In: *The Washington Post*, 28. November 2002, S. A 45.
23. Interviews mit Joe Badaracco und Robert Monks. Siehe auch Stanley Deetz: *Democracy in an Age of Corporate Colonization*. State University of New York Press, Albany 1992; D. Vogel: Kindred Strangers: *The Uneasy Relationship Between Politics and Business in America*. Princeton University Press, Princeton N.J. 1996.
24. Interviews mit Anne Wexler und Chris Komisarjevsky. Niskanen, Chairman des Cato Institute, glaubt, daß die Unternehmensspenden an die Politiker der Demokratie zugute kommen. „Ich möchte, daß Unternehmen genau wie andere wohlhabende Personen in der Lage sind, sowohl mit ihrem Geld als auch mit ihrer Zeit und ihrer Stimme am politischen System teilzunehmen", sagte er in einem Interview. „Und deshalb halte ich unser politisches System für gesünder."
25. Interview mit Hank McKinnel. Im Wahljahr 2002 machte Pfizer $ 1,2 Mio. für die Parteien und Kandidaten locker, wobei der Löwenanteil, mehr als zwei Drittel, an die Republikaner ging.

26. Die Praxis der Partnerschaft zwischen Unternehmen und Regierung wird besonders deutlich im Bereich des internationalen Handels und Investments. Ein Beispiel: Die Asia Pacific Economic Cooperation (APEC), deren Mitglieder die Staatschefs verschiedener Länder Asiens und an der pazifischen Küste sind, die USA und Kanada eingeschlossen, lobt ihr „Engagement für die Erleichterung der Geschäftstätigkeit und regelmäßige Einbindung des privaten Sektors in ein breites Spektrum ihrer Aktivitäten ... Die Unternehmen sind bereits an vielen Arbeitsgruppen der APEC beteiligt; sie tragen ihr Scherflein zum politischen Dialog in der Partnerschaft mit den offiziellen Vertretern der Mitgliedsländer bei." Aus einer APEC-Broschüre entnommen und zitiert in Joel Bakan: „The Significance of the APEC Affair". In: Wes Pue, Hrsg.: *Pepper in Our Eyes: The APEC Affair.* University of British Columbia Press, Vancouver 2000, S. 77, 81.

5. Kapitel: Unternehmen ohne Grenzen

1. Wie Carlton Brown und seine Klienten haben auch einige Konzerne Gewinn aus dem 11. September 2001 geschlagen. Siehe auch Jim Love: „Post-September 11, the Rich Get Richer in the US." In: *Asia Times Online*, 8. November 2001; Michael Moran: „Cashing In on September 11." In: *MSNBC News*, 9. Juli 2002.
2. Adolf A. Berle und Gardiner C. Means: *The Modern Corporation and Private Property*. Harcourt, Brace & World, New York 1968, S. 14-17.
3. Siehe David Bollier: *Public Assets, Private Profits: Reclaiming the American Commons in an Age of Market Enclosure*. New America Foundation, Washington, D.C. 2001; Reason Public Policy Institute: *Privatization 2002: Putting the Pieces Together, 16th Annual Report on Privatization.* Reason Public Policy Institute, Los Angeles 2002; Pamela Winston, Andrew Burwick, Sheean McConnell und Richard Roper: „Privatization of Welfare Services: A Review of the Literature". In: *Mathematica Policy Research Inc.*, Washington D.C. 2002. Alex Tysbine: *Water Privatization: A Broken Promise*. Public Citizen, Washington D.C. 2001; *Government for Sale: An Examination of the Contracting Out of State an Local Government Services*. American Federation of State, County and Municipal Employees, AFL-CIO, Washington D.C. 2002; Mark Cassell: *How Governments Privatize: The Politics of Divestment in the United States and Germany.* Georgetown University Press, Washington D.C. 2002; Maude Barlow und Tony Clarke: *Blue Gold: The Fight to Stop the Corporate Theft of the World's Water*. New Press, New York 2003; Vandana Shiva: *Water Wars: Privatization, Pollution, and Profit*. South End Press, Boston 2002; R. Mokhiber und R. Weissman: „Smithsonian for Sale?" In:

Multinational Monitor, 19. November 1997; Robert Kuttner: *Everything for Sale: The Virtues and Limits of Markets.* Alfred A. Knopf, New York 1997; Allison Campbell, Andrew Coyle und Rodney Neufeld, Hrsg.: *Capitalist Punishment: Prison Privatization and Human Rights.* Clarity Press, Atlanta 2003; Brian Fost und Peter K. Manning: *The Privatization of Policing: Two Views.* Georgetown University Press, Washington D.C. 1999.

4. Interview mit Michael T. Moe. Siehe auch Maude Barlow und Heather Jane-Robertson: *Class Warfare: The Assault on Canada`s Schools.* Key Porter Books, Toronto 1994.
5. Interviews mit Michael T. Moe und Milton Friedman. Die Expansion soll nach dem kommenden Jahrzehnt über die Zehn-Prozent-Grenze fortgesetzt werden, bis zu 30 Prozent, wie Jeffrey Fromm, ein weiterer Edison-Finanzgeber, in einem Interview erklärte.
6. Michael Scherer: „Schools: Some of Bush`s Largest Donors Stand to Profit from Privatizating Public Education." www.jones.com/web-exclusives/special_resorts/mojo_400/schods.html 5. März 2001.
7. Gary Miron und Brooks Applegate: *An Evaluation of Student Achievement in Edison Schools Opened in 1995 and 1996.* Evaluation Center, Western Michigan University, Kalamazoo, Mich. Dezember 2001.
8. Weitere Beispiele siehe Kare Bakker, David Cameron und Adele Hurley: „Don`t Tap into the Private Sector." In: *The Globe and Mail*, Toronto, 6. Februar 2003; Linda Mc Quaig: *All You Can Eat: Greed, Lust and the New Capitalism.* Penguin Books, Toronto 2001; Elliott D. Sclar: *You Don`t Always Get What You Pay For: The Economics of Privatization.* Cornell University Press, Ithaca, N.Y. 2001; P.W. Singer: *Corporate Warriors: The Rise of the Privatized Military Industry.* Cornell University Press, Ithaca, N.Y. 2003; Gerald W. Bracey: *The War Against America`s Public Schools: Privatizing Schools, Commercializing Education.* Pearson Allyn & Bacon, Boston 2002; Brenda Cossman und Judy Fudge, Hrsg.: *Privatization, Law, and the Challenge to Feminism.* University of Toronto Press, Toronto 2002; Martha Minow: *Partners, Not Rivals: Privatization and the Public Good.* Beacon Press, Boston 2002.
9. Der frühere Chairman und CEO von Prism Communications, Elliott Ettenberg, zitiert in: „Commercialization in Our Schools". Ontario Secondary School Teachers` Federation (2001) erhältlich unter www.osstf.on.ca.
10. Wie zitiert in John P. Murray Kansas: „Children and Television Violence." In: *Journal of Law & Public Policy* 4 (1995), S. 7-14.
11. Wie zitiert in Nic Rowan: „TV Junk Food Ads Spur Kids` Obesity-Group." In: *Reuters Health*, 6. August 2002, erhältlich unter www.reutershealth.com

12. Sonya Schroeder von der Geppetto Group: „Discussions – What Makes a Brand ‚Cool' for Kids?" erhältlich unter www.reveries.com/reverb/revolver/geppetto/.
13. Die Behauptungen der Industrie verdiente deshalb Kritik, weil sie die Rolle der Werbung bei der Schaffung des Wunsches nach ungesunder Nahrung herunterspielt. Gleichzeitig enthält das Argument, daß auch andere Faktoren den Wunsch wecken, ein Körnchen Wahrheit. Der gesellschaftliche und wirtschaftliche Druck auf die Eltern gehört beispielsweise dazu. Ausgelaugten Eltern, oft alleinerziehend, arm, die viele Überstunden machen oder zwei Arbeitsplätze gleichzeitig haben, bleibt wenig Zeit, nach Feierabend einzukaufen oder eine vollwertige Mahlzeit zuzubereiten. Billige, leicht zugängliche Nahrung, die keinen großen Arbeits- und Zeitaufwand erfordert, ist zwar keine gesunde, aber für viele die einzige Option.
14. Lego hat ein Programm mit dem Namen Serious Play entwickelt; siehe auch www.seriousplay.com. In der Werbung für einen Workshop, in dem Serious Play benutzt wird, heißt es: „Dieser innovative Workshop macht Führungskräfte und Topmanager mit dem Konzept der Entwicklung und Umsetzung von Unternehmensstrategien auf der Grundlage des Real Time Strategy Process bekannt. Nehmen Sie die Lego-Steine und erleben Sie eigenhändig, wie sich die Echtzeit-Strategie-Anwendung in strategische Planung und strategisches Denken übersetzt."
15. Siehe auch Alex Molnar und Joseph A. Reaves: *Buy Me! Buy Me!: The Fourth Annual Report on Trends in Schoolhouse Commercialism: Year 2000-2001*. Education Policy Studies Laboratory, Arizona State University 2002; Maude Barlow und Heather Jane-Robertson: *Class Warfare; Consumers Union: Captive Kids: A Report on Commercial Pressures on Kids at School.* Consumer Education Services, Yonkers, N.Y. 1995.
16. Zitiert in David Shenk: „Tomorrow`s Classroom Today." In: *Spy Magazine*, Juli-August 1994, S. 22. Siehe auch Joel Bakan: „Beyond Censorship: An Essay on Free Speech and Law." In: *Interpreting Censorship in Canada*. Hrsg. Klaus Petersen und Allan C. Hutchinson. University of Toronto Press, Toronto 1999, S. 86.
17. Die erwähnte Studie stammt von Bradley S. Greenberg und Jeffrey E. Brend: „Television News and Advertising in Schools: The ‚Channel One' Controversy." In: *Journal of Communications 43* (1993), S. 143-151.
18. Ein Bild der Plakette befindet sich auf dem Umschlag von Herbert Schiller: *Culture Inc.: The Corporate Takeover of Public Expression.* Oxford University Press, New York 1989. Siehe auch Joel Bakan: *Just Words: Constitutional Rights and Social Wrongs*. University of Toronto Press, Toronto 1997, S. 68, wo ich erläutere, wie die Privatisierung des öffentlichen Raumes auch das Recht auf Redefreiheit untergräbt.

19. Jeffrey Hopkins: „Excavating Toronto's Underground Streets: In Search of Equitable Rights, Rules and Revenue." In: *City Lives and City Forms.* Hrsg. von John Caulfield und Linda Peake. University of Toronto Press, Toronto 1996, S. 63.
20. Siehe Joel Bakan: „Beyond Censorship" und Joel Bakan: *Just Words.* Wie Schiller in *Culture Inc.*, S. 100, sagt: „In dem Ausmaß, wie Privateigentümer laut Gesetz entscheiden können, was für Aktivitäten in ihren Einkaufszentren statthaft sind, wird ein weitläufiger und sich ausbreitender Raum der Nutzung als Forum für die öffentliche Meinung entzogen."
21. Das Zitat stammt aus Mary Massaron Ross, Larry Smith und Robert Pritt: „The Zoning Process: Private Land-Use Controls and Gated Communities: The Impact of Private Property Rights Legislation, and Other Recent Developments in the Law." In: *Urban Lawyer*, Bd. 28, 1996, S. 801-17.
22. Molnar und Reaves: *Buy Me! Buy Me!*

6. Kapitel: Bilanz

1. „Global Capitalism - Can It Be Made to Work Better?" In: *Business Week*, 6. November 2000, S. 74f. Auch Robert Monks warnt in einem Interview, daß „die Themen, die angesprochen wurden (von den Globalisierungsgegnern), legitim sind" und wir unser eigenes Grab schaufeln, wenn wir sie ignorieren.
2. Sogar Milton Friedman befürchtet, wie er in einem Interview einräumte, daß wir in einer Zwei-Klassen-Gesellschaft der Wohlhabenden und Habenichtse „keine echte Demokratie bewahren können", weil die Gefahr bestehe, daß die Habenichtse „das System sprengen".
3. Kunal Basu, Henry Mintzberg und Robert Simons: „Memo to: CEOs." Nachdruck in: *Fast Company 59*, Juni 2002, S. 117.
4. Robert Monks: *The Emperor's Nightingale: Restoring the Integrity of the Corporation in the Age of Shareholder Activism.* Perseus Publishing, Dan 1998, S. 183f. Die Kapitalgesellschaften begannen, wie Monks in einem Interview sagte, unverantwortlich zu handeln, als das „Atom des Eigentums" gespalten wurde und die „Anteilseigner und Führungskräfte zwei Gruppen bildeten, so daß sich plötzlich niemand mehr gegenüber der Gesellschaft verantwortlich fühlte".
5. *Louis K. Liggett Co. et al. v. Lee. Comptroller et al.* 288 US 517, 1933, S. 567, 548.
6. Interview mit Milton Friedman. Wie Elaine Bernard von der Harvard Business School in einem Interview erklärte, verlagert die Deregulierung lediglich die Kosten von den Unternehmen auf den einzelnen und die Gesellschaft. „Wenn eine Fabrik die Umwelt verunreinigt,

spart sie Geld. Warum? Weil sie eine minderwertige Technologie verwendet. Sie verbraucht Ressourcen, für die sie nicht zahlt, und bürdet die Kosten dieser Verschwendung der Gesellschaft als Ganzes auf. In der Bilanz der Unternehmen sieht das sehr gut aus. In der Bilanz der Gesellschaft ist das ein großes Defizit ... Und heute externalisieren die Unternehmen meines Erachtens viele Kosten, belasten damit den Standort, indem sie beispielsweise Arbeitnehmer durch immer längere Arbeitszeit verschleißen, sie ein paar Jahre beschäftigen und anschließend auf die Straße setzen, nicht die vollen Arbeitskosten zahlen, oder sich irgendwo ansiedeln, alle möglichen Vergünstigungen einheimsen und dann eine Kehrtwendung machen und die Kommune in schlechterem Zustand zurücklassen als zuvor. Alle diese Dinge externalisieren die Kosten, übertragen sie auf den Standort des Unternehmens."

7. Aus Sicht der vermeintlichen Nutznießer war das Regulierungssystem von Anfang an unvollkommen. Historisch gesehen stellte es einen von vielen Mitgliedern der Führungselite unterstützten Kompromiß zwischen dem Wunsch der Unternehmen nach Liberalisierung und dem Ruf nach weiteren radikalen Veränderungen dar. Wie Harvard-Expertin Elaine Bernard sagte: „Die Regulierung wurde nicht von der Arbeiterbewegung und den Reformern vorgeschlagen. Sie plädierten für die Enteignung. Sie wollten die ungeheure Kapital- und Machtkonzentration aufbrechen. Daraufhin nahmen die Unternehmen mit der Regulierung vorlieb. Wir akzeptieren sie, hieß es. Und so war die Regulierung mehr oder weniger eine Reaktion der Unternehmen auf einen Erdrutsch, der ihr unakzeptables Kartenhaus der Macht zum Einsturz zu bringen drohte."
8. Morton J. Horwitz: „Santa Clara Revisited: The Development of Corporate Theory." In: *Corporations and Society: Power and Responsibility*. Hrsg. Warren Samuels und Arthur Miler. Greenwood Press, New York 1987, S. 51.
9. Anmerkung in: *Columbia Law Review* 35 (1935), S. 1090 ff., zitiert in Sunstein: *The Partial Constitution* S. 51.
10. Robert Hale: *American Bar Association Journal 8* (1922), S. 638, zitiert in Sunstein: *The Partial Constitution* S. 58.
11. Spitzer gab diese Erklärung im November 1999 während seiner Wahlkampagne ab. Siehe Geov Parrish: „Killing Corporations." In: *Seattle Weekly*, 15. – 21. Juli 1999.
12. Zitiert in Russell Mokhiber: „The Death Penalty for Corporations Comes of Age." In: *Business Ethics* 12, November-Dezember 1998; erhältlich unter www.corpwatch.org/issues/PID.jsp?articleid=1810

13. Kanada verbot unlängst Wahlspenden von Unternehmen und Gewerkschaften; Wahlen sollen künftig ausschließlich von der öffentlichen Hand finanziert werden.